新編調理実習書

料理構成別の理論と実際

編集 宮澤　節子
執筆 長野美佐緒
　　　　大野　知子
　　　　宮澤　節子
　　　　小田　良子
　　　　加藤　治美

株式会社　学建書院

は じ め に

　調理は食文化の原点と考えられますが,「食のあり方」がグローバル化し,日本にいながらにして諸外国の食文化を体験できるなど,近年の変化は著しいものがあります．伝統的な調理文化に世界各地の食文化が同化しながら日常の食生活が変化し,調理機器の開発や加工技術・輸送技術の進歩により,世界の食材・調味料が容易に手に入り,また,プロの合わせ調味料などが市販され,簡単に家庭調理に利用できるようになりました．また,外食の普及や,お総菜を買って家で食する中食の増加など,人々の求める食の環境により調理のあり方が多様化してきています．一方,高齢社会のわが国では,「健康と食のかかわり」に関心が高まり,健康を考えた食事が求められ,食品の機能性を活かして栄養を効率よく摂取するための調理法が大切であるという認識も高まっています．

　このように多様化する時代だからこそ,食品の取り扱いやおいしさの活かし方など,十分な基礎知識に裏付けられた調理法の実際を習得することが必要となります．

　本書は,昭和45年以来,一貫して栄養士教育を考え,基礎的調理技術を習得しながら調理技術と献立能力も向上することを視野に入れて「食と調理のあり方」を著した調理書です．今日まで数回の改訂を行いながら,新しい調理法・調理機器の加筆,韓国料理,イタリア料理などのレシピの追加,また,わが国の食文化で大切な重詰料理にも洋風・中華風の料理を取り入れてきました．

　今回の第3版の改訂では,食材を見直し,食品の販売単位から合理性を考慮して調理の分量を5人分から4人分に変更しました．

　今後も多様化する健康志向の食と調理を念頭に,本書を充実させたいと考えております．本書のご愛用とご叱責をいただければ幸甚です．

　最後に本書改訂にあたり,ご尽力いただきました学建書院編集部の皆様に感謝申し上げます．

　2009年　1月

著者代表　宮澤　節子

本書を使用するに当たって

1. 栄養士，管理栄養士教育の調理実習書として基礎から応用へと進むように，時間数に合わせて1単元の献立を選んで授業計画を立てて下さい．

2. 本書は，グループで実習できるよう，料理ごとの材料を4人分の使用量で示しているので，栄養価の算出は廃棄量を除いた数量で行って下さい．

3. 調理実習に先立って，調理操作の種類と使用機器との関係，器具の材質などをよく理解してから，実習編に進んで下さい．

4. 計量から包丁の扱い，和・洋・中別の基礎的な正しい切り方を習得してから，実習に対応して下さい．

5. 調理実習と調理理論は表裏一体ですから，教科担当教員との連携のもと，予習・復習（実習ノートの記録など）をするようにして下さい．

6. 和・洋・中の食文化の違いを認識したうえで多様な献立作成に応用できるよう，理論編の「各料理の構成および特徴」を理解して下さい．

7. 実習編の材料は4人分の使用量となっていますが，皮むきなどの技術により廃棄量が多くなった場合や，加熱条件により水分量に差が出る場合，味見をしてから調味料を加減して使用するようにして下さい．

目　次

理　論　編

Ⅰ　調理の意義 …………………………………………………………………… 3

Ⅱ　調理に必要な基礎知識 …………………………………………………… 4

1. 調理操作の種類 ……………………………………………………………… 4
2. 主な調理器具 ………………………………………………………………… 5
3. 調理の実際 …………………………………………………………………… 13
   1. 計　量 …………………………………………………………………… 13
   2. 包丁の用い方 …………………………………………………………… 14
   3. 切り方（和・洋・中） ………………………………………………… 15
   4. アク抜きと色素の調理上の変化 ……………………………………… 29
   5. 煮だし汁のとり方（和・洋・中） …………………………………… 30
   6. 串の打ち方 ……………………………………………………………… 31
   7. 肉類の部位と名称および適する調理法 ……………………………… 33
   8. 主な調味料の性状と使い方 …………………………………………… 34
   9. 食品の出回り時期 ……………………………………………………… 37

Ⅲ　各料理の構成および特徴 ………………………………………………… 38

1. 日本料理 ……………………………………………………………………… 38
   1. 日本料理の種類と特徴 ………………………………………………… 38
   2. 日本料理の膳組みおよび作法 ………………………………………… 44
2. 西洋料理 ……………………………………………………………………… 47
   1. 西洋料理の種類と特徴 ………………………………………………… 47
   2. 西洋料理の構成 ………………………………………………………… 50
   3. 西洋料理の構成と食卓作法 …………………………………………… 60
   4. 西洋料理に用いる野菜とその使用法 ………………………………… 64
   5. 香辛料の種類と用途 …………………………………………………… 65
   6. 西洋料理材料用語 ……………………………………………………… 67
   7. 西洋料理操作用語 ……………………………………………………… 71

3．中国料理 ……………………………………………………………………… 72
　　　　1．中国料理の種類と特徴 ……………………………………………………… 72
　　　　2．中国料理の構成 ……………………………………………………………… 74
　　　　3．中国料理の食卓作法 ………………………………………………………… 78
　　　　4．特殊材料の種類と扱い方 …………………………………………………… 80
　　　　5．中国料理の調味料と香辛料・嗜好飲料 …………………………………… 81
　　　　6．中国料理の調理器具と食器について ……………………………………… 83
　　　　7．中国料理の材料用語 ………………………………………………………… 85
　Ⅳ　重詰料理（正月料理）……………………………………………………………… 87

実習献立編
　Ⅰ　日 本 料 理 ………………………………………………………………………… 91
　Ⅱ　西 洋 料 理 ………………………………………………………………………… 133
　Ⅲ　中 国 料 理 ………………………………………………………………………… 181
　Ⅳ　重 詰 料 理 ………………………………………………………………………… 225
索　引 …………………………………………………………………………………………… 247

理論編

Theory

I 調理の意義

　調理とは，食品を栄養効率よく，快い食物に調整することで，実習は，その操作を理論的かつ技術的に学ぶことである．

　実際の調理では，食品の色彩を失わぬよう不味成分を除去し，調味料，香辛料を加えて味覚の向上をはかったり，食品を適度の大きさに切りととのえて美的に配慮し，消化吸収を高めるなどの目的で加熱するというように，いろいろな調理操作を加えることである．その調理操作の方法を決める要素となるので，食品の成人組成をよく理解しておく必要がある．

　また多くの食品は，適応する調理方法が1種類ではないので，献立としての調和や，食べる人の嗜好を含めた，視覚，臭覚，味覚などすべての感覚を満足しうるように選択されなければならないところに調理の複雑さがある．それには基本的理論をよく理解し，実際の技術と結びつけて身につけることが大切である．

　食生活が多様化するなかで，食品の組み合わせ，調理操作の適否は，和・洋・中の料理形態をよく学んだ後，栄養的に配慮された献立で，材料が食卓にのるまで常に衛生的に安全で，味覚上でも満足しうる料理を作り出すことが肝要である．

II 調理に必要な基礎知識

1 調理操作の種類

1) 予備操作

(1) 洗　浄

食品に付着している汚物，有害物，不味成分などの除去を目的とし，真水，洗剤液，塩水などを使用する．

(2) 水　浸

食品の吸水膨潤，アク抜き，塩出し，血ぬきなどの目的で水に浸す操作で，食品の種類，目的に応じて，真水，塩水，酢水，重曹水，みょうばん水などを使い分ける．なお水温，水量などにより水浸時間は異なる．

(3) 解　凍

冷凍食品の凍結を解く操作で，食品の種類，調理法により解凍の操作を決めなければならない．

自然解凍（空気中へ放置，冷蔵庫内へ放置）

水浸解凍（水に浸して解凍）

加熱解凍（一般の加熱操作を用いる．電子レンジで解凍）

これらのなかから適する方法を選択する．

(4) 計　量

切断などの操作をする前に，食品や調味料などを正確に量る．"自動はかり"，"計量カップ"を使用する．また調理中には，水銀温度計で温度を測る．

(5) 切　断

包丁，そのほかの切断器具により，食品の不可食部の除去，形を整えて軟化しやすく消化吸収を助けるために切る操作で，いろいろな切り方がある（切り方の項参照）．

2) 本操作（加熱操作）

(1) ゆで方

食品を水とともに加熱し，軟化，アク抜き，殺菌などの目的で行う操作で，真水，塩水，酢水，みょうばん水，重曹水などを食品の種類に応じて使い分ける．熱湯中へ食品を入れて加熱する場合と，水から入れて加熱する場合がある．

(2) 煮　方
調味料を使用し加熱する方法で，食品の軟化とともに調味し，風味を増し味覚を向上させる．煮汁の利用法，食品数種の組み合わせにより，多種類の煮物ができる．

(3) 蒸し方
食品を直接水中で加熱せず，水蒸気により食品を軟化する操作で，煮くずれなどの形くずれがなく，食品の持ち味を失わずに調理できる．

(4) 焼き方
乾式加熱調理で，水を媒体とせず，高温の火力を，間接または直接食品に加える操作で，間接焼き（フライパン，鉄板などを使用），直接焼き（串さし，バーベキューなど）とを区別し，調味料以外の風味が"焦げめ"により生ずる．

(5) 炒め方
焼き方の間接法に，油を3～5％使用して食品を加熱する．

(6) 揚げ方
油を媒体として食品を高温で加熱する操作で，油の香味，ほどよい"焦げめ"により風味を増し，吸油により栄養価も高まる．

(7) 和え方（酢の物・浸し物）
2種類以上の材料を和えごろもで和えて調味し，風味を増す操作である．

(8) 寄せ物
寒天，カラギーナン，ゼラチン，くず粉，ペクチンなどの水溶液を加熱冷却して成形する．

　調理操作については，調理の構成においても詳述するが，材料の組み合わせ，季節による食品の調理操作の適否をよく理解し，多種多様の調理ができるようにしなければならない．また中国料理は，二つ以上の操作を組み合わせた炒め煮や，揚げてから煮込んだり蒸したりする調理が多い．これは食品の特殊性と合わせて，栄養面からも，煮汁の利用，骨までやわらかく調理をするなど，食品を効率よく使用するための手段として考えられたものが，その調理の特徴ともなっている．したがって調理操作は，食品の性質をよく理解し，色彩感，味覚，臭覚，触覚なども満足させるように，また食するときの温度，盛りつけ方法なども十分考慮されたうえで，選択されることが望ましい．

2　主な調理器具

　調理器具は，調理技術を助けるために必要であり，技術と器具は，ともに進歩を続けている．機能などの分類は必ずしも一定していないが，それぞれの器具の良否は，作業能率や，燃料，材料の経済性，調理に費やされる労力の削減などに大きな影響を及ぼすと同時に，調理のできばえをも左右するものである．

器具の機能はもちろんのこと，構造，材質（アルミニウム，ステンレス，鉄，ホーロー，テフロン加工，耐熱ガラスなど），用途の適否をよく理解しなければならない．どんなに食品の性質を心得て適切な調理操作を用いても，調理器具が適当でなければ，望むよい料理は得られないのである．

表1に示す器具は，物理的調理器具として，計量，洗浄，成形などの操作に必要なものを述べ，加熱に直接必要な器具を，乾熱用と湿熱用に分けて加熱調理器具として分類した．これらの器具の種類はきわめて多く，さらに改良され，調理に役立つものと思う．

表1 主な調理器具

操作	機能	器具名
物理的調理器具	切断	包丁，まな板，野菜切り器（スライサー，カッター），くり抜き（芯抜き，野菜くり抜き），抜き型（野菜，ビスケット），卵切り，缶切り，パイ切り，キッチンばさみ
	削る	野菜皮むき，ピーラー，かつお節削り
	摩砕	すり鉢，すりこぎ，裏ごし器，いもつぶし器（マッシャー），おろし金，肉ひき器，粉ひき器，氷割り，フードプロセッサー
	撹拌混合	ミキサー，ハンドミキサー，泡立て器，粉ふるい，アイスクリーム フリーザー
	圧延	めん板，めん棒，肉たたき，押し枠
	絞り器	ジューサー，レモン絞り
	温蔵	温蔵庫，魔法びん
	冷蔵	冷蔵庫，魔法びん，アイスボックス
	冷凍	冷凍庫
	計量	はかり，メジャーカップ，スプーン，温度計，タイマー
	その他	容器具類，しゃくし類，フライ返し類，まきす，こし器
加熱調理器具	乾熱用器具	各種天火，各種魚焼き器，電子レンジ，鉄板および応用型，金網，金串，トースター，ごまいり器，揚げ物器，ジンギスカン鍋
	湿熱用器具	各種鍋，各種釜，自動炊飯器，やかん，各種蒸し器およびせいろう

1） 物理的調理器具
(1) 切　断

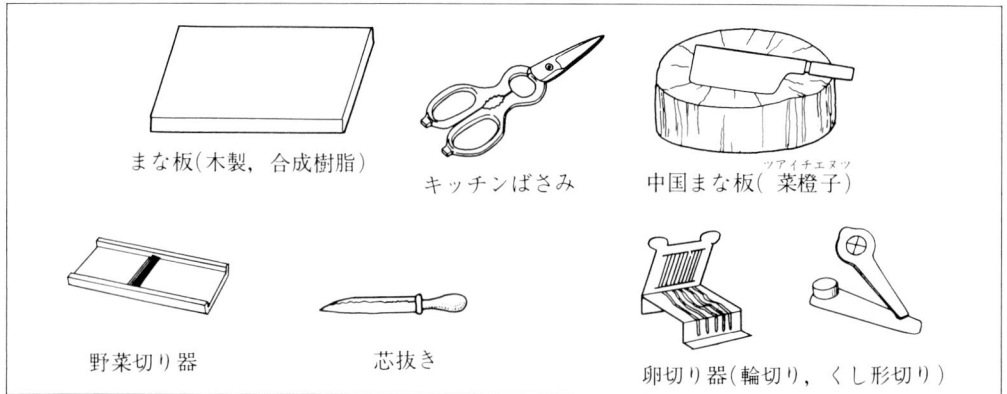

(2) 削　る

(3) 摩　砕

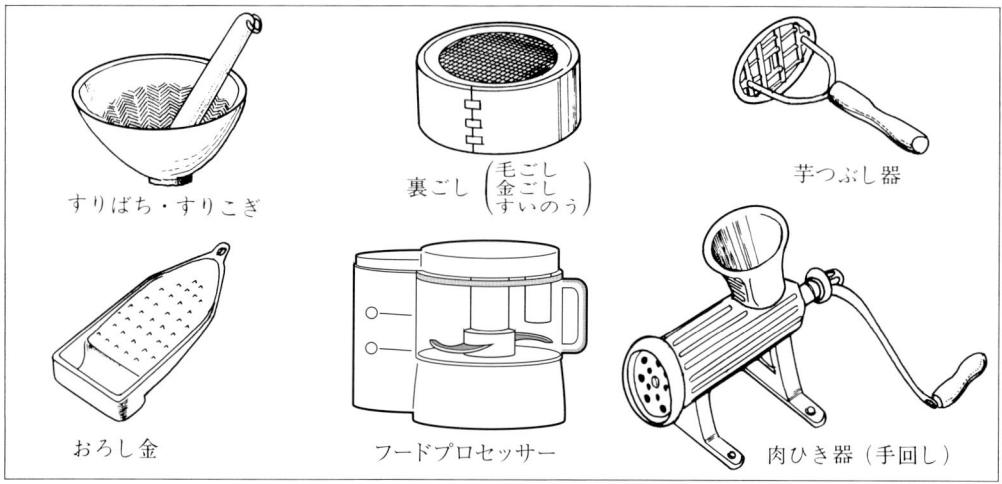

(4) 撹拌混合

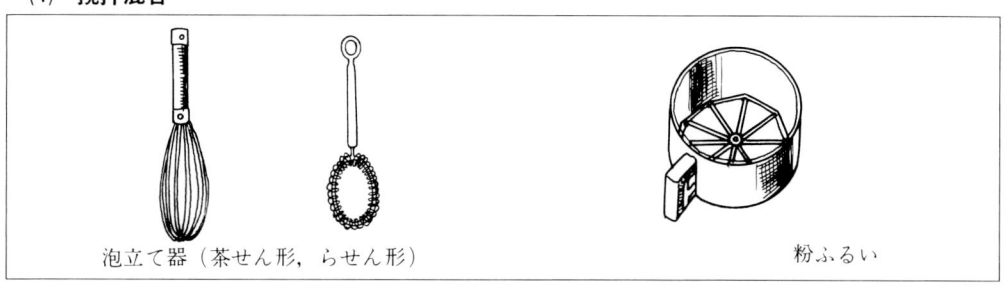

(5) 圧　延

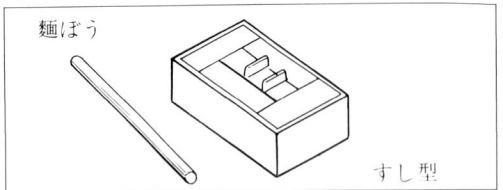

麺ぼう
すし型

(6) 絞り器

レモン絞り

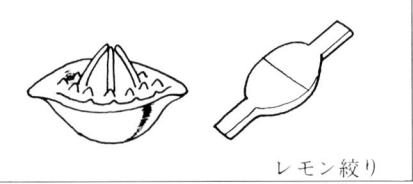

(7) その他

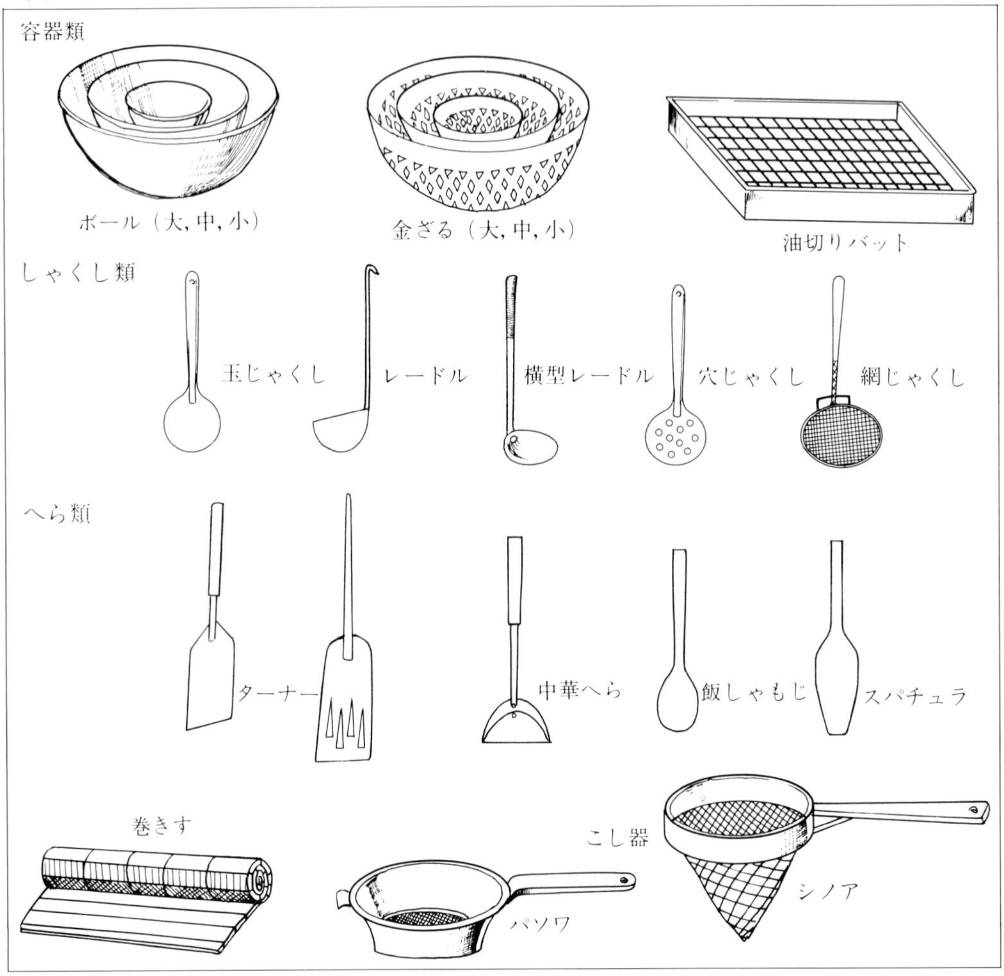

容器類
ボール（大，中，小）
金ざる（大，中，小）
油切りバット
しゃくし類
玉じゃくし
レードル
横型レードル
穴じゃくし
網じゃくし
へら類
ターナー
中華へら
飯しゃもじ
スパチュラ
巻きす
こし器
パソワ
シノア

2） 加熱調理器具

(1) 乾熱器具

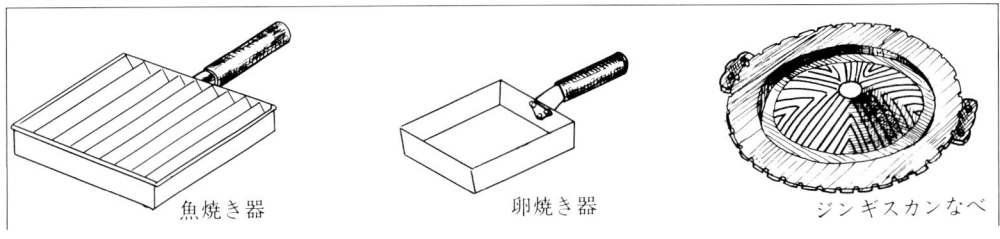

魚焼き器
卵焼き器
ジンギスカンなべ

Ⅱ 調理に必要な基礎知識　9

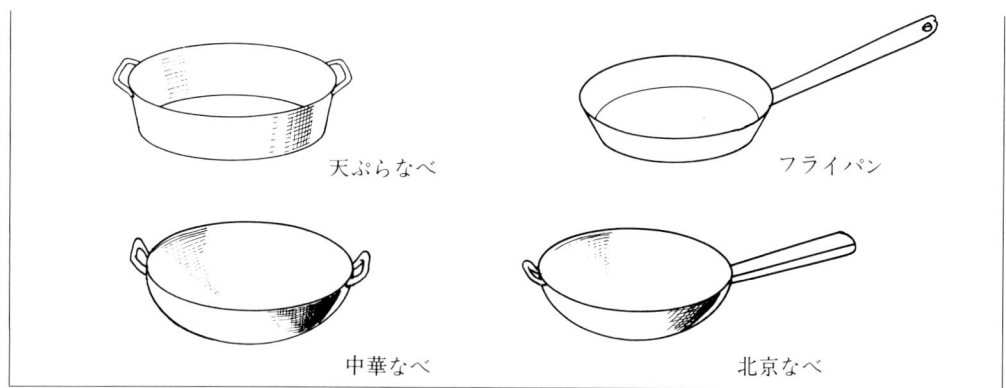

天ぷらなべ　フライパン

中華なべ　北京なべ

(2) 湿熱器具

文化なべ

スープなべ（寸胴）

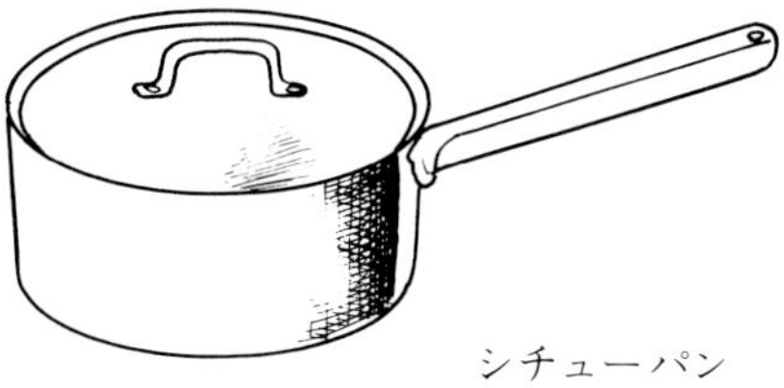

シチューパン

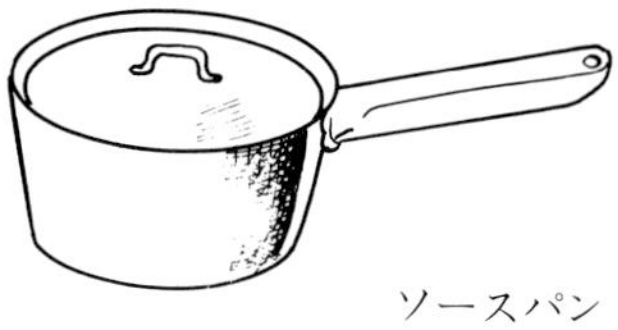

ソースパン

なべ（大, 中, 小）

土なべ

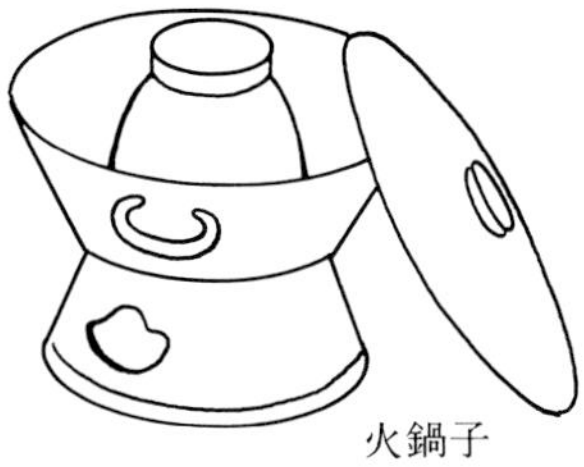

火鍋子

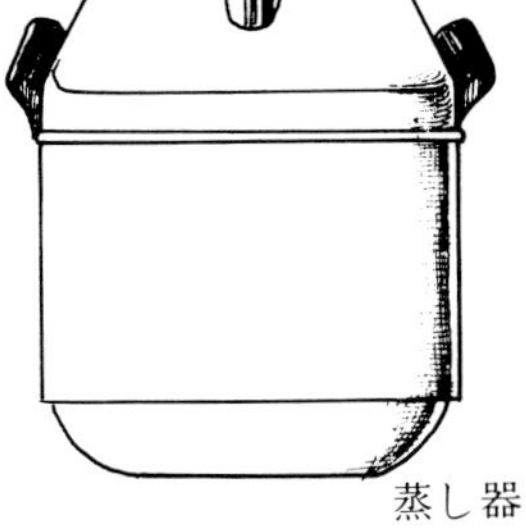

蒸し器

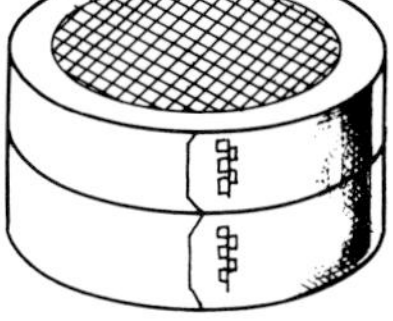

チヨンロン
蒸籠（せいろう）

3） 加熱調理機器

(1) オーブンレンジ

電子レンジとオーブンを組み合わせた複合機能の機器が主流である．

電子レンジによる食品加熱は，図aのようにマグネトロンから発生するマイクロ波（2450MHz）により，食品中の分子を相互に回転させ，そのとき生じる摩擦熱が食品の内部温度を上昇させ短時間で加熱する．

オーブンによる食品加熱は，図bのように熱源から出る放射熱を強制的に対流（コンベックファン）させ，庫内温度のむらをなくし加熱する．

オーブンレンジはスイッチの切り替えで，熱移動の異なる調理が一連の調理操作ででき，スピーディで合理的な調理が可能となる．

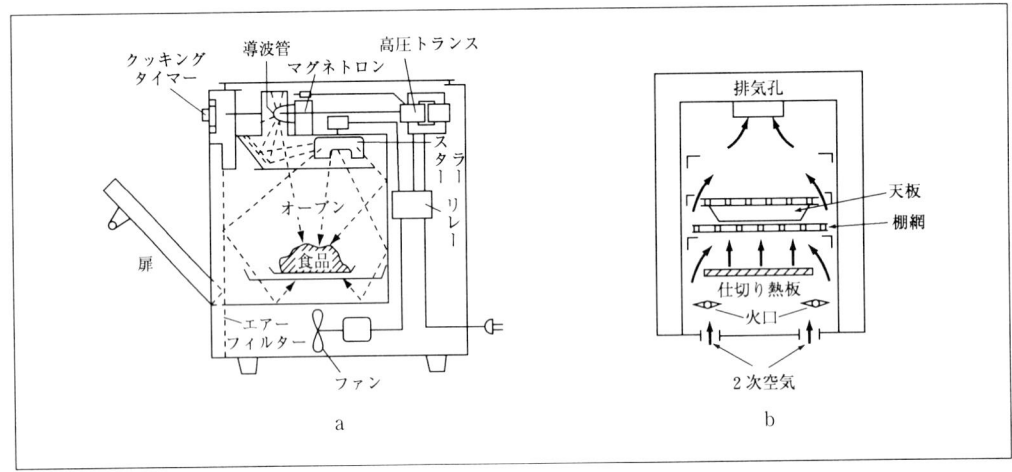

(2) 電磁調理器

電磁調理器は，電磁コイルに交流電流が流れると，磁力線が鍋底を通過して生じたうず電流（ジュール熱）で発熱した熱を鍋に誘導する電磁誘導タイプの加熱器である．鍋は底が平らなも

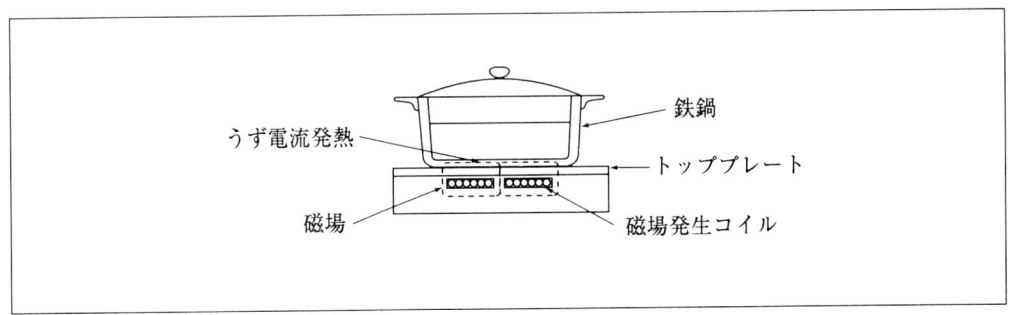

ので，鉄製・ホーロー・ステンレス鋼のものがよい．周辺部が加熱されず，炎が出ないので安全性の高い加熱機器である．

(3) 圧力鍋

圧力鍋は，密閉状態で加熱すると昇圧し水の沸点が上昇することを利用し，110～120℃で組織の硬い食品を短時間で調理するための鍋である．鍋内温度が120℃を超えると安全弁が作動して水蒸気がもれるようになっている．

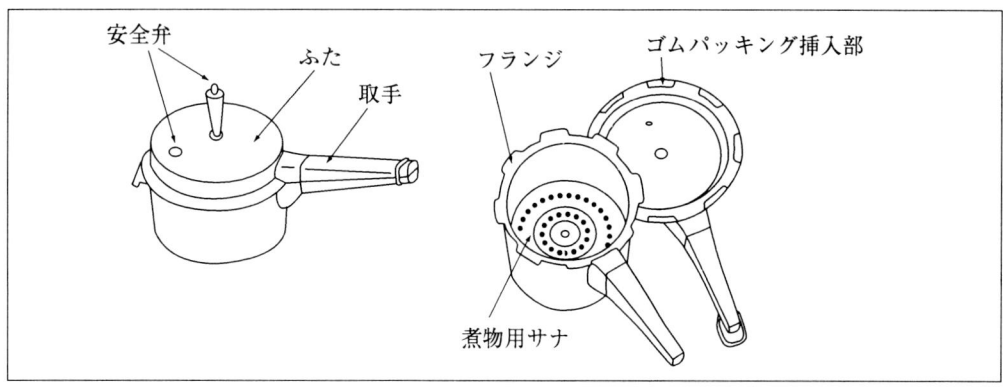

(4) 200Vの電気調理器

従来の100V電源の加熱器に比べ短時間で強熱が得られる速効性の熱源である．熱源はハロゲンヒーターを使用したものとコイルヒーターを使用したものがある．調理用熱源として安全性が高く，ガスに代わる熱源として注目されている．

4） 包丁の種類

類	名 称	形 状（刃渡り）	刃 型	特 徴
和包丁	薄刃包丁	（15～17cm）	片刃	野菜用であるが，先端が丸みを持ち，峰に厚みをもたせ，くさびの役割が大で，硬いものでも切れるようになっている．
和包丁	菜切り包丁	（12～17cm）	両刃	薄刃より刃幅が広く，野菜を切るので，この名がある．うどん，そば切りにもよい．硬いものには不向き．
和包丁	刺し身包丁（柳刃包丁）	（21～35cm）	片刃	長身で重く刃先が鋭い．魚を作り身にする（3枚おろし，5枚おろし）のによく，皮ひき，鱧の骨切りにも便利．関西の刺し身包丁．
和包丁	刺し身包丁（タコ引き）	（21～35cm）	片刃，両刃ともにある	長身で軽くしなりがあり，引き切りに適する．刃先は角がきかない．関東地方の刺し身包丁．
和包丁	出刃包丁	（10.5～15cm）	片刃	厚みがあり，骨など硬いものをたたき切る場合と，魚類をおろすのに用いる．大，中，小ある．
洋包丁	牛刃（フレンチナイフ）	（18～24cm）	両刃	薄刃で刃幅があり，粘りが強く，刃先がきく．肉塊を切るのに適し，刃先ですじ切り，魚の開き，中央で野菜など多用途．
洋包丁	ペティナイフ	（10.5～12cm）	両刃	小型で果物用．皮むき，芯や芽などを取るのに用いる．
中華包丁	中国刃	（16～20cm）	片刃，両刃ともにある	重味のある厚手の幅の広い中国独特の角ばった包丁である．1本で万能．
その他	三徳包丁（万能包丁）	（12～17cm）	両刃	洋包丁と和包丁の長所をとって作られたもので，ほとんどの調理に使える．中央は薄刃の役目，手元は厚く出刃，刃先も使える．

3　調理の実際

1．計量

　　　計量カップ　　　1カップ　　　200ml
　　　計量スプーン　　大さじ　　　　15ml
　　　　　　　　　　　小さじ　　　　5ml
　　　は か り　　　　自動式上皿台はかりを使用．2kgはかりで10g目盛りが適当．
　　　温 度 計　　　　300℃の水銀計またはアルコール温度計を用いる．

表2　計量カップ，スプーンによる重量表（g）

計量器	小さじ(g)	大さじ(g)	カップ(g)	計量器	小さじ(g)	大さじ(g)	カップ(g)
塩（精製塩）	5	15	200	しょうゆ	6	18	220
砂糖（三盆白）	3	10	130	酒	5	15	200
グラニュー糖	4	12	160	酢	5	15	200
ざらめ	5	15	170	みりん	6	17	220
パウダーシュガー	2	6	70	ソース	6	18	220
小麦粉（薄力粉）	3	8	100	油（バター，ラード，サラダ油）	4	13	180
〃 （強力粉）	3	9	110	ショートニング	4	12	160
かたくり粉	3	10	130	生クリーム	4	14	195
コーンスターチ	2	7	120	マヨネーズ	5	14	170
上新粉	3	10	125	トマトケチャップ	6	18	230
道明寺粉	4	12	160	ごま	3	10	120
白玉粉	3	10	120	粉末ゼラチン	3	8	100
パン粉	2	4	45	脱脂粉乳	2.5	8	100
重曹	3	10	130	ココア	2	6	80
ベーキングパウダー	3	8	100	コーヒー	2	6	70
化学調味料	3	10	130	紅茶	1.5	5	60
こしょう	2	7	90	せん茶	2	6	70
カレー粉	2	7	90	抹茶	1.5	5	70
洋がらし（粉）	2	7	80	みそ	6	18	230

・液体は，こぼれない程度に入れて量る．
・粉末は，かたまりは前もってつぶし，やや山に盛ってすり切って量る．

2. 包丁の用い方

1) 包丁の部位名称と適する使用部分

部位名称（図1），一般的包丁（図2），出刃包丁（図3）

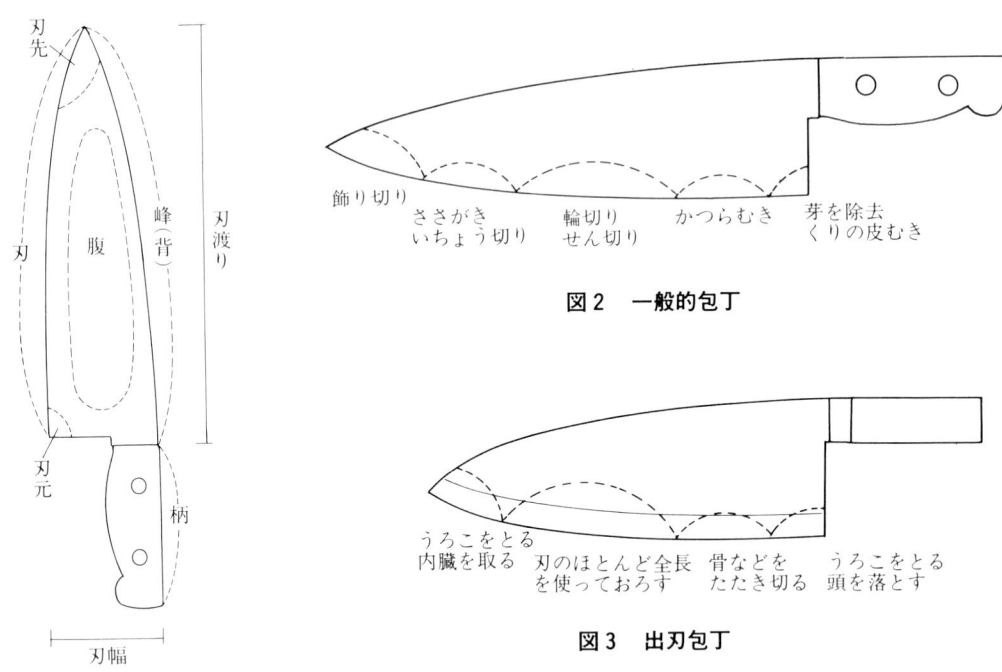

図1 包丁の部位名称

図2 一般的包丁

図3 出刃包丁

2) 包丁の持ち方

(1) 卓刀式

もっとも一般的な持ち方で，人さし指以外の指で柄の部分を軽く持ち，背の部分に人さし指を軽くのせるようにして持つ（図4）．

図4 卓刀式

(2) 支柱式

やわらかい身をそぎ切りにするようなときに用い，卓刀式の人さし指を包丁の腹の部分に添えて，ささえながら切る（図5）．

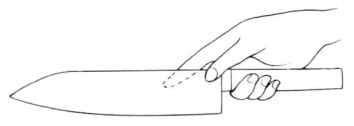

図5 支柱式

(3) 全握式

出刃包丁の持ち方で，硬い物を切るときに柄をしっかりと握った形で持つ（図6）．

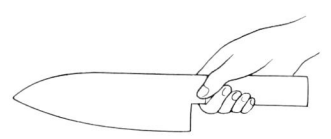

図6 全握式

3） 包丁の動かし方

(1) 押し切り

野菜の切り方に多く用い，身のしまったものを手前から向こうへ押して切る．

(2) 引き切り

魚類，肉類など比較的身のやわらかい食品を向こうから手前へ引いて切る．

(3) 先を固定して，その場で押し上げて切る方法

はもなどの骨切り，野菜の千切りなどの場合に用いる切り方．

(4) 上から下へ真っすぐおろして切る方法

豆腐，水ようかんなど非常にやわらかいものを切るときに用いる．

(5) 引き切りと押し切りを交互に用いる方法

巻きずし，食パンなど，外部と内部の硬さや，食品の違う場合に用いる切り方．

4） 包丁のとぎ方

① と石は使う30分前から水につけておく．
② 平らなところにぬれぶきんを敷き，と石がすべらぬように固定し，包丁をのせてとぐ．
③ 片手は柄のつけ根をしっかり握り，もう片方の指は刃の上に添えて，両刃は両面を同回数とぎ，片刃は表側を多くとぎ，裏側はかえり刃をもどす程度にとぐ．
④ とぎ方は，押すときに力を入れ，引くときは軽く行う．
⑤ と石には，前半は水を多めにそそぎ，後半は，すり落ちた"砥粒"を利用してとぐ．
⑥ とぎ終わったら，きれいに水洗いし，乾いた布で水分を完全にふきとり，乾燥した場所に納める．

3. 切り方（和・洋・中）

切ることは，食品を適当な大きさに切り揃えて，加熱しやすくしたり，調味しやすくするためばかりでなく，形を整え，調理に風情を添えることができて，つぎの操作の基礎となり，調理の"さえ"となる大切な操作である．

食品は，一般的に大きければ大きいほど，食品中の栄養素の溶出が少なく，食品の持ち味を生かすことができるが，加熱時間の短縮や2種類以上の食品の大きさのバランス，調味料の浸透かげん，煮くずれの防止などから，適切な大きさや形の均一性が要求される．

また応用的な切り方には，装飾要素も加わり，色彩とともに季節感を添える．日本料理では「むき物」といわれる彫刻に近い技術が発達し，花鳥を主材にした，目で味わう料理として慶事やパーティーの席に饗応される．なお，西洋料理や中国料理では，材料の切り方が，その料理名となっていることが特徴である．

1) 日本料理に用いる切り方
(1) 基本

① 輪切り(薄切り) 丸のまま厚さ0.5cm以上に切る（薄切りは厚さ0.2〜0.3cm）．	② 小口切り 細長い物を薄切りにする．一般に端から順に切る．
③ 半月切り 円形のものを縦半分に切り，小口から切る．	④ いちょう切り 円形の物を縦4つ割りにして小口切りにする．
⑤ 短冊切り 長さ5cm，幅1cmくらい，厚さ0.2〜0.3cmに切る．	⑥ 拍子木切り 長さ5cm，幅1cm，厚さ1cmくらいに切る．
⑦ 千切り 5〜6cmの長さの薄切りを，さらに小口から細く切る．	⑧ 千六本切り 5〜6cmの長さで0.5cm幅と厚さ0.5cmに切る．
⑨ 針切り 千切りよりも，さらに細長く切る．	⑩ 角切り 縦，横，高さとも2cm以上あるもの．
⑪ さいのめ切り 縦，横，高さとも1cmに切る．	⑫ あられ切り さいのめ切りよりやや小さく（0.5cm）切る．

Ⅱ 調理に必要な基礎知識　17

⑬ かのこ切り	⑭ みじん切り
あられ切りよりさらに細かく（0.2〜0.3cm）切る．	かのこよりも細かく，せん切りを小口から切る．
⑮ 乱切り（まわし切り）	⑯ 斜め切り
材料をまわしながら不定形に切る．	厚さ0.3〜0.5cmに斜めに切る．
⑰ そぎ切り	⑱ ささがき切り
厚みのある食品を包丁を斜めに傾けて薄く切る．	材料を手に持ち，まわしながら，鉛筆を削るように薄く切る．
⑲ 櫛形切り	⑳ かつらむき
丸形の食品を櫛のように片方を厚く，もう一方を薄く切る．	4〜5cm長さの筒形のものを包丁を上下に動かしながら，薄く皮をむく要領で長くむいていく．
㉑ 白髪切り	㉒ 色紙切り
かつらむきにしたものを小口から細く切る．	かつらむきにしたものを正方形に切る．また，立方体を小口から薄く切る．

(2) 応用（飾り切り）

① 面取り 煮崩れを防ぎ，外観を整えるために角を取る．	② 花形切り 円柱形のものを五角形に切り落とし，辺に切り込みを入れ形を整え，花びらの枚数により，梅，桜，桃にし，小口から薄く切る． 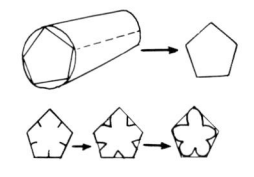
③ 菊花切り 材料の形を整え，包丁で下部を切り離さず，縦，横に切り込みを入れる． 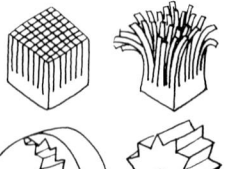	④ 末広切り 長さ5cm，幅3～4cm，厚さ1cmに切り，一方を切り離さないように切り込みを入れ，扇を開いた形に切る． 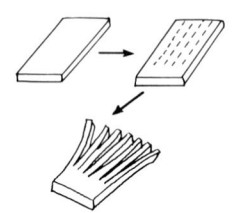
⑤ 切り違い切り 筒形または角形の物の中央に包丁を入れ，この上下から包丁を斜めに入れ，左右がそれぞれ分かれるように切る． 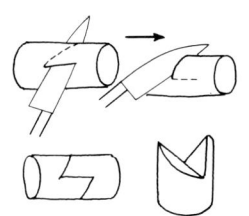	⑥ じゃ腹切り ⓐ 筒形を横にして，小口から下部を切り離さないように切り込みを入れる． 
⑦ じゃ腹切り ⓑ 筒形を横にして下部を切り離さぬようまっすぐ切り込みを入れ，つぎに切れめが入っていないほうを上にして斜めに切り込みを入れる． 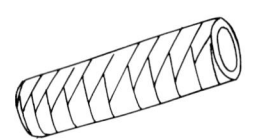	⑧ 矢羽根れんこん れんこんを0.5～0.8cmくらいの厚さに斜めに輪切り，れんこんの穴の上中央に包丁で切れめを入れ，切り口を左右に切り開いて矢羽根のように切る． 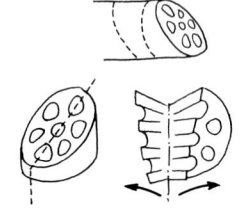
⑨ 花れんこん れんこんを1cmくらいの輪切りにして，穴の丸みにそって花のように皮をむいた切り方． 	⑩ ざかごれんこん 薄切りにして面を落としたもの．または3～4cmくらいの筒切りにし，面を落としてから薄くむいた切り方． 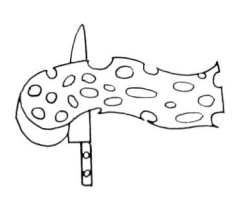
⑪ 松葉切り 長方形の薄切りにしたものに，1本または2本の切れめを入れ，松の葉のようにする（大きさは目的に応じてきめる）． 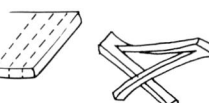	⑫ よりうど うどの筒形をかつらむきにし，斜めに0.5～0.8cm幅に切って水に放つ（斜めにカールする）． 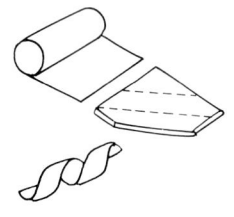

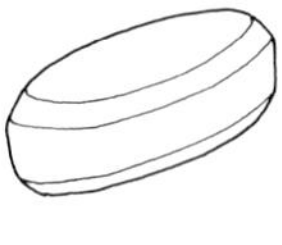

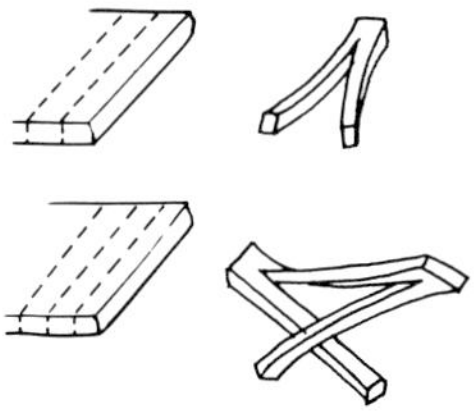

⑬ 駒の爪(えぼし)切り 　筒形を横にして斜めに包丁を入れて，切り口をだ円形にした切り方．	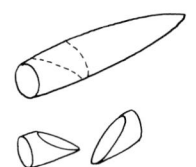	⑭ 茶せん切り 　なすなどの食品の上下を残し，切り込みを入れて茶せんのように切る．	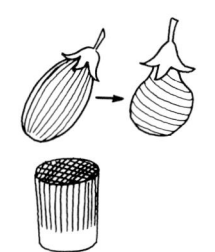
⑮ 手綱切り 　長さ5cm，幅1cm，厚さ0.5cmくらいに切った柔らかい食品の中央に切れめを入れ，片方の端をその中にくぐらせる．	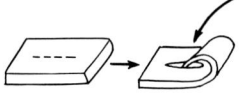	⑯ 唐草切り 　大根の葉の茎などに斜めに0.3cm間隔に包丁を入れてから薄く切り，水に放ち唐草のようにする．	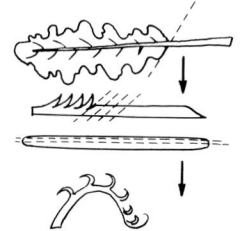
⑰ きねしょうが，筆しょうが，花しょうが 　しょうがに包丁を入れ，きね，筆，花形に飾り切りする．	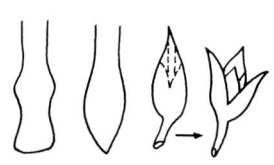	⑱ 忍び包丁(隠し包丁) 　小さい材料を丸ごと用いるとき，裏側から厚さの4分目くらいまで包丁を十文字に入れる．	
⑲ いかり防風 　浜防風の茎を4～6本縦に包丁を入れて，水にさらし，いかりのようにカールさせる．		⑳ 地紙切り 　材料をいちょう切りにして角をとる．	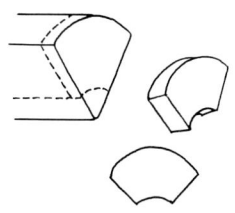
㉑ 花形玉子 　固ゆで卵の真ん中にジグザグに切り込みを入れ離す．		㉒ あみ切り   これをかつらにむく．	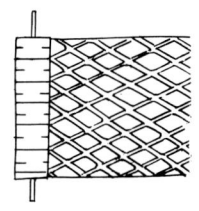

2） 西洋料理に用いる切り方
(1) 基 本

① Haché(アッシェ) きわめて細かく，みじん切り．	② Julienne(ジュリエーヌ) 千切り(糸切り)．
③ Brunoise(ブリュノワーズ) 0.5cm角のさいのめ切り(あられ切り)．	④ Allumette(アリューメット) マッチの軸のように切ったもの(千六本切り)．
⑤ Printaniere(プランタニエール) 0.7cm角のさいのめ切り(あられ切り)．	⑥ Paille(パイユ) アリューメットをさらに細かく切ったもの．
⑦ Macedoine(マセドアーヌ) 1cm角のさいのめ切り．	⑧ Russe(リュス)　　Pone-Neuf(ボン・ヌフ) 0.5cm角で，長さ2cm　大きめの拍子木切り． の拍子木切り．
⑨ Domino(ドミノ) 1.5cm角より大きいさいのめ切り．	⑩ Bâtonnet(バットネー) 棒切り，材木のように切る切り方．
⑪ Salpicon(サルピコン) 肉類のさいのめ切り．果物の場合にも使われる．	⑫ Paysanne(ペイザーヌ) 色紙切り．

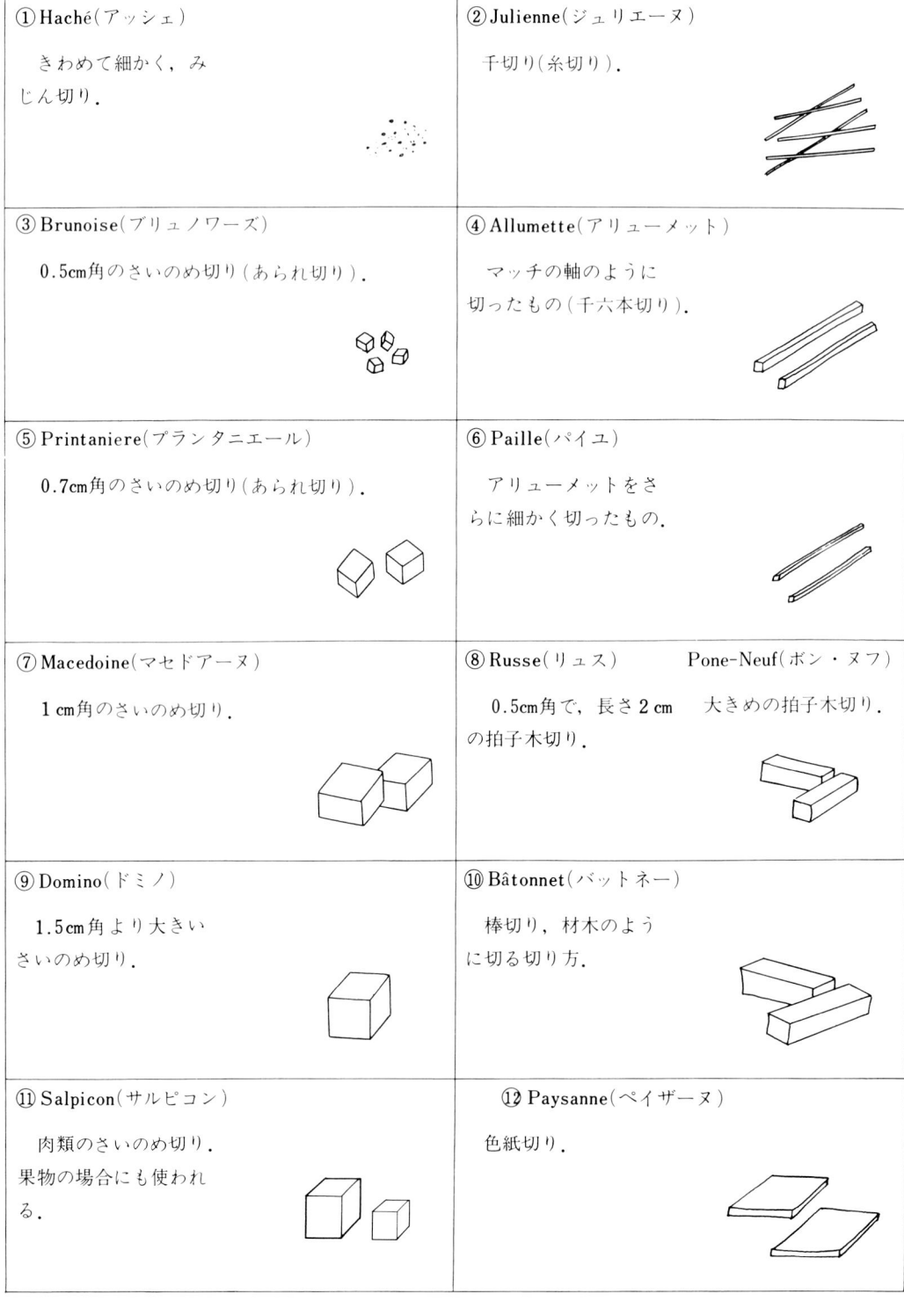

(2) 応用

① Ruban（リュバン） リボンのように帯状に長くむきあげたもので，日本料理のかつらむきである． 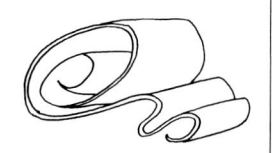	② Emincé rond（エマンセ ロン） 薄く輪切りにしたもの． 
③ Lame（ラム） 薄切り，主としてかんきつ類を薄切りにする場合に使われる． 	④ Mince rondelle（マンス ロンデル） 紙のように薄く輪切りにしたもの． 
⑤ Collerette（コルレット） 婦人用のえり飾りの形から取ったもので，一定した大きさの薄切りの場合に用いる． 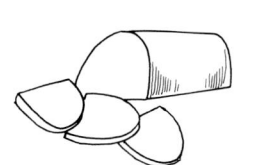	⑥ Cornet（コルネ） ラッパ形にむいたもの，または形作ったもの． 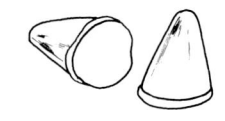
⑦ Rondelle（ロンデル） 輪切り，蛇の目切り． 	⑧ Château（シャトー） 卵形に面を落としてむいた野菜類に用いられる． 
⑨ Emincé（エマンセ） 薄くそぎ切りにすることで，主として肉類に用いられる． 	⑩ Olive（オリーヴ） オリーヴ形のむき方． 
⑪ Emincer ovale（エマンセ オヴァール） だ円形の薄切り． 	⑫ Noisette（ノアゼット） くるみ形． 

3） 中国料理に用いる切り方

(1) 基 本

① 末(ムオ)・小米(シヤオミイ)・鬆(スオン) 　みじん切り．	② 丁(デイン) 　0.5～1cmのさいのめ切り．
③ 絲(スー) 　千切り．	④ 条(ヂイヤオ) 　太めの千切り，拍子木切り．
⑤ 段(ドアン) 　1～2cmのぶつ切り．	⑥ 砕(ソイ) 　たたき切り，つぶし切り． 　にんにく，しょうがなどに用いる．
⑦ 片(ペエヌ) 　薄切り，そぎ切り．	⑧ 斜片(シヤアペヌ) 　斜めの薄切り．
⑨ 塊(クワイ) 　乱切り，ぶつ切り．	⑩ 兎耳(トウアル)・馬耳(マアアル) 　くさび形．
⑪ 方(フオン) 　正方形切り，丁より大きめ．	⑫ 球(カオ) 　角切り．

(2) 応用（飾り切り）

① 象眼（シヤンイエン） ひし形切り．	② 雙飛（シヨワンフエイ）・双飛絲（シヨワンフエイスー） 松葉切り．
③ 梯（テイ） 階段切り．	④ 紋（モン） 松笠切り． （いかの切り方）
⑤ 仏手（ホウシヨウ）(1) 手形切り． （いかの切り方）	⑥ 仏手（ホウシヨウ）(2) 飾り仏手． （いかの切り方）
⑦ 花（ホワ） 花切り． （いかの切り方）	⑧ 草児（ツアオル） 唐草切り．
⑨ 花捲（ホワチエン） 花巻き切り． （だいこん，にんじん）	⑩ 花（ホワ） 花切り． （ねぎ）
⑪ 扇子（シヤンズ） いちょう形．	⑫ 竜（ロオン） じゃ腹切り．

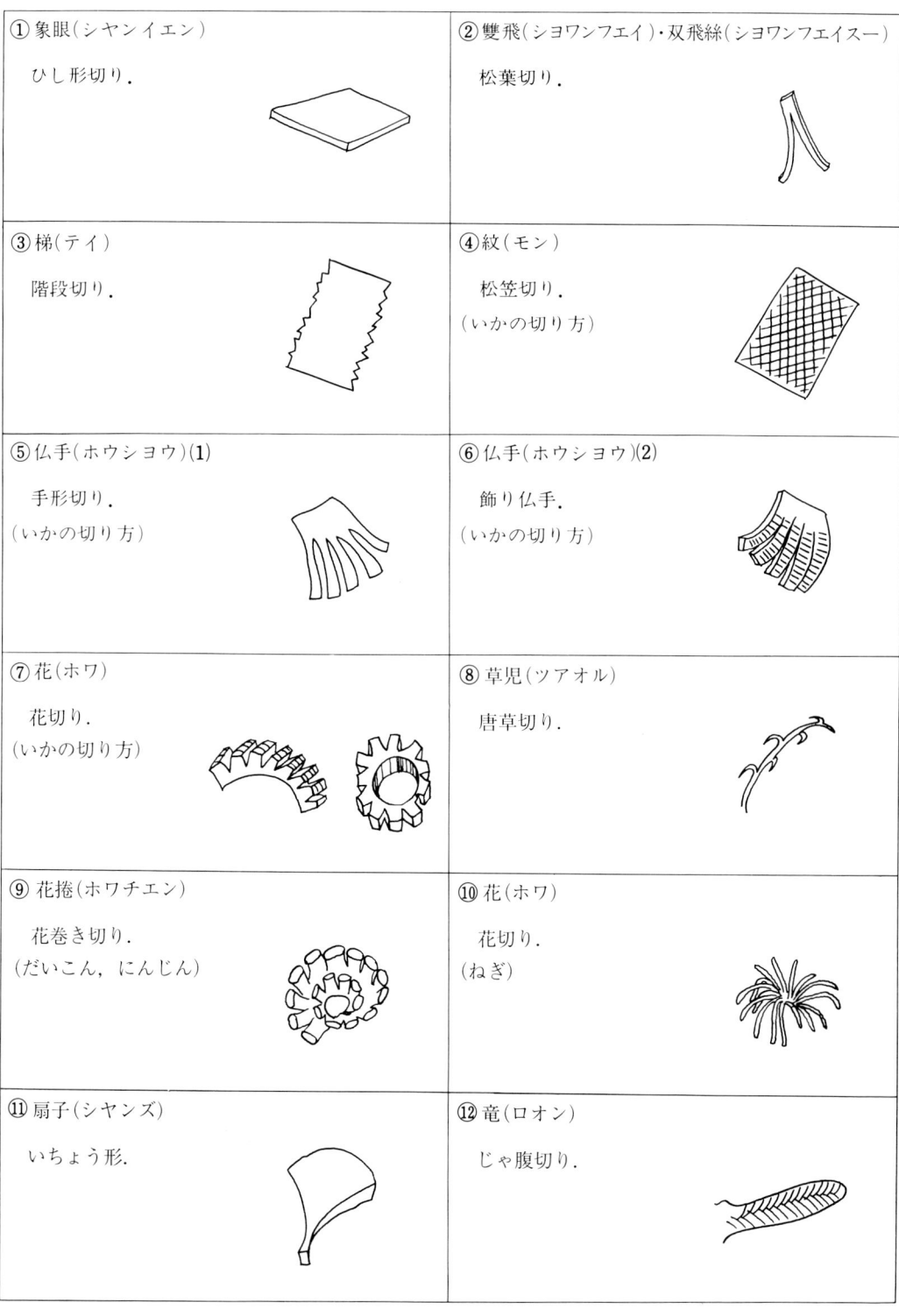

4) 魚の調理

(1) **魚の部位と名称**（図7参照）

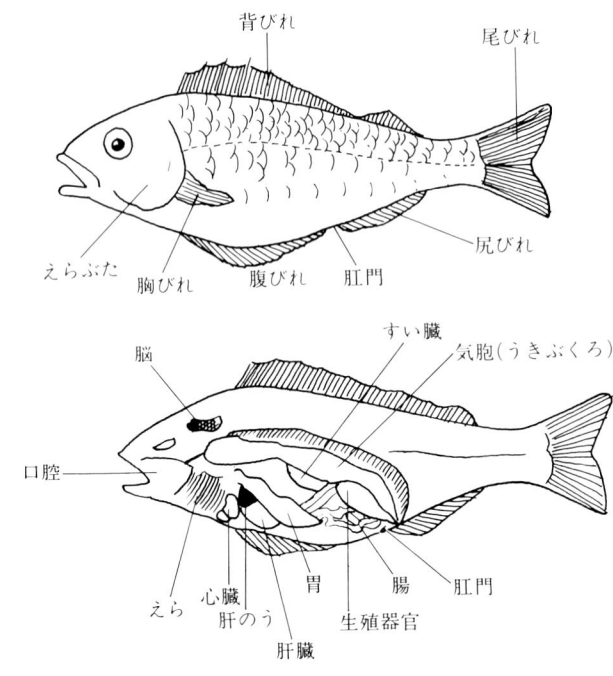

図7 魚の部位と名称

(2) **魚の下処理**（下ごしらえ）

a．うろこをとる

魚の目の下を持ち，包丁の背を左側に倒しぎみにして，尾から頭に向かってうろこをとる（図8）．

b．内臓をとる

あごから包丁をつき刺して，えらのつけ根から腹びれの中央を尻びれのところまで開く．右手でえらと内臓を抜き取り，水できれいに洗う．

c．頭を落とす

頭のつけ根に直角に包丁を入れ，裏返して同じ要領で頭を落とす．

●魚を姿焼きする場合の下ごしらえ

表のほうに傷をつけないようにえらを除き，魚の裏の胸びれの下から包丁を入れ腸を除く．

(3) **魚のおろし方**

a．2枚おろし

下処理をした魚の腹側から中骨の部分まで深く包丁を入れ，尾まで切り開き，つぎに背側から同じように包丁を入れ，尾のほうから頭のほうへ向かって中骨にそって身を離す．骨付きの身と骨のない上身に分かれる（図9）．

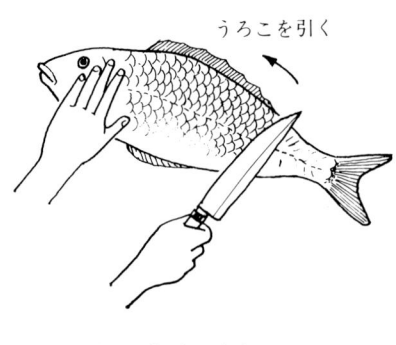

図8　うろこをとる

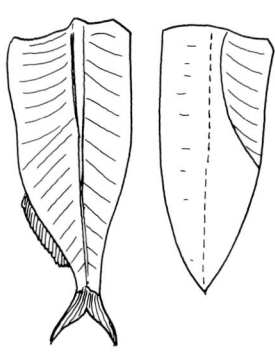

図9　2枚おろし

b．3枚おろし

2枚おろしの骨付きの身のほうを骨と身に切り離す．上身が2枚と骨で3枚になる（図10）．

c．大名おろし

さんま，きす，さよりなど細身の魚のおろし方で，下処理した魚の頭のほうから中骨が下側になるように身と骨の間に包丁を入れ，中骨の上をすべらせるように包丁を上下に動かしながら尾まで切り離す．残りをひっくり返して裏も同様に切る．

d．松葉おろし

きすのように細身で短い魚のおろし方で，下処理した魚を大名おろしの要領で中骨を中心に包丁で切り離し，尾の部分をつけたまま中骨のみ切り落とす方法である．

e．5枚おろし（節おろし）

ひらめ，まぐろなどをおろす方法で，下処理した魚の表側中央に中骨まで包丁を入れ，左右に身をすきとるようにして切り離し，裏も同様に行う．身が4枚と骨が1枚で5枚になる．節おろしは，かつお節などを作るときに中骨にそった肉の部分の血合肉を切り取ったおろし方である（図11）．

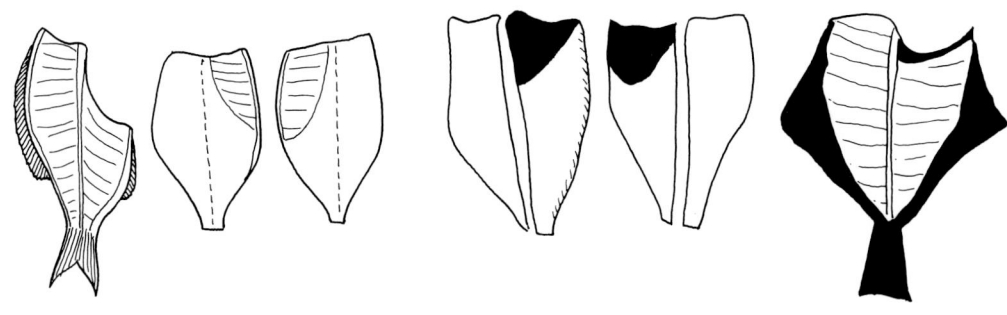

図10　3枚おろし　　　　　　　図11　5枚おろし

(4) 魚の開き方

a．背開き

魚の背から包丁を入れ，片身に骨をつけたまま開き，腹の部分には傷をつけないように開く．

b．腹開き

背開きと逆に腹のほうから包丁を入れて，背のほうには傷をつけないで開く．

(5) 魚の切り方

a．筒切り

下処理をした魚を丸ごと，骨付きのままぶつ切りにする．

b．そぎ切り

魚の上身に包丁の刃が左に向くように斜めに切り込みを入れて適当な幅に切る．

c．行儀切り

上身に包丁を真っすぐにして切れめを入れて切る．

d．観音開き

行儀切りにした魚の身に下まで切り離さぬように真ん中へ切れめを入れ，左右に切り開く．

e．骨切り

はもなど骨の多い魚に行う方法で，包丁の先を固定させてつくように皮まで押し切りにする．

5) えびの調理

(1) えびの下処理

えびは，伊勢えび類とくるまえび類に大別される．調理法により下処理が異なるので，使用頻度の多いもので説明する．

くるまえびの処理

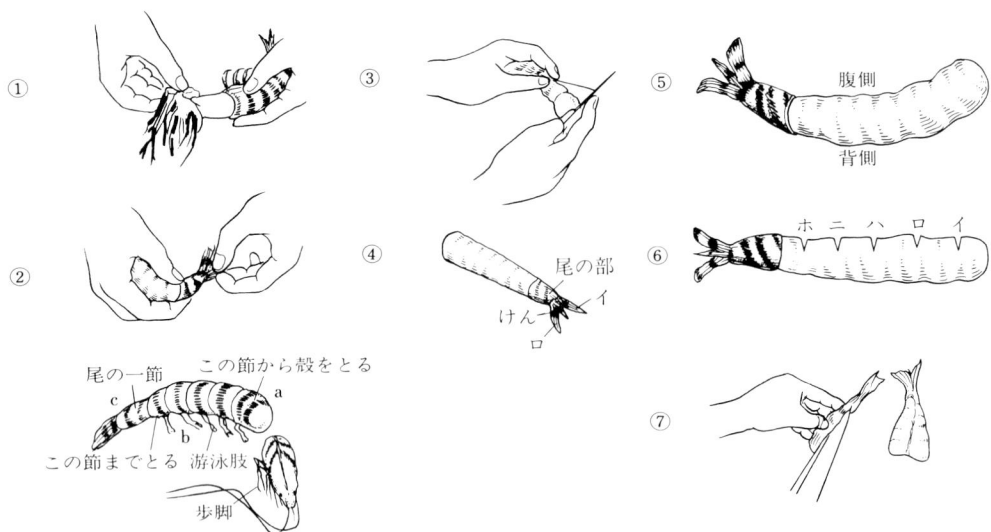

図12　えびの調理

図12の①～⑦により示す.

① 頭の中に右親指を入れ，身を胴のほうに多く残すようにして頭の殻をはぐ.
② 尾部のひと筋を残してほかの殻をむき，尾の中央に突き出ている剣先をつぶして中の水を出す.
③ 背わたをとる．背わたを竹串かつまようじで抜き取る．首のほうの2節目くらいの背身の中央に串をさして青黒色の背わたをすくい取って引き出す.
④ 揚げ物の場合は尾の先端も少し切り落とし，中の水分が油の熱ではねるのを防ぐ.
⑤ 図のように腹部に切り込みを入れる．えびは加熱により曲がるので，⑦～㋙のように太さの1/3程度の深さに数ヶ所切り込み，⑥のように背側にのす（腰をおる）.
⑥ 身を切り開いて用いる場合は，⑦のように腹側を縦に切り開く.

6) いかの調理

(1) いかの下処理

いかは，筒いか類（するめいか，やりいかなど）と甲いか類に大別して説明する.

a．するめいか，やりいかの処理

① 左手でいかを押さえ，右手で胴のすそを持ち上げ，人さし指と親指を中に入れ，足のつけ根から内臓とともに引き出す.
② 細い軟骨を抜き取る．胴の内側の汚れを水洗いして，水気を拭う.
③ ひれのつけ根に指を入れて，ひれをはずし，皮ごと取り去る.
④ 身を開く場合は，背側中央（ひれのついている部分）から包丁を入れ，1枚にして薄皮をむく.

b．甲いかの処理

① 甲いかの皮の上から固い甲の上に包丁を縦に入れ，皮に切れめをつけて開き，甲を引き出す．内臓を出し厚い皮をひっぱってむき，図13のように白い身とする.

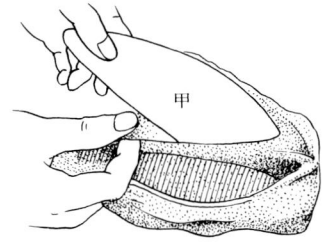
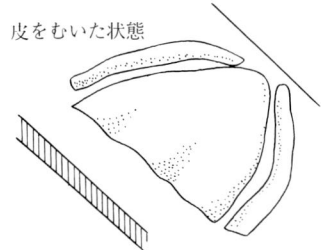

図13 甲いかの処理

(2) いかの切り方

a．松笠切り

45°に斜めに包丁をねかせて，厚さ2/3くらいまで縦，横に包丁を入れる．

b．布目切り

織物の縦糸と横糸との関係のように直角になるよう，いか肉の厚さ1/3まで切り込みを入れる．

c．鹿の子切り

布目よりも細かく格子に包丁目を入れる．

d．唐草切り

厚い身のいかに用いる．皮をむいたいかを幅1cm，長さ6cmの短冊切りとする．図14のように長さ1/3のところと2/3のところに，上から厚さ1/3の深さまで切り込みを入れ，ⓒからⓓまでと，ⓔからⓕまで横に平らに切り込みを入れる．ⓐは厚みの中央に切り込みを1/3のところまで入れる．つぎに裏返して，ⓓから深さ1/3まで切り込み，そこから横にⓔまで切る．熱湯にくぐらせ引き上げると図のようになる．

e．鳴門造り

いかの刺し身に浅草のりを合わせて，うず巻きいかにしたもの．

いかの胴を縦切りにして，表のほうから，いか肉の厚さ2/3から3/4までの深さまで5mmおきに切り込みを入れておき，のりを内側にぴったりと張りつける．のりのほうを中側に入れて巻き，図のように仕上げ，適当な長さに切る．

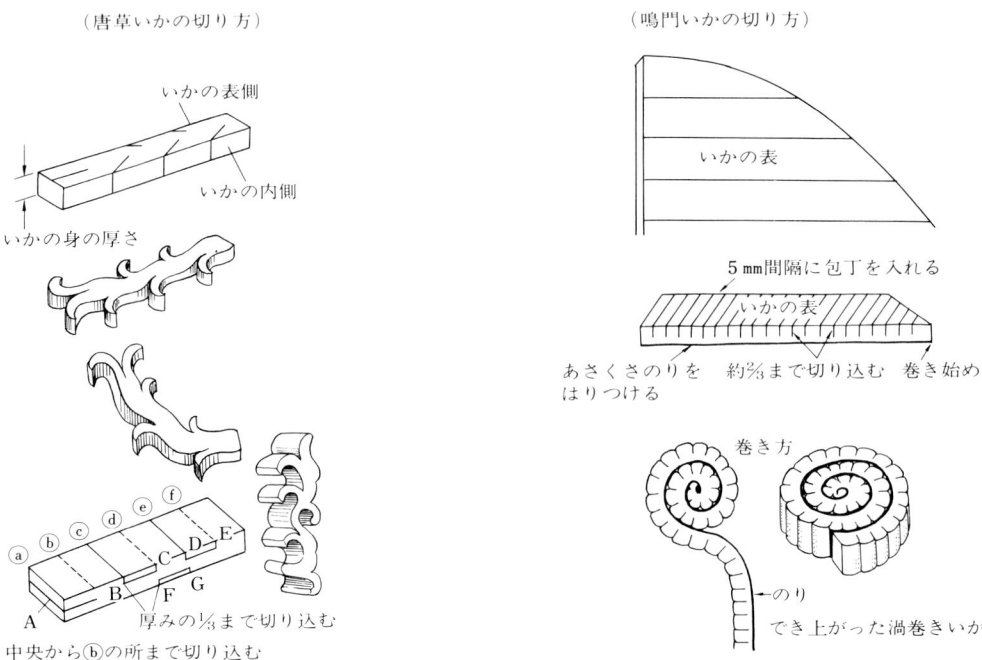

図14　いかの切り方

4. アク抜きと色素の調理上の変化

野菜などの不味成分（アク）を除去するには，表3のように色素に十分注意をして，水浸，ゆでる，などの操作をしなければならない．

表3　アク抜きと色素の調理上の注意

色素の種類	調理上の性質および注意点		食品名
クロロフィル 　緑	・長時間の加熱により褐色に変化． ・酸性液中で褐変が著しい． ・ゆでるとき，鍋のふたをしない． （野菜中の揮発性有機酸を蒸気とともに揮発させる．）	・生理食塩水を沸騰させて短時間にゆでる． 　アルカリ液で色素は安定するが，栄養素の破壊が著しい． ・銅を用いると安定した緑色となる． （加工品などに硫酸銅を用いる．→グリンピース）	緑色野菜 ほうれんそう 菜の花 ブロッコリー 芽キャベツ グリーンアスパラ ふき わらび さやいんげんなど
カロチノイド系色素 　黄 　だいだい 　赤	・空気中の酸素により酸化されて褐変しやすいので長く空気中へ放置しない．（とくに細かく切って放置しない．）	・生理食塩水を沸騰させて調理する．	にんじん トマト かぼちゃ かき ほうれんそう すいか わかめ
フラボノイド系色素 　黄 　淡黄色 　白	・酸に対して安定． ・アルカリによって黄色に変化． （小麦粉とかん水（アルカリ溶液）により，中華めんは黄色．） ・鉄塩により緑色または褐色に変化する． ・空気中の酸素により酸化され褐色に変化しやすい．	・生理食塩水を使用． ・食酢液（3〜5％）を使用． ・焼きみょうばん水（0.3〜1％）を使用． ・アクの強いものは，でんぷん（米のとぎ汁，小麦粉）を使用する． 　→カリフラワー，だいこん，たけのこ．	ごぼう れんこん やまいも さといも たまねぎ さつまいも カリフラワー だいこん たけのこ ねぎ 小麦粉，米 みかん
アントシアン系色素 　赤 　青 　紫 　黒	・酸性で赤色化． ・アルカリ性では，黒紫色，暗緑色となる． ・鉄やアルミニウムでは，錯塩を作り安定な色素となる． （なす漬けとみょうばん・鉄，黒豆と鉄鍋・鉄くず．）	・美しい紫にするため，食酢溶液を使用する． ・みょうばん水を使用する．	なす 赤かぶ（ビート） しその葉 紅たで レッドキャベツ ずいき 黒だいず あずき いちご ぶどう

5. 煮だし汁のとり方(和・洋・中)

1) 日本料理用
こんぶ,かつお節,煮干しなどを使用する.

(1) 一番だし(こんぶとかつお節)

水にこんぶを入れ加熱し,80℃くらいになったら取り出し,90～95℃になったらかつお節(削り節)を入れ,まもなく消火し,沈殿したらこす.

(2) 二番だし

一番だしをとった残りのこんぶとかつお節(削り節)に水を加えて加熱し,沸騰してから4～5分煮てこす.

(3) 煮干しを使っただし汁

煮干しは,頭とはらわたをとり,水に入れ,沸騰したら弱火で3～4分煮出してこす.

2) 西洋料理用

(1) 牛スネ肉(または筋肉)でとる場合

牛スネ肉にたまねぎ,にんじん,セロリー,パセリ,ローリエなどを加え,卵白をまぶし水を加え,沸騰するまで強火で加熱し,アク引きをした後,弱火で2～3時間加熱する.布を用いて静かにこし,上に浮いた油を和紙で除く.

(2) 鶏骨でとる場合

鶏骨はよく洗浄し,小さく切って骨をたたいてから熱湯をかけ,香味野菜,香辛料を加えて水を入れ,沸騰するまで強火で加熱し,アクをすくい取った後,弱火で1時間くらい加熱し,静かにこす.

3) 中国料理用〔做湯(ツォタン)〕

(1) 葷 湯(フォンタン)

獣鳥肉類,魚介類を使用.

材料を5～6cm角に切り,長ねぎ,しょうがなどを加え,アクを除きながら微沸を続け,1～2時間煮出す(鶏骨,豚骨を使用するときは,小さく切って熱湯をかけてから使用する).

(2) 素 湯(スータン)

野菜からとった精進だし.

材料を大きめのぶつ切りにし,水に少し浸し,そのまま火にかけ,30～40分煮込み,最後に酒を加え,香りづけをして,さましてからこす.

6．串の打ち方

(1) 串の種類

　　　竹　串
　　　金　串

(2) 串の用い方

　　　本　　串：魚の中心をつき抜けるようにして姿を決める串．
　　　補助串：焼くときに魚を安定させるのに用いる串．

(3) 串の打ち方の実際

a．縦　串

　① うねり打ち（おどり串，のぼり串）

　　魚を姿のまま焼くときの打ち方．

b．横　串（末広串）

　① 平打ち

　　魚の切り身，あなごなどの割り身を3～4枚並べて打つ場合．

　② つま折り（両づま・片づま）

　　3枚におろして切り身にするには身が薄くて貧弱な場合に使われる．

　　つま折りの身の開かぬよう，2本の串で縫いとめる．

　③ より打ち

　　小魚を3枚におろし，1本の串は頭のほうの皮目から図のように打ち，もう1本は尾のほうからねじれるようにして串を打つ方法である．焼いた魚は主にわんだねとして用いられる．

　(4) 串の刺し方の注意

① 表になるほうには串を出さないのが原則．
② 切り身はなるべく串を横に刺す．
③ 表のほうへ六分の肉をつけて刺す．
④ 串は持ちやすいように手前を狭くしておけば，焼いた身に無理がない．
⑤ 焼く途中で串を1度まわしておくと，焼き上がりに串がはずしやすい．

串の打ち方

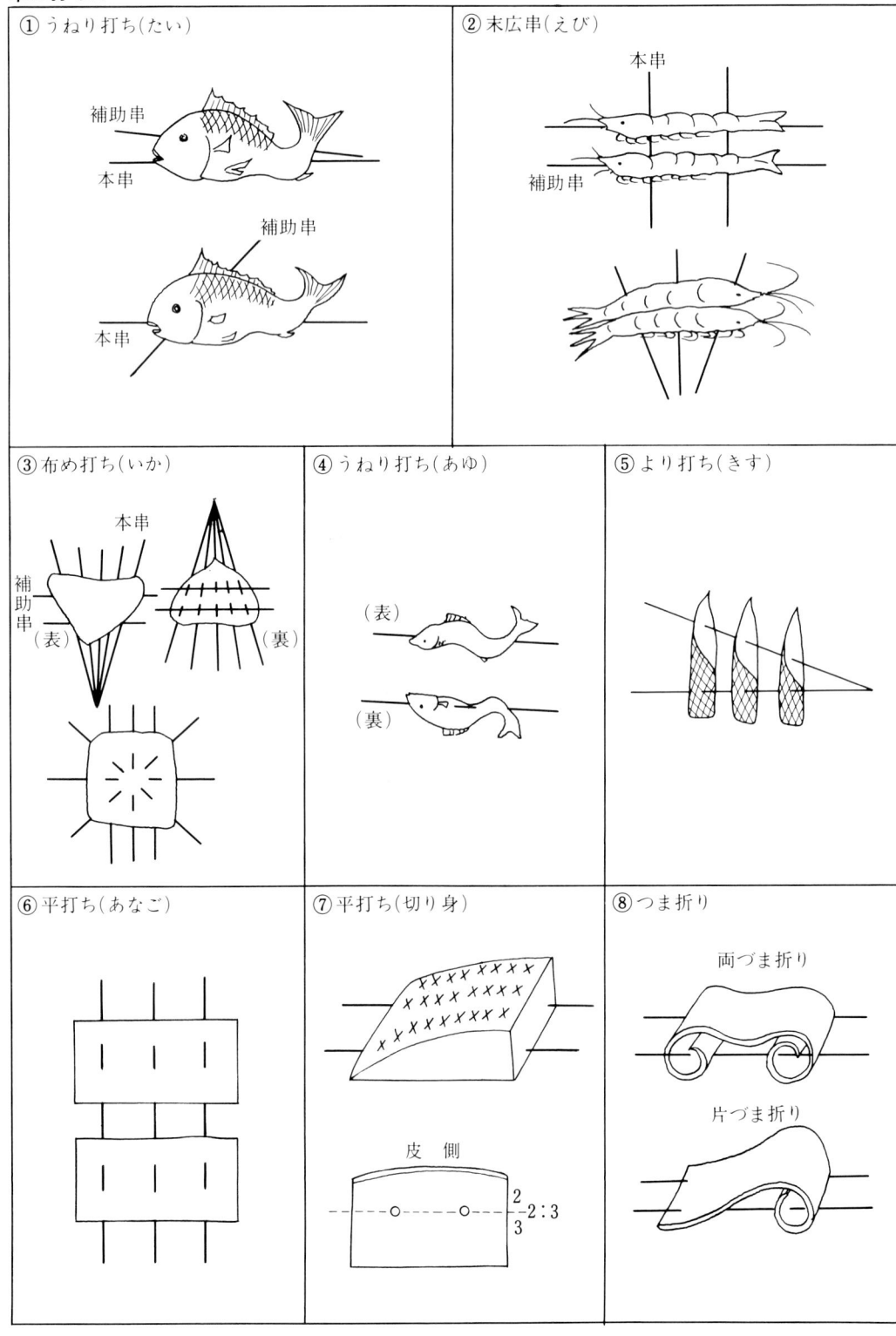

① うねり打ち（たい）
補助串
本串
補助串
本串

② 末広串（えび）
本串
補助串

③ 布め打ち（いか）
本串
補助串
（表）　（裏）

④ うねり打ち（あゆ）
（表）
（裏）

⑤ より打ち（きす）

⑥ 平打ち（あなご）

⑦ 平打ち（切り身）
皮　側
2:3

⑧ つま折り
両づま折り
片づま折り

7. 肉類の部位と名称および適する調理法

(1) 牛肉

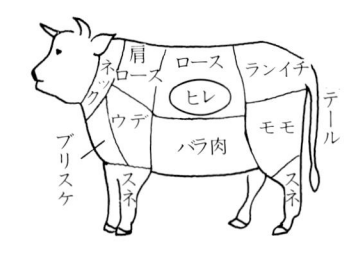

名　　称	調　理　法
ヒ　　レ	トルネードステーキ，ヒレカツ，メダイヨン
ロ　ー　ス	ビーフステーキ，ロースト，すき焼き，鉄板焼き
肩ロース	ロースト，すき焼き，ビーフステーキ
モ　　モ	オイル焼き，あみ焼き，バター焼き，蒸し焼き，カツ，ステーキ
ランイチ	ロースト，カツ，ステーキ，バター焼き
ウ　　デ	シチュー，オイル焼き，ビーフカツ
バ　ラ（プレート）	シチュー，カレーライス，ひき肉，スープ
ブリスケ	シチュー，ひき肉，ブイヨン
ネ　ッ　ク	ひき肉，煮込み，ブイヨン
ス　　ネ	ブイヨン，シチュー
テ　ー　ル	ブイヨン，シチュー
タ　　ン	シチュー，塩漬け

(2) 豚肉

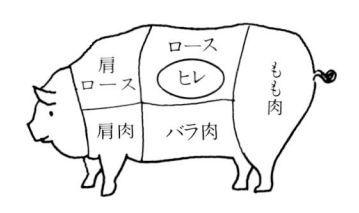

名　　称	調　理　法
ヒ　　レ	ヒレカツ，ポークメダイヨン
ロ　ー　ス　肩ロース	ポークステーキ，ポークチャップ，カツ
も　　も	ロースト，ハム，シチュー，焼き豚
肩	シチュー，ひき肉
バ　　ラ	シチュー，ベーコン，ひき肉

(3) 羊肉（ラム）

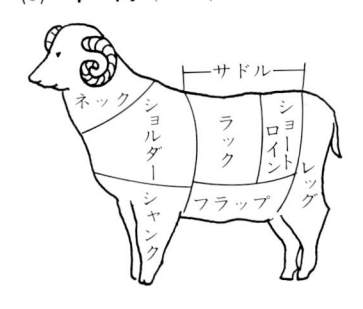

名　　称		調　理　法
サドル	ショートロイン	ステーキ，あぶり焼き，ロースト
	ラック	骨付きロースト，ステーキ
ショルダー		ロースト，煮込み，焼き肉
レ　ッ　グ		骨付きロースト，ステーキ，炒め物
フラップ		煮込み，加工品用
シャンク		ひき肉料理，煮込み
ネ　ッ　ク		骨付きロースト，ひき肉料理

(4) 鶏肉

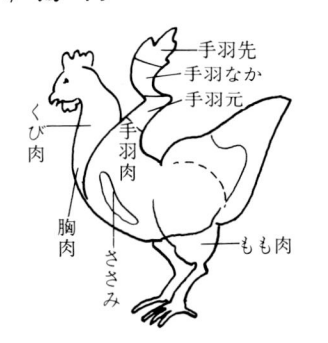

名　　称	調　理　法
手羽肉	チキンカツ，照り焼き，炒め物，煮物
手羽先	ブイヨン，煮込み物，から揚げ，ひき肉
ささみ	霜降り，和え物，わんだね，スープの実
もも肉	グリルチキン，フライドチキン，焼き物，煮物
くび肉	ブイヨン，ひき肉

8. 主な調味料の性状と使い方

(1) 砂糖 (甘味)

① 食品への浸透速度が遅いため，煮物など調味料を2～3種合わせて使用するときは，先に加えるとよい．

② 15％以上使用すると，食品の組織を硬化する作用があるので，1度に加えず徐々に加える．

③ 温度により，溶解量，甘味がかなり違うので，食するときの温度を考慮して調味する必要がある．

④ 砂糖使用濃度が材料の65％以上のときは防腐（保存）力がある．

　砂糖液は加熱温度により，シロップ，カラメル，フォンダンなどを作ることができる．

⑤ 砂糖の種類：黒砂糖，中ざらめ，白ざらめ，中白，三温糖，グラニュー糖，氷砂糖，パウダーシュガー，角砂糖

調味以外の砂糖の働きを表4に示す．

表4　調味以外の砂糖の働き

作　　用		調理，加工の例
防腐作用	微生物の発育を抑える．	砂糖漬け
物理性の改善	粘りや"つや"を出す．	あめ煮，シロップ，抜絲，きんとん
	乾燥を防ぎ湿気を保つ．	和菓子，ケーキ
	いろいろな結晶になる．	ボンボン，金平糖，ドロップ，氷砂糖
	ゲル（ゼリー状態）を強くする．	寒天，ゼラチンゼリー
	滑らかなクリーム状になる．	フォンダン，カスタード
たん白質への作用	卵白の泡を安定にする．	メレンゲ，泡雪かん
	熱凝固を遅らせ，やわらかく固める．	卵焼き，プディング
	アミノ酸と結合，よい色と香りを出す．	スポンジケーキ，カステラ，ドーナツ
炭水化物への作用	でんぷんの老化を防ぐ．	ようかん，あん
	ペクチンと結合してゼリー化する．	ジャム，ゼリー，マーマレード
	小麦粉生地の発酵を助ける．	パン，まんじゅう
その他の作用	高温で分解，きれいな色を出す．	カラメルソース
	生臭みなどをかくす．	煮魚

(2) 塩 (鹹味)

① 食品の組織を硬化させる性質があるので，煮くずれしやすい食品の場合は先に入れるが，普通の調味に関しては後から用いる．

② 食品への浸透速度が速い．
③ 砂糖液中へ少量加えることにより対比現象がある．
④ 荒塩，精製塩，加工塩（食卓塩，ガーリックソルトなど）を目的に応じて使い分ける．

調味以外の食塩の働きを表5に示す．

表5　調味以外の食塩の働き

	作　　　用	調理，加工の例
防腐作用	微生物の発育を抑える．	各種の塩蔵品，とくに塩辛，塩魚，たくあん
たん白質への作用	熱凝固を促進する． すり身の粘着力を増す． 小麦粉生地の弾力を増す．	卵，肉，魚料理一般 練り製品，すり身料理，ハンバーグステーキ パン，めん類のグルテン活性
組織への作用	水分を外へ引き出す（放水）． 細胞膜の活動を止める．	野菜のふり塩，塩もみ，和え物 漬け物
酵素への作用	酸化酵素を抑える． アスコルビナーゼを抑える．	野菜，果物の褐変防止 果汁のビタミンCの保持
その他の作用	緑色を保持する． ぬめりを除く． 低温をつくる（氷に混合）．	青菜のゆで物 魚類の洗浄 家庭用アイスクリームの冷却

(3)　**しょうゆ**（鹹味）

① 食品に風味，香気，色を与える．
② 風味，香気を大切にする調理のときは，加熱しすぎないよう注意する．
③ 目的により，濃口，薄口，白しょうゆを使い分ける．

(4)　**み　そ**（鹹味）

① 食品に風味，香気，色を与え，魚臭などを除くことができる．
② 目的により，甘みそ，鹹みそ，赤みそ，白みそを区別して使用する．
③ 加熱しすぎないように調理する．

(5)　**酢**（酸味）

① 食品をやわらかくし（肉，たこ，いか），アクを除く（れんこん，うど）などの効果がある．
② 酢は揮発性が高いので，加熱しすぎぬよう後から調味する．ただし，食品をやわらかくする目的を兼ねる場合は，最初に加える．
③ 目的により醸造酢，合成酢を使い分ける．

調味以外の食酢の働きを表6に示す．

表6　調味以外の食酢の働き

作　　用		調理，加工の例
防腐作用	微生物の発育を抑える．	酢魚，酢漬け，マヨネーズ，ピクルス
たん白質への作用	熱凝固を早め，硬くする．	ポーチドエッグ，ゆで卵の湯など
	金属への付着を防ぐ．	焼き魚の網や串にぬる
	凝固させ身をひきしめる．	魚の酢じめ
組織への作用	水を引き出し，しんなりさせる．	なます，酢の物
	やわらかく味をしみ込みやすくする．	こんぶの煮物，こぶ巻き
	やわらかく骨まで食べられるようにする．	小魚のマリネー
色素への作用	フラボノイドに作用し色を白くする．	酢ばす，カリフラワーのゆで物
	アントシアンに作用し色を赤くする．	紅しょうが，ずいきの煮物
酵素への作用	酸化酵素を抑えて褐変を防ぐ．	もやしの保存
	ミロシナーゼを抑え，辛味を防ぐ．	だいこんおろし
その他の作用	辛味成分を安定に保つ．	マスタード，練りからし
	"アク"抜きを助ける．	ごぼう，うど，やまいもの洗浄
	生臭みを除く．	魚の酢洗い
	ぬめりを除く．	さといも，あわび

(6) **酒**（アルコール）

① 食品の組織を膨張させ，ふっくらとやわらかくする．

② 臭気抑制の効果がある．

③ 調味料の浸透を容易にする．

④ 目的により，日本酒，洋酒を使い分ける．

(7) **みりん**（甘味，うま味，アルコール）

① 風味のある照りのよい甘味を食品に与える．

② 食品を硬化させる働きがあるので，後のほうで使用するが，煮くずれ防止には先に加える．

③ 多量に使用するときは，½に煮つめたり，煮切りみりんにして，アルコールを除いて用いる．

9. 食品の出回り時期

食品の選択は，食品のうま味や栄養が充実し，出回り量も豊富で安価な時期を目安とすることが望ましい（表7参照）．

表7　食品の出回り時期

季節	魚介類	野菜	季節	魚介類	野菜
春 3月〜5月	ひらめ　しらうお　さより　ます　こおなご　わかさぎ　はまぐり　このしろ　さざえ　とびうお　やりいか　たい　さば　まぐろ　あじ　かに　かれい　にしん　かつお　いさき　あいなめ　さわら　くるまえび　あゆ　はも　かます　たちうお　たこ　こい	からしな　こまつな　しゅんぎく　わけぎ　うど　根みつば　木の芽　長芋　れんこん　玉レタス　ちしゃ　たけのこ　ふき　さやえんどう　菜の花　わらび　ぜんまい　つくし　よめな　たんぽぽ　生しいたけ　新ごぼう　実えんどう　そらまめ　いんげん　小なす　キャベツ　ほうれんそう　芽じそ　花さんしょう　にら	秋 9月〜11月	さんま　すずき　かます　ます　ふぐ　うるめいわし　かたくちいわし　こち　まだい　くるまえび　たちうお　もんごいか　このしろ　さば　あじ　はぜ　つなし　うぼし　はも　ひらめ　まぐろ　たこ　やりいか　いとより　ぼら　さけ　たこの子　すず子　あかがい　はまち　れんこだい　わらさ　するめいか　かき　ばかがい　かれい	えだまめ　なす　トマト　ずいき　さといも　かぼちゃ　みょうが　さつまいも　くり　うずら豆　らっきょう　八つ頭　キャベツ　まつたけ　はつたけ　しめじ　れんこん　ぎんなん　小ねぎ　くるみ　ゆず　はくさい　ごぼう　花野菜　だいこん　菊菜　ほうれんそう　ゆり根　かぶ
夏 6月〜8月	かつお　あじ　すずき　はも　いさき　こち　くるまえび　あわび　あかえい　あゆ　はまち　たこ　あなご　かます　たちうお　あいなめ　したびらめ　せいご　くろだい　とびうお　このしろ　きす　うなぎ　どじょう　やまめ　かれい　いか　とこぶし　しじみ　つばす　はすだい　いわし　ひらあじ	さやえんどう　実えんどう　じゃがいも　たまねぎ　そらまめ　ごぼう　らっきょう　いんげん　梅　キャベツ　青じそ　たで　きゅうり　かぼちゃ　なす　とうがん　トマト　ずいき　小いも　れんこん　さやいんげん　えだまめ　ピーマン　とうもろこし　しょうが　かぼちゃ　しろうり　十六ささげ	冬 12月〜2月	ぶり　たい　ひらめ　あんこう　たら　かき　はまぐり　あかがい　あおやぎ　貝柱　ぼら　ふな　はぜ　いせえび　まぐろ　がり　さわら　かじき　いか　むつ　わかさぎ　寒ぶな　こい　あさり　うに　はも　とりがい　ぐち　かずのこ　たこ　なまこ　まながつお　しらうお　さより　いとより　かれい　かに　いわし　もんごいか　このしろ	だいこん　かぶ　くわい　ねぎ　長芋　さといも　はくさい　れんこん　にんじん　だいだい　ゆり根　ほうれんそう　やまいも　生しいたけ　きょうな　みつば　こまつな　ゆず　ごぼう　わさび　わけぎ　みずな　もやし　うど　ふきのとう　切干し大根

Ⅲ 各料理の構成および特徴

1 日本料理

1. 日本料理の種類と特徴

1) 前 菜（口取り，突出し，お通し，先付け）

食前酒とともに，食欲増進を目的とし，色彩，形の調和，季節感のあるもの，珍味を少量ずつ盛り合わせる．

2) 汁 物（煮だし汁を主体とする）

(1) 清汁

a．吸い物：形式的な汁物（吸地，わんだね，わんづま，吸い口）で，材料も季節によって吟

表8　形式的な吸い物の構成および主な食品

わんだね	わんづま	吸い口
主になる食品	色彩感など，わんだねとのバランスを考える	香味，季節感などを添える
魚介類 　きす たい ひらめ しらうお えび あわび さけ いか はまぐり はも **獣鳥肉類** 　鶏肉 豚肉 **卵 類** 　鶏卵 うずらの卵 　（おとし玉子 玉子どうふ 　　玉子焼き 萩玉子） **野菜類** 　だいこん にんじん さといも やまいも たけのこ うど なす しいたけ まつたけ しめじ なめこ **加工品その他** 　かまぼこ とうふ ゆば はんぺん 凍り豆腐 そば そうめん	**野菜類** 　葉菜 　　みつば ほうれんそう しゅんぎく こまつな かいわれな はくさい 　根菜 　　にんじん だいこん かぶ ごぼう 　その他 　　うど 芽ねぎ ねぎ 菜の花 じゅんさい きゅうり いんげん えんどう えのきだけ しめじ まつたけ しいたけ **その他の食品** 　庄内ふ すいぜんじのり はるさめ そうめん なると わかめ かんぴょう	木の芽 ゆず 　（ゆず皮 花ゆず） しょうが 　（針しょうが 露しょうが） わさび 　（針わさび） ねぎ 　（白髪ねぎ 小口切り） 芽ねぎ しゅんぎく うど みつば

味される（表8参照）．
　b．汁　物：煮だし汁と材料をともに煮込んだもので，潮汁，船場汁，けんちん汁などがある．
(2) 濁　汁
　a．みそ汁
　b．とも汁：すり流し汁，呉汁，とろろ汁
　c．その他の濁汁：かす汁，のっぺい汁，くず汁（すっぽん仕立て）

3) 刺し身
(1) **調理別種類**

洗い，霜降り，たたき，酢じめ，湯引き

(2) **作り方（切り方）の種類**

重ね作り（八重作り），平作り，角作り，そぎ作り，条作り，糸作り，磯作り，ぼたん作り，菊作り，鳴門作り，鞍かけ作り

(3) **盛りつけの構成および主な食品**
　a．け　ん

だいこん，きゅうり，にんじん，糸かぼちゃなどを使用し，ぱりっとした歯ざわりのあるものを添える．
　b．つ　ま

大葉じそ，芽じそ，穂じそ，花きゅうり，防風，とさかのり，おごのり，たでなどを使用し，色彩，季節感を添える．
　c．辛　味

わさび，からし，しょうがなどで辛味を添える．

(4) **刺し身を作るときの注意**
　① 材料が新鮮であること．
　② 魚介類，野菜などの組み合わせ，配合を吟味する．
　③ 立体的な盛りつけで，色彩感を高める．
　④ 器具，材料などの取り扱いは，衛生的に十分注意する．
　⑤ 香辛料をじょうずに使い，変化をもたせる．

4) 焼き物
(1) **焼き方の種類**
　a．直火焼き：直接火に食品をかざし，放射熱を利用して加熱する方法で，串焼き，バーベキューなどがある．
　b．間接焼き：火と食品の間に調理器具を設置し，対流熱，伝導熱，放射熱などの総合で，加熱される．鉄板，フライパン，オーブン，アルミホイル，電子レンジなどが使用される．

(2) **焼き物の種類**
　a．器具別：串焼き，網焼き，鍋焼き（フライパン），蒸し焼き（天火），塩釜焼き，包み焼き，石焼き，かわら焼き，陶板焼き
　b．調味別：素焼き，塩焼き，照り焼き，みそ焼き（魚田），油焼き
　c．形態別：姿焼き，開き焼き，切り身焼き，串焼き，かば焼き，厚焼き

(3) **焼き物の盛りつけ**

焼き物には，焼き前（前盛り）を色彩，季節感，味の引き立てのために添える．前盛りの材料は，主に野菜類を使用する．

5) 煮　物

(1) **煮物の種類**
　a．調味別：湯煮，塩煮，白煮，みそ煮，しょうゆ煮，酒煮，あめ煮，酢煮
　b．煮方別：煮しめ，含め煮，甘露煮，土佐煮，いり煮，そぼろ煮，おろし煮，くず煮（吉野煮，さくら煮）

6) 揚げ物

160〜190℃の油の中で短時間に食品を加熱し，風味をつける．

(1) **揚げ物の種類**

素揚げ，から揚げ，衣揚げ，そのほか衣揚げの応用（磯揚げ，松葉揚げ，はるさめ揚げ，道明寺揚げ，竜田揚げ，うに揚げ，南部揚げ）

(2) **揚げ油の種類**

揚げ物には，半乾性油が適するので，だいず油，なたね油（白絞油），綿実油，ごま油を1種類または2種類以上混合して用いる．

(3) **揚げる温度と適する食品**

温度計を用いるが，衣を落として油の温度を確認する方法は図15のとおりである．

160℃：大葉じそ，パセリ，ししとうがらしなどの素揚げ
165〜175℃：ます，にんじん，いも類，れんこん，ごぼう，たけのこなどの野菜類の素揚げまたは衣揚げ
175℃以上：魚介類，獣鳥肉類

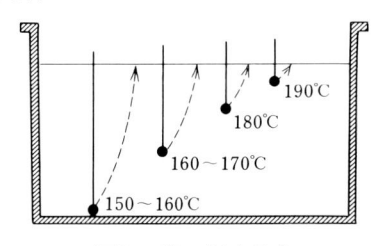

図15　油の温度目安

(4) 天ぷらについて

a. 衣の種類（容量比）

衣	小麦粉	水分	摘　要
A	1	1	新鮮な魚介類，色彩豊かにする場合用いる
B	1	0.8	一般的な天ぷら
C	1	0.7	かき揚げ，精進揚げ

b. 天つゆ

	だし汁	しょうゆ	みりん	摘　要
A	1	1/4	1/4	動物性食品
B	1	1/3	1/3	植物性食品

c. 薬味：紅葉おろし（だいこんと赤とうがらし），おろししょうが，おろしだいこん

(5) 吸油量について

揚げ物の吸油率は，油の種類，材料の鮮度，下処理，衣（ころも），加熱温度，時間など多くの条件により異なり，調理品に吸油される量は一定ではないが，次の表を目安として揚げ物の吸油量を算出することが望ましい．

表9　揚げ物の吸油率

揚げ物の種類		吸　油　率	摘　要
天ぷら	衣　　　　　A	材　料　の　10%	新鮮な魚介類など
	衣　　　　　B	材　料　の　15%	一般的な天ぷら
	衣　　　　　C	材料＋小麦粉の　15%	かき揚げ
から揚げ	衣をつけない	材　料　の　5%	素揚げ，油通し
	小麦粉，かたくり粉などをまぶす	材　料　の　5%	から揚げ
	ポテトチップ	材　料　の　20%	薄切り
フライ	魚　介　類	材　料　の　10%	
	獣　肉　類	材　料　の　10%	
	コロッケ	材　料　の　15%	
変り揚げ	フリッター	材　料　の　20%	卵白を泡立てる
	はるさめ，そうめんなどのつけ揚げ	材　料　の　15%	
ドーナッツ	ハード	材料＋小麦粉の　15%	ピロシキも同じ
	ソフト	材料＋小麦粉の　30%	

※材料とは主材料のことであるが，ドーナッツの材料の水分は含まない．

7) 蒸し物

(1) 蒸し物の種類

a．形態別：姿蒸し，切り蒸し
b．調味別：素蒸し，塩蒸し，酒蒸し，みそ蒸し（臭いの強い食品），酢蒸し（主として川魚）
c．器具別：茶碗蒸し，小田巻蒸し，空也蒸し，土びん蒸し，とっくり蒸し，せいろう蒸し，木の葉蒸し
d．その他：ちり蒸し，信州蒸し，蒸しまんじゅう（菓子類）

8) 和え物

下調理をした主材料を，いろいろな和え衣で和え，風味を高める．

(1) 種類

a．酢の物（表10参照）

表10 酢の物の和え衣

種類		混合調味料
基本合わせ酢	二杯酢	酢1・しょうゆ1
	三杯酢	酢3・しょうゆ1・砂糖1
	甘酢	酢1・砂糖1
	加減酢	好みにより煮だし汁で加減する
その他の酢の物	松前酢	三杯酢・こんぶ
	わさび（からし）酢	二杯酢・わさび（からし）
	たで酢	三杯酢または甘酢・紅たで・米粒
	しょうが酢	甘酢・しょうが（汁）
	木の芽酢	三杯酢または二杯酢・木の芽
	ごま酢	三杯酢・ごま
	吉野酢	甘酢・吉野くず（かたくり粉）・だし汁
	黄身酢	甘酢・卵黄・吉野くず・だし汁
	みぞれ酢	三杯酢・おろしだいこん
	梅肉酢	三杯酢または甘酢・梅肉

b．その他の和え物：ごま和え，白和え，みそ和え，みぞれ和え，木の芽和え，紅葉和え，うの花和え，うに和え，まさご和え

c．和え方の注意点
① 和え衣は，よく混合しておく．
② 下煮した食品は，さましてから使用する．
③ 生魚を使用するときは，塩じめして酢洗いする．
④ 食卓に出す直前に和える．

⑤ 盛りつけは山高にし，天盛り（季節感，色彩感を添える食品）を用いるとよい．

9）ご飯物
(1) ご飯の炊き方
水炊き，湯炊き，蒸し炊きがあるが，いずれも十分に吸水させてから炊く．

a．吸水時間

季節別（水温）	吸　水　時　間
春 秋（15〜20℃）	40分〜1時間
夏　（26〜27℃）	30〜40分
冬　（6℃）	1〜2時間

b．米と水の割合（容量比）

	米	水
新 米（4月まで）	1	1.1
並 米（7月まで）	1	1.2
古 米（8月以降）	1	1.3

（容量比）

(2) 種類
白飯，赤飯（強飯），炊き込みご飯，ピラフ，かゆ，雑炊

10) めん類
うどん，きしめん，日本そば，ひやむぎ，そうめんを調理する．
a．かけめん：汁をたっぷり使用し，めんにかける．
b．つけめん：つけ汁，薬味を添える．

11) 鍋　物
a．水炊き：鶏の水炊き，ちりなべ，湯豆腐など．好みの薬味，ポン酢で供する．
b．しょうゆ味：寄せ鍋，沖すき，すき焼き，ねぎま鍋，はくさい鍋など
c．みそ味（土手鍋）：かきやもつなど，くせ（臭気）のある食品に適する．
d．その他：おでん鍋，しっぽく鍋，しゃぶしゃぶ鍋など

12) 寄せ物
a．糖質性材料：寒天，でんぷん，ペクチン
b．たんぱく質性材料：ゼラチン，煮こごり
材料に水を加え，加熱溶解または糊化し，後で成形する．
寒天寄せ，ゼリー（ゼラチン，ペクチン），煮こごり，くず寄せ，ごま豆腐

2. 日本料理の膳組みおよび作法

日本料理の献立でもっとも簡単なものは一汁一飯で，料理を一品加えれば一汁一菜とよび，一汁二菜，一汁三菜とつぎつぎ増していく．

(1) 本膳料理

　　　　本膳につく汁を本汁（多くはみそ仕立て）
　　　　二の膳につく二の汁は清汁
　　　　三の膳につく三の汁は潮汁

〈献　立〉

向こう	なます
坪	野菜の煮物，ふたつきの深いおわんに盛ったもの．
平	海，山，野のものを5種類ほど，平たいふたつきのわんに盛る．
猪口（ちょく）	口の広い小鉢に，浸し物，和え物，煮物を盛る．
台引き	硯蓋（山海の珍味）
	島台（風景に形どった嗜好料理といった芸術的な盛り合わせ）

(2) 懐石料理

仏教修行僧から発したもので，量は少なく質素であり，現在は軽い食事として茶席で抹茶を出す前に供する．

汁	みそ汁が多い．
向こう	酢の物，野菜の和え物
焼肴	骨のつかない焼き魚
煮物	清汁で煮立てたものを汁ごと食べる．
吸い物	（箸洗い）小わんで味は淡白で量は少ない．
八寸	本膳の口取りと同じ（山のもの，海のものを盛る）．
進肴	季節のおいしいものを盛る．

(3) 会席料理

酒宴会のときの料理

前菜	酒宴のとき食欲を増す目的で少量珍味を盛る．
向付け	酢の物，生物など．刺し身をつける場合が多い．
吸い物	清汁．季節感を保つ．
口取り（口代り）	料理の中心．海のもの，山のもの，野のもの3～5品を取り合わせる．
中皿	肉，魚，野菜を揚げたり，蒸したりして盛り合わせる．
鉢肴	魚の焼き物
煮物	野菜だけ2，3種か，魚介，獣鳥肉をあしらったもの

茶わん　　　淡白に煮，蒸し，寄せたりしたものに添汁を添える．

　　　小どんぶり　　浸し物，酢の物，和え物

　　（猪口）

　　　とめわん　　ご飯の副菜，最後のごちそうのわんで，みそ汁，濁汁を用いる．

3品献立　　　向付け，吸い物，口代り

5品献立　　　向付け，吸い物，口代り，鉢肴，煮物

7品献立　　　向付け，吸い物，口代り，鉢肴，煮物，小どんぶり，とめわん

(4) 精進料理

会席料理に準じ，仏事，法要のときに供する．魚介類，獣鳥肉類を用いない．

1) 配膳法（膳組み）

(1) 本　膳（料理）

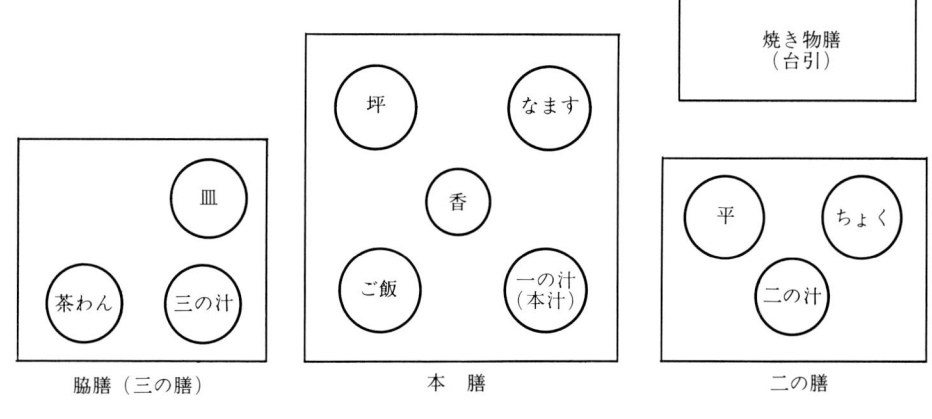

脇膳（三の膳）　　　本　膳　　　二の膳

図16　本膳の配膳

(2) 会席膳

宴席（酒を主とする）配膳（左図）と，客膳（ご飯を主とする）配膳（右図）がある．

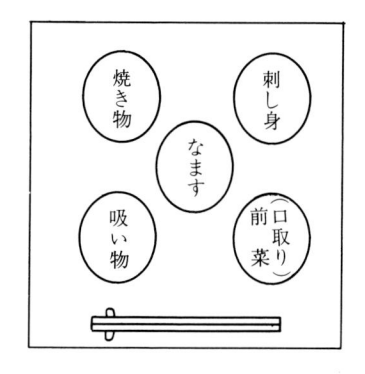

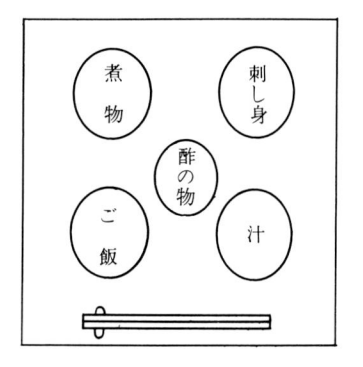

図17　会席膳の配膳

(3) 家庭料理

日常家庭料理として用いられる形式としては，3品，5品，7品と奇数に数を増していく．

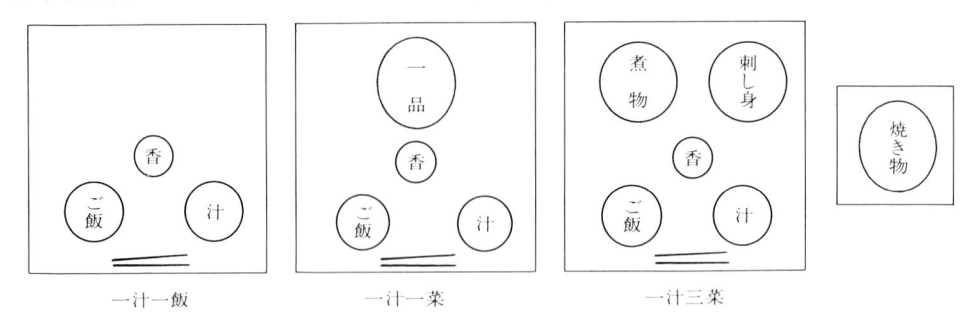

　　　　一汁一飯　　　　　　　　一汁一菜　　　　　　　　一汁三菜

図18　家庭料理の配膳

(4) 食　卓

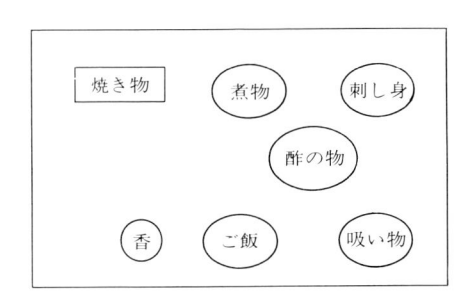

図19　食　卓

(5) **日本料理の特徴**

① 季節を重んずる．

② 色彩，形の調和，細かい心づかいが必要．

③ 食器の選択，盛り方には十分注意して，全体の美しさを出すよう心がける．

④ 同一献立の中で，同じ材料，同じ味や香りを作らないようにする．

2 西洋料理

1. 西洋料理の種類と特徴

西洋料理とは，欧米諸国の料理の総称である．
おのおのの国の気候風土，産物，民族性，社会事情によって特徴がある．

1) フランス料理

美的で芸術的，古典的な雰囲気をもっている．物資も豊富で，子牛，子豚，羊，アスパラガス，シャンピニオンは美味である．また料理にたっぷりの洋酒（ぶどう酒，ブランデー，キルシュ，マデラ酒）を使う．それにエスカルゴ，フォアグラ，グルヌイユ，トリフなどの珍味も多く，魚介類を中心としたスープ類（ブイヤベース）なども有名である．

- Ratatouille Niçoise（ラタトゥイユ　ニソワーズ）
- Crêpes Suzette（クレープ　シュゼット）
- Symphonie d'œuf（サンフォニー　ドゥフ）
- Canard à la Pêche（カナール　ア　ラ　ペーシュ）

2) イタリア料理

主食はパスタ（広い意味でのめん）と米とパンである．魚類もおいしく，オードブルは和え物が主で，えび，たこ，いか，ハム，トマト，オリーブ，ピーマンを色彩豊かにビネグレットソースで和えてあるのが有名である．

- Ravioli（ラビオリ）
- Canneloni（カネロニ）
- Italian Gnocchi（イタリアン　ニヨッキ）
- Pizza Napolitana（ピッザ　ナポリターナ）
- Risotto aux foire de Poulet（リゾット　オー　フォア　ドゥ　プーレー）
- Risotto alla Milanese（リゾット　アラ　ミラネーズ）

3) ドイツ料理

ハンブルグが発祥の地といわれるハンバーグ・ステーキが有名．経済的合理性のある家庭料理で，じゃがいもが主食である．ソーセージ，ハムもおいしく，ザウエルクラウトは有名である．

- Hamburger Steak（ハンバーガー　ステーク）
- Sauerkraut（ザウエルクラウト）
- Erbsenschober（エルブセンショーベル）

4） スペイン料理

えびや貝類の新鮮な材料を中心に炊き込みご飯にしたり，ピメントをきかせた味の料理は有名である．

- Paella Valenciana（パエリヤ　ヴァレンシアーナ）
- Langouste Diable（ラングースト　ディヤーブル）

5） ポルトガル料理

セツバル特産のいわしの卵，ペニチェのあなごのスープ，またチャヴェス地方，モントアングル地方の豚や豚の臓物料理がおいしく，洋酒もポートワイン，マデラ酒などを豊富に使う．

- Broiled Fresh Sardines from Nazaré（ブロイルド　フレッシュ　サーディーン　フロム　ナザレ）

6） ギリシャ料理

ほとんどの料理にレモンが使われており，カラスミの発祥地でもある．

- Youvarlakia Avgolémono（ユワルラキア　アヴゴーレモノ）
- Paupiette de bœuf à la Grecque（ポーピエット　ドゥ　ブフ　ア　ラ　グレック）
- Karet Hopota（カレット　コポータ）

7） スイス料理

チーズの本場で，子牛，ぶどう酒，香料，バターなどを使った料理が目立つ．

- Fondue（フォンデュー）

8） オーストリア料理

子牛の料理が有名で，コーヒー，菓子もおいしい．

- Calb Guylasch（カルビ　グーラッシュ）

9） オランダ料理

海に面しているので，えび，かき，にしん，うなぎなどの料理がある．肉料理は煮込みやひき肉料理が多い．

- Herring (Strömming) Marinade〔ヘリング（ストロオムミング）マリネイド〕
- Tulip（チューリップ）

10） ベルギー料理

世界的にも有名なクラシックを誇るレストランが市の中心にあり，フランス的な肉や鳥料理は魚やえび料理とともにすばらしく，野菜も豊富である．

- Carbonade Plamadé（カルボナード　プラマード）
- Fish Soufflè（フィッシュ　スーフレ）
- Choux de Bruxelles à la Crème（シュー　ドゥ　ブリュッセル　ア　ラ　クレーム）

11）デンマーク料理

バイキング料理（海賊料理）の古巣で，海産物の料理が多い．

12）スウェーデン料理

スウェーデンは日本と同じく世界の漁業国であり，魚介料理が盛んで，独特の料理が発達し，とくに料理が50～60種もずらりと並ぶスモガボードは有名である．サービスはピュアセルフサービングである．

- Strömmings Flundror（ストロオムミング　フロンドロール）
- Fagelbo（フォーゲルボー）
- Sardine Marinade（サーディーン　マリネイド）

13）イギリス料理

家庭料理が盛んで質のよいものが調理に使用される．ローストビーフ，ビーフステーキ，ドーバーソールのムニエルなど有名料理が多い．スモークドサーモンがやわらかくおいしい．

- Bœuf Bouilli à L'anglaise（ブフ　ブイイ　ア　ラングレーズ）
- Sole Meunière（ソール　ムニエール）

14）ロシア料理

素朴で実質的で栄養的で寒い国柄として油っこいものが多く，油っこさをカバーするためか，料理に酸味のあるものがほとんどである．貯蔵野菜の料理に優れたものが多く，肉では羊肉，魚ではチョウザメがいちばん珍重される．ことにサワークリーム，サワーミルク，カッテージチーズがよい．

- Coulibiac Saumon（クーリビヤック　ソーモン）
- Borsch（ボルシチ）

15）アメリカ料理

豊富で品質のよい材料を使った実質的な料理で，最近は缶詰，冷凍食品などをじょうずに使った食生活を営んでいる．

- Oyster Chowder（オイスター　チャウダー）
- Chicken Gumbo（チキン　ゴンボー）
- Hawaiian Curry（ハワイアン　カレー）

・Baked Alaska（ベークド　アラスカ）

16） メキシコ料理
熱帯地なので味は濃く辛いものが多く，とうもろこしは主食の一つで，主・副兼用の料理もたくさんある．
・Tortillas（トルテヤ）
・Enchilada（エンチラーダ）
・Chile Con Carne（チリ　コン　カーン）

17） ブラジル料理
栄養たっぷりの材料に恵まれている．タピオカも有名で，子豚や豚の耳，鼻，尾などの入ったフェジョアーダは有名である．

18） ビルマ料理
日本のしょうゆによく似たフィッシュソースを使う．また，酸味の強いターマリンという木の実（タマリンド）を豚肉や油を使った料理に加え，さっぱりさせる．
・Kyet Thahin（キッド　ザービン）
・Haminkin（ハミンケーン）

19） インド料理
熱帯の熱さに負けぬようカレー粉をはじめ，実にたくさんの香辛料を使う．カレーライスは，各種のカレー料理をご飯の上で，各自の好みに合わせて指先でよく混ぜながら食す．
・Mutton Curry（マトン　カリー）

世界的な国際料理として知られているのはフランス料理で，優れた技術と繊細な味には定評がある．たいていの場合，フランス料理が標準となるが，料理の組み合わせ，味のつけ方など，各国の特色に学ぶところも多い．家庭料理，客料理，レストランの料理など，目的に合った料理の組み立て，調味などが重要である．

2．西洋料理の構成

(1) Hors-d'œuvre（前菜）
(2) スープの分類
(3) 魚料理の分類
(4) 肉料理の分類
(5) 卵料理の分類
(6) 野菜料理の分類
(7) サラダ料理の分類
(8) 果物
(9) 生菓子の分類
(10) 干菓子の分類
(11) 飲み物

1） 前菜の分類 (Hors-d'œuvre　オール・ドーヴル)

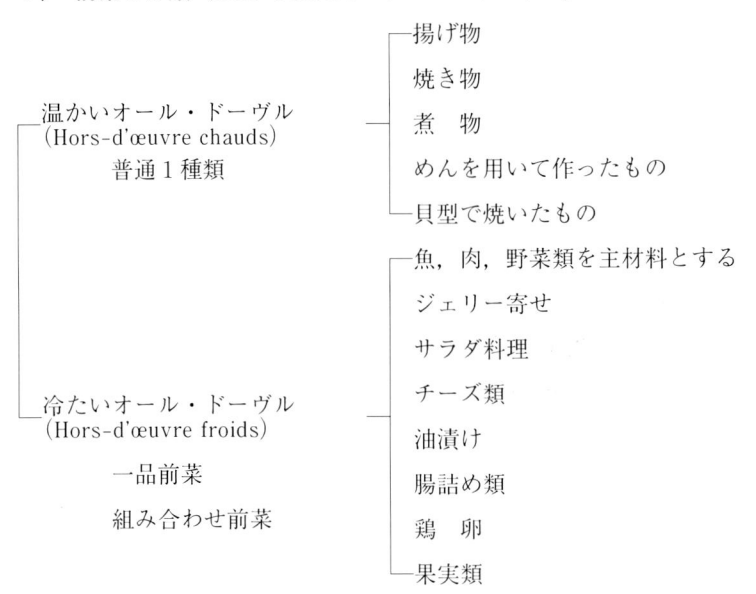

温かいオール・ドーヴル (Hors-d'œuvre chauds)　普通1種類
- 揚げ物
- 焼き物
- 煮物
- めんを用いて作ったもの
- 貝型で焼いたもの

冷たいオール・ドーヴル (Hors-d'œuvre froids)
　一品前菜
　組み合わせ前菜
- 魚，肉，野菜類を主材料とする
- ジェリー寄せ
- サラダ料理
- チーズ類
- 油漬け
- 腸詰め類
- 鶏卵
- 果実類

2） スープの分類

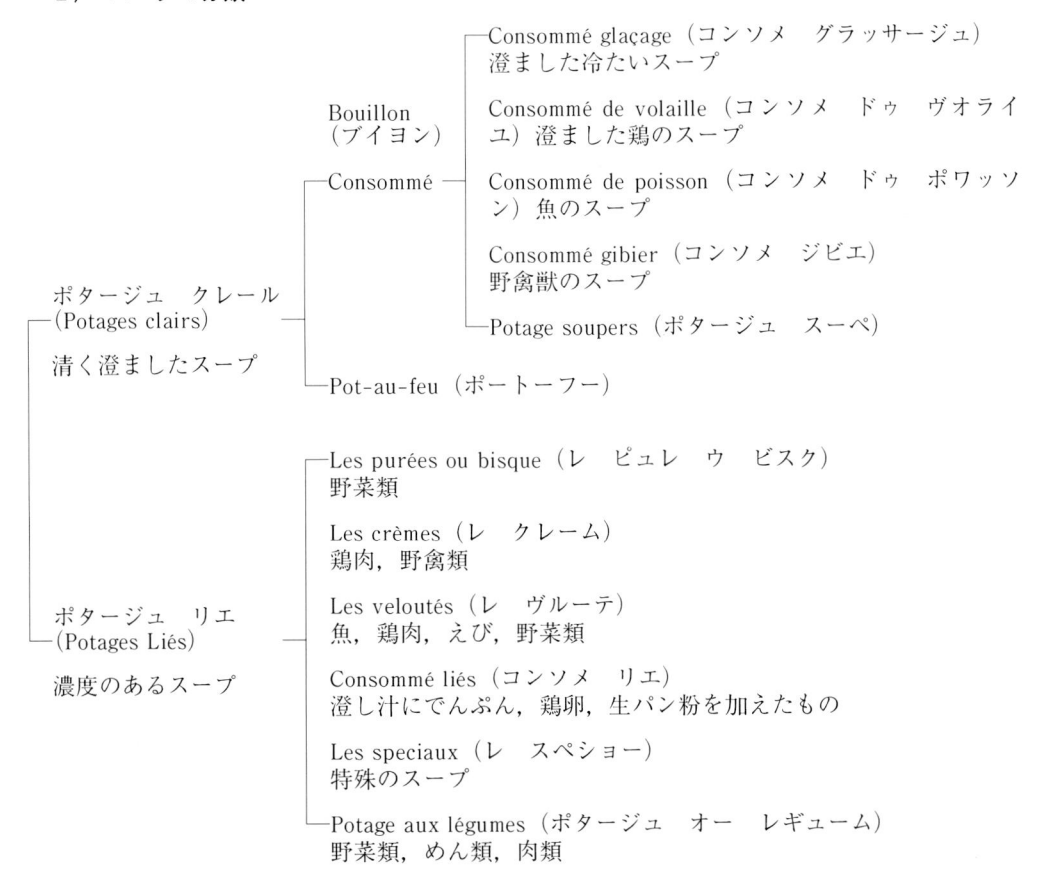

ポタージュ　クレール (Potages clairs)　清く澄ましたスープ
- Bouillon（ブイヨン）
- Consommé
  - Consommé glaçage（コンソメ　グラッサージュ）澄ました冷たいスープ
  - Consommé de volaille（コンソメ　ドゥ　ヴオライユ）澄ました鶏のスープ
  - Consommé de poisson（コンソメ　ドゥ　ポワッソン）魚のスープ
  - Consommé gibier（コンソメ　ジビエ）野禽獣のスープ
- Potage soupers（ポタージュ　スーペ）
- Pot-au-feu（ポトーフー）

ポタージュ　リエ (Potages Liés)　濃度のあるスープ
- Les purées ou bisque（レ　ピュレ　ウ　ビスク）野菜類
- Les crèmes（レ　クレーム）鶏肉，野禽類
- Les veloutés（レ　ヴルーテ）魚，鶏肉，えび，野菜類
- Consommé liés（コンソメ　リエ）澄し汁にでんぷん，鶏卵，生パン粉を加えたもの
- Les speciaux（レ　スペショー）特殊のスープ
- Potage aux légumes（ポタージュ　オー　レギューム）野菜類，めん類，肉類

(1) スープの浮き身

a．Croûtons（クルートン）

　パンを5〜7mm角に切り，油で揚げるか，バターで炒める．

b．Croûte（クルート）

　パンを3mm厚さに切って，三角形，正方形，長方形，円形などに形を揃えて切り，焼くか，乾かしたりして用いる．パンにバターをぬり，チーズをかけて天火で焼いてもよいし，パンにサラダ油をふりかけて天火で乾かす場合もある．

c．Crêpe（クレープ）

　クレープをフライパンで薄く焼き，ひし形，糸切り，または丸く抜いて用いる．きざみパセリか，おろしチーズを加えて焼いて作る場合もある．

d．Quenelle（クネル）

　クネルは肉類をつぶして，かまぼこのようなものを作り浮き身にする．材料をつぶし，調味し，牛乳を入れ裏ごしして，天板に小さく絞り出し，ブイヨンを入れ天火で焼く場合もある．

e．Riz（リー）

　洗った米をスープで煮て，やわらかくなったものを用いる．

f．Chiffonnade（シフォナード）

　レタス，すかんぽの葉，ほうれんそうなどの葉菜類を千切りにして，バターで火をとおすか，ゆでて用いる．

g．Tomate（トマト）

　トマトは皮と種をとった果肉をスープで煮て，好みの形にする．

h．Julienne（ジュリエーヌ）

　野菜類，肉類，ハムなどを千切りにしてバターで炒めるか，ブイヨンで煮て用いる．切り方からとった名称である．

i．Brunoise（ブリュノワーズ）

　野菜類をさいのめに切り，バターで炒めブイヨンで煮て用いる．切り方からとった名称である．

j．Vermicelle（ヴェルミッセル）

　ヴェルミッセルは，そうめんに似たイタリアのパスタの1種である．5cmくらいに折り，4〜5分ゆで，水洗いし，ブイヨンに浸して味を含ませる．スパゲッティなどのめんも同様に扱う．

k．Tapioca（タピオカ）

　タピオカは，熱帯地方の植物キャッサバの根茎からとったでんぷんで作った粒子で，ゆでて透明になったものをブイヨンの中に浸して用いる．

l．Royale（ロワイヤル）

　卵，牛乳，クリームまたはスープの素汁に，裏ごしし，型に入れ蒸したものを好みの形に切

る.
m．Profiterole（プロフィトロール）

プロフィトロールとは，シュークリームの皮などのたねを小粒に焼き，そのまま用いるか，焼き上げた皮の中に火をとおした野菜類，肉類を詰める場合もある．

3） 魚料理の分類 （Poissons）
① Cuisson des poissons au court-bouillon（キュイッソン デ ポワッソン オー クールブーイヨン） ゆで煮料理
② Cuisson des poissons pochage à court mouillement（キュイッソン デ ポワッソン ポッシャージュ ア クール ムイユマン） 蒸しゆで料理
③ Cuisson des poissons par le braisage（キュイッソン デ ポワッソン パール ル ブレザージュ） 蒸し煮料理
④ Cuisson des poissons au bleu（キュイッソン デ ポワッソン オー ブルー）
生魚料理
⑤ Cuisson des poissons par la friture（キュイッソン デ ポワッソン パール ラ フリッテュール） 油揚げ料理
⑥ Cuisson des poissons au beurre（キュイッソン デ ポワッソン オー ブール）
バター焼き料理
⑦ Cuisson des poissons sur le gril（キュイッソン デ ポワッソン シュール ル グリ） 網焼き料理
⑧ Cuisson des poissons au gratin（キュイッソン デ ポワッソン オー グラタン）
焼きつけ料理

4） 肉料理の分類 （Relevés et entrées）
① Les Braisés（レ ブレーゼ）
煮込み料理
② Les Poêlés（レ ポアレ）
鍋炒め焼き料理
③ Les Sautés（レ ソーテ）
炒め焼き料理
④ Les Grillés（レ グリエー）
あぶり焼き料理
⑤ Les Fritures（レ フリッテュール）
油揚げ料理

⑥ Les Gratins（レ　グラタン）
焼きつけ料理

⑦ Les Blanchissages（レ　ブランシッサージュ）
白煮料理

⑧ Les Froids（レ　フロワ）
冷製料理

⑨ Rôtis（ローティ）
蒸し焼き料理
{ Rôtis au four（ローティ　オー　フール）天火焼き
  Rôtis à la broche（ローティ　ア　ラ　ブロシュ）特殊のかまで焼く.

5） 卵料理の分類（ŒUFS）

① Œufs à la coque（ウー　ア　ラ　コーク）
湯煮卵料理

② Œufs sur le plat（ウー　シュール　ル　プラ）
皿焼き卵料理

③ Œufs en cocotte（ウー　アン　ココット）
陶製小鍋焼き料理

④ Œufs mollets（ウー　モレー）
半熟ゆで卵料理

⑤ Œufs pochés（ウー　ポシェ）
蒸しゆで卵料理

⑥ Œufs frits（ウー　フリ）
油揚げ卵料理

⑦ Œufs à la poêle（ウー　ア　ラ　ポアル）
鍋焼き卵料理

⑧ Œufs durs（ウー　デュール）
ゆで卵料理

⑨ Œufs brouillés（ウー　ブルイエ）
いり卵料理

⑩ Omelettes（オムレット）
卵焼き料理

⑪ Œufs moulés（ウー　ムーレ）
型蒸し卵料理

6） 野菜料理の分類（Les légumes）

① Les blanchissage（レ　ブランシッサージュ）
　湯煮料理

② Les légumes anglaise（レ　レギューム　アングレーズ）
　ゆで煮料理

③ Les braisages（レ　ブレーザージュ）
　煮込み料理

④ Les fritures（レ　フリテュール）
　油揚げ料理

⑤ Les gratins（レ　グラタン）
　焼きつけ料理

⑥ Les légumes au beurre（レ　レギューム　オー　ブール）
　バター炒め煮料理

⑦ Les légumes à la crème（レ　レギューム　ア　ラ　クリーム）
　クリーム和え料理

⑧ Les purées de légumes（レ　ピュレ　ドゥ　レギューム）
　裏ごしした野菜料理

7） サラダ料理の分類（Salade）

① Salade simple（サラード　サンプル）
　葉菜類を酢油汁で調味して材料は1種類のみ

② Salade composée（サラード　コンポゼー）
　2～10種類を盛り合わせたサラダ料理

③ Salade mayonnaise（サラード　マヨネーズ）
　マヨネーズを用いたサラダ料理

8） 果　物（Fruits）

① Fruits frais（フリュイ　フレ）
　生のまま

② Les braisages（レ　ブレーザージュ）
　煮　物

③ Les gratins（レ　グラタン）
　焼き物

④ Jus（ジュー）
　汁にしたもの

⑤ Conserve（コンセルヴ）
　缶　詰
⑥ Sauce（ソース）
　ソースにしたもの
⑦ Confiture（コンフィテュール）
　ジャムにしたもの

9） **生菓子の分類**（Entremets　アントルメー）
(1) Entremets chauds（アントルメー　ショー）
　　温かいアントルメー
　① Croûtes（クルート）
　② Beignets（ベーニェー）
　③ Charlotte pommes（シャルロット　ポーム）
　④ Crèmes chaudes（クレーム　ショード）
　⑤ Crêpes（クレープ）
　⑥ Croquettes（クロケット）
　⑦ Soufflés（スーフレ）
　⑧ Pudding（プディング）
　⑨ Fruits chauds（フリュイ　ショー）
(2) Entremets froids（アントルメー　フロワ）
　　冷たいアントルメー
ａ．Entremets froids（アントルメー　フロワ）
　　冷　菓
　① Blanc manger（ブラン　マンジェ）
　② Bavarois（バヴァロワ）
　③ Charlotte（シャルロット）
　④ Crème（クレーム）
　⑤ Gelée（ジュレー）
　⑥ Pudding（プディング）
　⑦ Fruits froids（フリュイ　フロワ）
ｂ．Glaces（グラス）
　　アイスクリーム
(3) Sauces pour entremets（ソース　プール　アントルメー）
　　菓子用ソース

① Sauce anglaise（ソース　アングレーズ）
アングレーズ・ソース
② Sauce au chocolat（ソース　オー　ショコラ）
チョコレート・ソース
③ Sauce sabayon（ソース　サバイヨン）
サバイヨン・ソース
④ Sauce aux fruits（ソース　オー　フリュイ）
フルーツ・ソース
⑤ Sauce liée（ソース　リエ）
シロップ・リエ
⑥ Sauce au caramel（ソース　オー　カラメル）
カラメル・ソース

10）干菓子の分類（Pâtisserie　パーティスリー）
① Pâte levée（パート　ルーヴェ）
② Gros gâteaux（グロ　ガトー）
③ Petits gâteaux（プティ　ガトー）
④ Tarte et flan（タルト　エ　フラン）
⑤ Petits fours（プティ　フール）

11）ソースの構成と分類
(1) 基礎ソースの構成
a．Fonds（フォン）
　　煮だし汁（獣鳥肉，魚肉，野菜類）
① Fonds blanc（フォン　ブラン）
白色煮だし汁
② Fonds brun（フォン　ブラン）
褐色煮だし汁
③ Fonds de veau（フォン　ドゥ　ヴォー）
子牛肉煮だし汁
④ Fonds de volaille（フォン　ドゥ　ヴォライユ）
鶏肉煮だし汁
⑤ Fonds de poisson（フォン　ドゥ　ポワッソン）
またはFumet de poisson（フュメ　ドゥ　ポワッソン）
魚肉煮だし汁

⑥ Fonds de gibier（フォン　ドゥ　ジビエ）
　　野禽，野獣煮だし汁

b．Roux（ルー）
　　いり粉（つなぎ）
　① Roux blanc（ルー　ブラン）
　　白色ルー
　② Roux blond（ルー　ブロン）
　　淡黄色ルー
　③ Roux brune（ルー　ブリューヌ）
　　茶褐色ルー

c．Liaison（リエゾン）
　① Liaison au beurre et de farine（リエゾン　オー　ブール　エ　ドゥ　ファリーヌ）
　　小麦粉とバターの混合物
　② Liaison aux jaunes d'œufs（リエゾン　オー　ジョーヌ　ドゥー）
　　卵黄と牛乳の混合物
　③ Liaison à la fécule（リエゾン　ア　ラ　フェキュル）
　　でんぷんを水溶きしたもの
　④ Liaison à la crème et au beurre（リエゾン　ア　ラ　クレーム　エ　トーブール）
　　バターとクリームを用いる
　⑤ Liaison au sang（リエゾン　オ　サン）
　　血液を用いるもの

(2)　ソースの種類

a．冷たい基礎ソース（Sauce Froide　ソース　フロワード）
　① Sauce mayonnaise（ソース　マヨネーズ）
　② Sauce Vinaigrette（ソース　ヴィネグレット）
　③ Sauce chaud-froid（ソース　ショー　フロワ）
　④ その他の冷たいソース

b．温かい基礎ソース（Sauce chaude　ソース　ショード）
　① Sauce Béchamel（ソース　ベシャメル）
　② Sauce Veloutée（ソース　ヴルーテ）
　③ Sauce Tomate（ソース　トマト）
　④ Sauce Brune（ソース　ブリューヌ）
　⑤ Sauce Suprême（ソース　シュープレム）
　⑥ Sauce Parisienne（ソース　パリジェーヌ）
　⑦ Sauce Espagnole（ソース　エスパニョール）

12) ソースの基本

A. 温かいソース（Sauce chaude）

(1) Sauce blanche（ソース　ブランシュ）　White sauce（ホワイト　ソース）

〔分量〕

	ソースの濃度	バター	小麦粉	液体	塩	こしょう
A	やわらかいもの	10 g	10 g	200 mℓ	1 g	0.48 g
B	濃厚なもの	20 g	30 g	200 mℓ	1 g	0.48 g

〔作り方〕

バターを溶かし，小麦粉を入れ，弱火で焦げ色がつかないように，絶えずかきまぜながらよく炒め，牛乳を少しずつ加え，濃度がつくまで弱火で煮込み，塩，こしょうで調味する．

▶ホワイトソースの応用の変化

① 牛乳で作られるホワイトソース

　　葉緑素（緑の野菜）
　　卵黄
　　トマトピューレー
　　チーズ
　　　　　　　　　　｝などを加えて変化をつける．

② 白色だし汁で作られるホワイトソース

　　魚のだし汁を主としたもの　Velouté de Poisson（ヴルテ　ドゥ　ポワッソン）
　　鶏のだし汁を主としたもの　Velouté de Volaille（ヴルテ　ドゥ　ヴォライユ）
　　牛乳とだし汁から作るもの　Sauce Béchamel（ソース　ベシャメル）

(2) Sauce brune（ソース　ブリューヌ）　Brown sauce（ブラウン　ソース）

バター	10 g
小麦粉	10 g
ストック	180 mℓ
塩	1 g
こしょう	塩の1%

〔作り方〕

バターを溶かし，小麦粉を入れ，焦げ色がつくまで炒め，スープストックを徐々に加え，塩，こしょうで調味し，どろっとするまで煮る．

B. 冷たいソース（Sauce froide）

(1) Sauce mayonnaise（ソース　マヨネーズ）

卵黄	17 g
塩	2 g
こしょう	0.5 g
ねりがらし	8 g
酢またはレモン汁	15 mℓ
オリーブ油またはサラダ油	180 mℓ

〔作り方〕

卵黄とねりがらし，塩を加え，酢½を入れてよく撹拌する．撹拌しながらサラダ油を少量ずつ入れ，量を増し，固くなったら残りの酢を入れ味をととのえる．

(2) Sauce Vinaigrette（ソース ヴィネグレット） French dressing（フレンチ ドレッシング）

サラダ油	130 mℓ	
酢	50 g	
塩	3 g	
こしょう	1 g	
洋がらし	好み	

〔作り方〕
　酢とサラダ油，塩，こしょうを入れ，よく撹拌する．全体が白く濁るまでよく混ぜる（でき上がりの分量1カップ）．

3. 西洋料理の構成と食卓作法（正餐の場合）

(1) テーブルクロス

テーブルクロスは純白の布を用い，折り目やしわのないように注意する．布の大きさはテーブルの面より30cmくらいたれさがるのを用いる．

(2) 飾り花

食卓の飾り花は，香りが強くないもので，表裏がなく，客の目の高さより高くないように飾る．

(3) 食卓の配置（Dinner Setting ディナー セッティング）

1人の席は65～75cmくらいで，隣席と10cmの間をあけ，ナイフ，フォーク，取り皿，パン皿，グラス，メニューカード，名札，ナフキンなどを配置する（図20）．

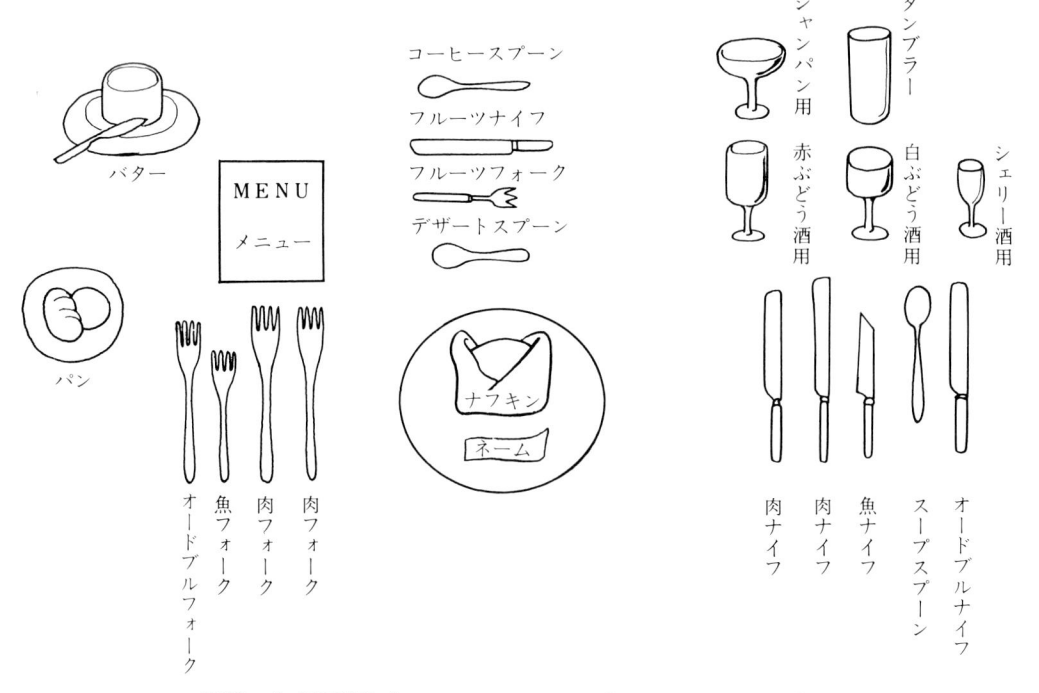

図20　食卓の配置（Dinner Setting ディナー セッティング）

(4) 正餐献立 (Dinner Menu　ディナー　メニュー)

① Hors-d'œuvre（オードブル）　　　　　（前菜）カクテル
② Soup（スープ）　　　　　　　　　　　シェリー酒または甘味のない白ぶどう酒
③ Fish（フィッシュ）　　　　　　　　　（魚）白ぶどう酒
④ Entrée（アントレー）　　　　　　　　（肉）赤ぶどう酒
⑤ Roast（ロースト）　　　　　　　　　（獣肉）バーガンデン，（野鳥）シャンパン
⑥ Salad（サラダ）　　　　　　　　　　（サラダ）シャンパン
⑦ Cake（ケーキ）　　　　　　　　　　（菓子）甘口のぶどう酒，ポートワイン
⑧ Fruit（フルーツ）　　　　　　　　　果　物
⑨ Coffee（コーヒー）　　　　　　　　 飲み物

Dinner Menu

Marinade Shrimps

Salami Sausage

Radish

Clear Brunoise Soup

River Trout Sauté with Parsley

Sauté Veal with Egg-plants

Roast Duckling with Apple Sauce

Lettuce & Water-cress Salad

Apple Dumpling

Coffee

正餐献立

えびの酢づけ

サラミソーセージ

ラデッシュ

ブルノアーズスープ

川ますのバター焼き

子牛肉煮込みなす添え

家鴨のロースト

レタスとクレソンサラダ

アップル　ダンプリング

コーヒー

(5) 食卓着席順

主婦と主人が食卓の中央に着き，婦人が上座に，主人が下座に，客は婦人と主人を中心にその両側に男女交互に着席するが，公式の場合は主人，来賓ともに男子を上座にする．

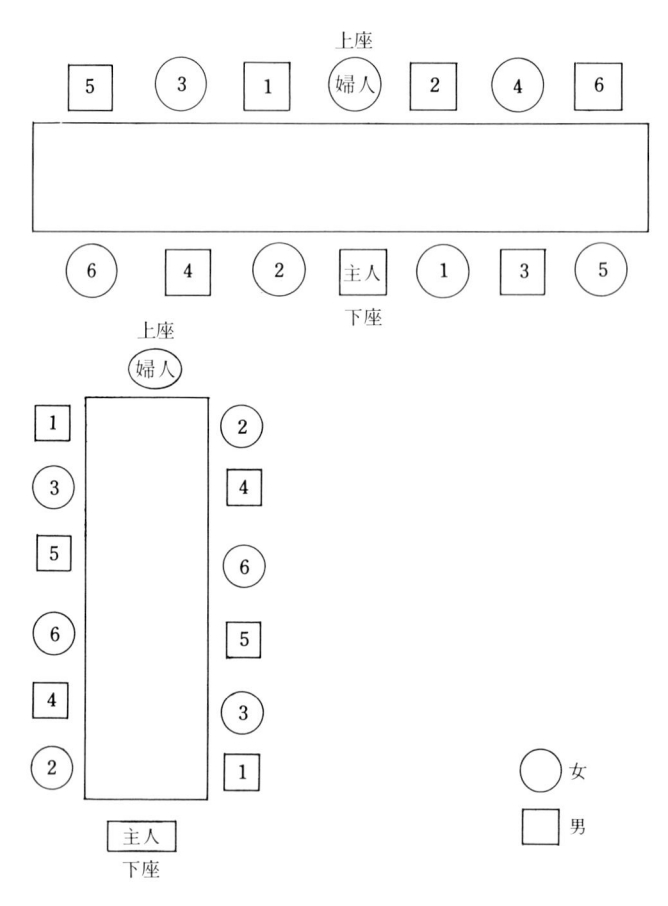

図21 食卓の着席順

(6) 食事のしかた

① 食堂へは静かに入場して，各自が椅子の後方に立ち，主人のあいさつを受け，左側より着席する．

② 着席したら，姿勢を正しくして，深く腰を掛け，両足をそろえて食卓と胸部との間は10cmくらいにするとよい．

③ 食事中に大声を出したり，ヒソヒソ話はつつしみ，明朗な話題を選び，食物を大口ではおばったり，席をはずすことはできるだけ避ける．

④ 食器類を床に落としたときは，自分で拾わないで，給仕を呼んで代わりをもとめる．

a．ナフキンの使い方

食事の始まる少し前にナフキンを広げ，二つ折りにし，折り山を身近にひざの上に置く．食事

中や食後の口唇や指先などをぬぐうのに使用する．
　b．スプーン，ナイフ，フォークの扱い方

　スプーン，ナイフ，フォーク類は中央に置かれた皿の左右の外側から内側へ使用する．

　オードブル，魚料理，肉料理，サラダはナイフ，フォークを使用する．

　ナイフは右手に持ち，フォークは左手に持ち，人さし指を背にあてる．フォークで料理を軽く押さえてナイフで食べるだけ切る．

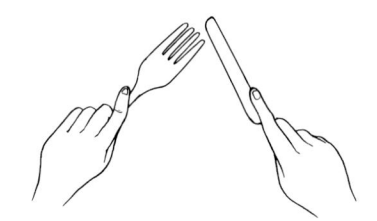

ナイフとフォークの持ち方　　食べる途中で，話をしたり，休むときは，ナイフとフォークはハの字形に置く．　　食べ終ったら，ナイフとフォークは上の図のように並べる．

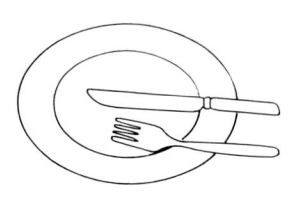

図22　ナイフとフォークの扱い方

　スープの場合，スプーンは手前より前方に向けてスープをすくい，左手は皿に添え，静かに口に入れ，音をたてないように飲む．

　パンはスープがすんでからサラダを食べ終るまでに食べる．食べ方はバターを各自皿に取り，両手でパンを持ち右手でちぎり，左手に移してバターナイフでバターをぬり，ナイフを置き，右手にパンを移しかえ口に入れる．

　果物は大皿に盛られたなかから各自好みのものを取る．原則としてナイフ，フォークを用いるが，ブドウ，みかんは指先で扱ってよい．果物を食べ終ったらフィンガーボールで左右の指先を交互に軽く洗い，ナフキンでふく．

　コーヒーは，普通デミタスといって½の小さいカップで出されるが，飲み方は変わらない．

　お酒については，食事中に出されるお酒は料理によって違う．

オードブル	シェリー酒
スープ	シェリー酒
フィッシュ	白ぶどう酒
アントレ	赤ぶどう酒
ロースト	⎫
サラダ	⎬ シャンパン

　乾杯はシャンパンですることが多いので，1度に飲んでしまわない．シャンパングラスの足を右手でささえ，肩の高さまであげて乾杯する．

4. 西洋料理に用いる野菜とその使用法

おもな西洋野菜類			出回り時期 食用部分	用途
〔日〕	〔英〕	〔仏〕		
アスパラガス	Asparagus (アスパラガス)	Asperge (アスペルジュ)	4月中旬～初夏 芽, 茎	スープ, グラタン, 煮込み, サラダ, バター炒め
エシャロット (冬ねぎ)	Shallot (シャロット)	Echalote (エシャロット)	12～5月 葉	バター炒め
かぶら	Turnip (ターニップ)	Navet (ナヴェー)	秋～冬 根	クリーム煮, サラダ
カリフラワー (花野菜)	Cauliflower (コリフラワー)	Chou-Fleur (シュー フルール)	9～5月 つぼみ	ゆで煮, フライ, サラダ, クリーム煮
キャベツ	Cabbage (キャベジ)	Chou (シュー)	年中 葉の結球	生食, 煮込み, 漬け物, 肉詰め
きゅうり	Cucumber (キューカンバー)	Concombre (コンコンブル)	年中 (4～9月)果実	サラダ, クリーム和え, ピクルス
グリンピース	Green Peas (グリーン ピース)	Petits Pois (プティ ポワー)	4～5月 果実	煮込み, バター煮, スープ, ピューレ
クレソン	Water Cress (ウォータ クレス)	Cresson (クレソン)	4～5月 葉, 茎	生食, サラダ, 付け合わせ
小たまねぎ	Button Onion (ボトン オニオン)	Petit Oignon (プティ オーニオン)	球根	サラダ, グラッセ, スープ, 酢漬け
さやいんげん	French Bean (フレンチ ビーン)	Haricots Verts (アリコ ヴェール)	5～10月 果実	バター炒め, ソース和え, サラダ
じゃがいも	Potato (ポテト)	Pomme de terre (ポーム ドゥ テール)	年中 (新5月)球根	炒め物, ピューレ, 揚げ物, ボイル, 丸焼き, サラダ, スープ
ズッキーニ	Zucchini (ズッキーニ)	Courgette (クルジェット)	年中 実	ムニエル, フリッター バター煮
西洋まつたけ	Mushroom (マッシュルーム)	Champignon (シャピニオン)	10～6月 子実体	煮込み, バター炒め, 串焼き
セロリー	Celery (セロリー)	Céleri (セルリ)	年中 (4～7月)茎	生食, サラダ, 香味づけ, スープ
たまねぎ	Onion (オニオン)	Oignon (オーニョン)	年中 球根	香味づけ, バター煮, スープ
チコリ	Chicory (チコリー)	Chicorée (シコレ)	10～3月 葉	生食, サラダ, 付け合わせ
とうもろこし	Corn (コーン)	Maïs (マイス)	果実	スープ, 煮込み, ケーキ, コロッケ
トマト	Tomato (トマト)	Tomate (トマト)	年中 (6～10月)果実	生食, サラダ, ソース, スープ, 煮込み, バター焼き, 蒸し焼き
なす	Egg-Plant (エッグ プラント)	Aubergine (オーベルジーヌ)	3～10月 果実	スープ, 煮込み, フライ, 詰め物
にんじん	Carrot (キャロット)	Carotte (カロット)	年中 球根	風味づけ, スープ, バター煮, スープ, ピューレ
パセリ	Parsley (パースリ)	Persil (ペルシー)	年中 葉	生食, 付け合わせ, 香味づけ
ビーツ (赤かぶら)	Beet (ビーツ)	Betterave (ベトラヴ)	冬 根	煮込み, サラダ
ピーマン	Sweet Pepper (スイート ペッパー)	Poivron (ポワヴロン)	年中 果実	バター炒め, 肉詰め, サラダ
ブロッコリー	Broccoli (ブロッコリー)	Brocoli (ブロコリ)	10～6月 つぼみ, 茎	バター炒め, サラダ, ゆで煮
ほうれんそう	Spinach (スピナチ)	Epinard (エピナール)	年中 葉, 茎	スープ, ピューレ, バター炒め
ぽろねぎ	Leek (リーク)	Poireau (ポワロー)	春秋 葉	煮込み, スープ
芽キャベツ	Brussels Sprouts (ブラッセルズスプラウツ)	Choux de Bruxelles (シュードゥブリュッセル)	葉の結球	バター炒め, ゆで煮, クリーム煮
ラディッシュ (はつかだいこん)	Radish (ラディッシュ)	Radis (ラディ)	根, 茎	生食, サラダ, 付け合わせ
レタス	Lettuce (レタス)	Laitue (レチュー)	年中 葉, 茎	生食, サラダ, 付け合わせ
レッドキャベツ	Red Cabbage (レッド キャベジ)	Chou Rouge (シュー ルージュ)	葉の結球	生食, サラダ, バター炒め
わさびだいこん (西洋わさび)	Horse Radish (ホースラディッシュ)	Raifort (レフォール)	茎, 根	生食, おろして香味づけ

5. 香辛料の種類と用途

	名　　称 [英]	[仏]	原　料	産　地	用　途	特徴
1	Allspice (オールスパイス)	Piment jamaïque (ピマンジャマイカ)	テンニン科 未熟果実の乾燥品	ジャマイカ，メキシコ，その他の西インド諸島	肉料理，菓子 魚料理，漬け物	香
2	Anise (アニス)	Anis (アニ)	セリ科，果実の乾燥品 Anis pepper〔中国〕	スペイン，ギリシャ メキシコ	リキュール，菓子 魚料理	香
3	Bay-leaf　Laurel (ベイリーフ) (ローレル)	Laurier (ローリェ)	クスノキ科 月けい樹の葉の乾燥品	ギリシャ（ヨーロッパ各地）	煮込み料理，スープ，ソース，漬け物	香
4	Caper (ケイパー)	Capre (カープル)	フーチョーソ科 つぼみ	フランス，イタリア，スペイン	漬け物，羊肉料理，ソース	香
5	Caraway (キャラウェー)	Carvi (カルヴィ)	セリ科 熟果の乾燥	ヨーロッパ中部 オランダ	リキュール，肉料理，菓子	香
6	Cayenne (カイエン)	Cayenne (カエン)	ナス科 とうがらしの辛い種類	世界各地	サラダ，漬け物	味
7	Celery seed (セルリシード)	Céleri (セロリー)	セリ科 西洋野菜の実の乾燥	南ヨーロッパ	魚料理，シチュースープ，漬け物	香
8	Chervil (チャービル)	Cerfeuil (セルフィーユ)	セリ科 葉	フランス アメリカ	サラダ，スープ オムレツ，魚料理	香
9	Chive (チャイブ)	Ciboulette (シブレット)	ユリ科 えぞねぎの葉・花	世界各地	マリネ，ポアレ 洋風サラダ	香
10	Cinnamon (シナモン)	Cannelle (カネル)	クスノキ科 肉けい	セイロン産	菓子，漬け物	香
11	Clove (クローヴ)	Clou de girofle (クルードジロフル)	フトモモ科 丁字のつぼみの乾燥品	マライ，セイロン 西インド諸島	肉料理，菓子 漬け物	香
12	Coriander (コリアンダー)	Coriandre (コリアンドル)	セリ科 熟果実の乾燥品	モロッコ 南ヨーロッパ	菓子，漬け物	香
13	Dill (デル)	Aneth (アネト)	セリ科 果実	インド 南ヨーロッパ	菓子，魚料理 漬け物	香
14	Fennel (フェンネル)	Fenouil (ファヌイ)	セリ科　種子 ういきょうの茎，葉	地中海，沿岸インド	菓子，魚料理 漬け物	香
15	Ginger (ジンジャー)	Gingembre (ジャンジャンブル)	ショウガ科 根，茎	ジャマイカ インド，中国	料理全般 清涼飲料	味 香
16	Horse radish (ホースラディッシュ)	Raifort (レフォール)	アブラナ科 西洋わさびの根，茎	ヨーロッパ各地	肉料理	味
17	Mace (メース)	Macis (マジス)	ニクズク科 にくずくの仮種皮(粉)	スマトラ インドネシア	魚肉料理，菓子	香
18	Marjoram (マージョラーム)	Marjolaine (マルジョレーヌ)	シソ科 葉，花，茎	地中海東部 アジア方面	シチュー 羊肉料理	香
19	Mustard (マスタード)	Moutarde (ムータルド)	アブラナ科，種子，白からし，黒からし，日本からし	世界各地	料理全般	香
20	Nutmeg (ナツメッグ)	Muscade (ムスカド)	ニクズク科 種子	スマトラ，インドネシア，フィリピン	パン，菓子	香
21	Oregano (オレガノ)	Origan (オリガン)	シソ科 葉の乾燥品	地中海沿岸	トマト料理 煮込み	香
22	Paprika (パプリカ)	Paprika (パプリカ)	ナス科 とうがらしの粉末	ハンガリー	スープ，ソース	味 香
23	Pepper (ペッパー)	Poivre (ポアヴル)	コショウ科 果実	インド，マライ，インドネシア	料理全般	味
24	Mint (ミント)	Menthe (マント)	シソ科 はっかの葉，茎	ロシア，南アメリカ，日本	魚料理，カクテル 菓子，リキュール	香
25	Saffron (サフロン)	Safran (サフラン)	アヤメ科 サフランの雌花の乾燥	地中海沿岸	スープ，ピラフ リキュール，ソース	味 香
26	Sage (セージ)	Sauge (ソージュ)	シソ科 サルビアの葉	アメリカ ユーゴスラビア	ソーセージ ソース，スープ	味
27	Rosemary (ローズマリー)	Romarin (ロマラン)	シソ科 あんねんの葉	地中海沿岸	羊肉料理 野菜料理	香

	名　　　称		原　料	産　地	用　途	特徴
	〔英〕	〔仏〕				
28	Savory (セボリー)	Sarriette (サリエット)	シソ科 きだちはっかの葉, 花	南ヨーロッパ イラン	ソース	香
29	Thyme (タイム)	Thym (ターン)	シソ科 たちじゃこう草の芽	地中海沿岸	ソース, シチュー, チーズ	香
30	Turmeric (ターメリック)	Curcuma (キュルキュマ)	ショウガ科 うこんの根	熱帯アジア	カレー粉, たくあん漬け, 漬け物	味 香
31	Curry Powder (カレーパウダー)	Poudre de Curry (プードル ド カリ)	混合香辛料	世界各地, インド	カレーライス カレー汁	香味 色辛
32	Tarragon (タラゴン)	Estragon (エストラゴン)	キク科 日本よもぎ類の香草	フランス	リキュール, 漬け物, ソース, サラダ	香
33	Vanilla (バニラ)	Vanille (ヴァニーユ)	ラン科 果実	アメリカ大陸 熱帯地方	菓子	香

6. 西洋料理材料用語

〔日〕	〔仏〕	〔英〕
穀　類	Céréales（セレアル）	Cereals（シーリアルズ）
米	Riz（リ）	Rice（ライス）
大麦	Orge（オルジュ）	Barley（バーリー）
小麦粉	Farine（ファリーヌ）	Flour（フラワー）
でんぷん	Fécule（フェキュール）	Starch（スターチ）
めん類	Nouille（ヌイユ）	Noodle（ヌードル）
落花生	Cacahuète（カカユエット）	Peanut（ピーナット）
パ　ン	Pain（パン）	Bread（ブレッド）
パン粉	Mie de pain（ミー　ドゥ　パン）	Rasping（ラスピング） Crumb（クラム）
らい麦	Seigle（セーグル）	Rye（ライ）
く　り	Marron（マロン）	Chestnut（チェスナット）
とうもろこし	Maïs（マイス）	Corn（コーン）
肉　類	Viandes（ヴィヤンド）	Meats（ミーツ）
家禽	Volaille（ヴォライユ）	Fowl（ファウル）
牛　肉	Bœuf（ブフ）	Beef（ビーフ）
豚　肉	Porc（ポール）	Pork（ポーク）
若　鶏	Poulet（プーレー）	Chicken（チキン）
肥鶏	Poularde（プーラルド）	Fat pullet（ファットプリット）
ひな鶏	Poussin（プーサン）	Chick（チック）
羊　肉	Mouton（ムートン）	Mutton（マトン）
子　羊	Agneau（アニョー）	Lamb（ラム）
七面鳥	Dinde（ダンド）	Turkey-hen（ターキー　ヘン）
家がも	Canard（カナール）	Duck（ダック）
うさぎ	Lapin（ラパン）	Rabbit（ラビット）
が　鳥	Oie（オワ）	Goose（グース）
ベイコン	Lard（ラール）	Bacon（ベイコン）
ハ　ム	Jambon（ジャンボン）	Ham（ハム）
腸　詰	Saucisse（ソーシッス）	Sausage（ソーセージ）
豚　脂	Saindoux（サーンドゥー）	Lard（ラード）
牛　脂	Graisse de bœuf（グレース　ドゥ　ブフ）	Beef fat（ビーフ　ファット）
じん臓	Rognon（ローニヨン）	Kidney（キドニー）
肝　臓	Foie（フォワー）	Liver（リヴァ）
魚　類	Poissons（ポワッソン）	Fish（フィッシュ）
したびらめ	Sole（ソール）	Sole（ソウル）
ひらめ	Barbue（バルビュー）	Brill（ブリル）
まぐろ	Thon（トン）	Tuna（トゥーナー）

〔日〕	〔仏〕	〔英〕
いわし	Sardine（サルディーヌ）	Sardine（サーディーン）
ひしこ	Anchois（アンショワ）	Anchovy（アンチョヴィ）
さけ	Saumon（ソーモン）	Salmon（サーマン）
ます	Truite（トリュイット）	Trout（トラウト）
にじます	Truite arc-en-ciel（トリュイット アルカン シエル）	Rainbow trout（レインボウ トラウト）
あじ	Carangue（カラング）	Horse mackerel（ホース マッカレル）
さば	Maquereau（マクロー）	Mackerel（マッカレル）
うなぎ	Anguille（アンギーユ）	Eel（イール）
くじら	Baleine（バレーヌ）	Whale（ホエイル）
こ い	Carpe（カルプ）	Carp（カープ）
ぼ ら	Muge（ミュージュ）	Mullet（マレット）
ちょうざめ	Esturgeon（エステュルジョン）	Sturgeon（スタージャン）
わかさぎ	Eperlan（エペルラン）	Sparling（スパアリング）
甲殻類	Crustacés（クリュスタッセ）	Shellfish（シェルフィッシュ）
か に	Crabe（クラブ）	Crab（クラブ）
いせえび	Langouste（ラングースト）	Lobster（ロブスター）
小えび	Crevette（クルヴェット）	Shrimp（シュリンプ）
すみいか	Seiche（セーシュ）	Cuttlefish（カトルフィッシュ）
貝 類	Mollusques（モリュスク）	Shellfish（シェルフィッシュ）
あさり	Palourde（パルールド）	Cockle（コックル）
はまぐり	Mérétrice（メレトリス）	Clam（クラム）
か き	Huitre（ユイトル）	Oyster（オイスター）
ほたてがい	Coquille（コキーユ） Sant-Jacque（サンジャック）	Scallop（スカロップ）
かたつむり	Escargot（エスカルゴー）	Snail（スネイル）
野菜類	Légumes（レギュム）	Vegetables（ベジタブルズ）
トマト	Tomate（トマト）	Tomato（トマト）
じゃがいも	Pomme de terre（ポーム ドゥ テール）	Potato（ポテト）
な す	Aubergine（オーベルジーヌ）	Egg-plant（エッグ プラント）
にんじん	Carotte（カロット）	Carrot（キャロット）
きゅうり	Concombre（コンコンブル）	Cucumber（キューカンバー）
たまねぎ	Oignon（オーニョン）	Onion（オニオン）
オクラ	Gombo（ゴンボー）	Okra（オクラ）
ほうれんそう	Epinard（エピナール）	Spinach（スピナチ）
かぼちゃ	Potiron（ポティロン）	Pumpkin（パンプキン）
さやいんげん	Haricots Verts（アリコ ヴェール）	French beans（フレンチ ビーンズ）
キャベツ	Chou（シュー）	Cabbage（キャベジ）
か ぶ	Navet（ナヴェー）	Turnip（ターニップ）

〔日〕	〔仏〕	〔英〕
ぽろねぎ	Poireau（ポワロー）	Leek（リーク）
しょうが	Gingembre（ジャンジャンブル）	Ginger（ジンジャー）
えんどう	Pois（ポワ）	Pea（ピー）
にんにく	Ail（アーユ）	Garlic（ガーリック）
さつまいも	Patate douce（パタート　ドゥース）	Sweet potato（スイート　ポテト）
	その他の野菜は西洋野菜類の項参照	
果物類	Fruits（フリュイ）	Fruits（フルーツ）
オレンジ	Orange（オランジュ）	Orange（オレンジ）
みかん	Mandarine（マンダリーヌ）	Mandarin（マンダリン）
パイナップル	Ananas（アナナ）	Pine-apple（パイン　アップル）
バナナ	Banane（バナーヌ）	Banana（バナナ）
りんご	Pomme（ポーム）	Apple（アップル）
ぶどう	Raisin（レザン）	Grape（グレイプ）
もも	Pêche（ペーシュ）	Peach（ピーチ）
なし	Poire（ポワール）	Pear（ペアー）
いちご	Fraise（フレーズ）	Strawberry（ストロウベリー）
いちじく	Figue（フィーグ）	Fig（フィッグ）
さくらんぼ	Cerise（スリーズ）	Cherry（チェリー）
レモン	Citron（シトロン）	Lemon（レモン）
あんず	Abricot（アブリコー）	Apricot（エイプリコット）
すもも	Prune（プリーム）	Plum（プラム）
すいか	Melon d'eau（ムロン　ドー）	Water melon（ウォター　メロン）
メロン	Melon（ムロン）	Melon（メロン）
びわ	Nefle（ネーフル）	Medlar（メドラー）
アボカド	Avocat（アヴォカ）	Avocade（アヴォカード）
キウイフルーツ	Kiwi（キウィ）	Kiwifruit（キウイフルーツ）
チェリモヤ	Chérimole（シェリモル）	Cherimoya（チェリモヤ）
マンゴスチン	Mangouste（マングスト）	Mangosteen（マンゴスティーン）
ドリアン	Dourian（ドゥリアン）	Durian（デュリアン）
リュウガン	Longane（ロンガーヌ）	Longan（ロンガン）
ライチ	Li-Tshi（ライチ）	Litchi（ライチ）
グアバ	Goyave（ゴヤーヴ）	Guava（グアヴァ）
パッションフルーツ	Grenadille（グルナディル）	Passion fruit（パッションフルーツ）
グレープフルーツ	Pamplemousse（パンプルムース）	Grapefruit（グレープフルーツ）
タンゼロ	Tangerine（タンジェリーヌ）	Tangelo（タンジェロ）
パパイヤ	Papaye（パパイユ）	Papaya（パパヤ）

〔日〕	〔仏〕	〔英〕
マンゴー	Mangue（マングー）	Mango（マンゴ）
ライム	Limette（リメット）	Lime（ライム）
ここやし	Coco（ココ）	Coconut（ココナッツ）
なつめやし	Datte（ダッド）	Date（ディト）
くるみ	Noix（ノワー）	Walnut（ウオールナット）
アーモンド	Amande（アマンド）	Almond（アーモンド）
その他		
チーズ	Fromage（フロマージュ）	Cheese（チーズ）
バター	Beurre（ブール）	Butter（バター）
油	Huile（ユイル）	Oil（オイル）
マヨネーズ	Mayonnaise（マイヨネーズ）	Mayonnaise（マイヨネーズ）
卵	Œuf（ウフ）	Egg（エッグ）
乳	Lait（レー）	Milk（ミルク）
ぶどう酒	Vin（ヴァン）	Wine（ワイン）
白ぶどう酒	Vin blanc（ヴァン ブラン）	White wine（ホワイト ワイン）
赤ぶどう酒	Vin rouge（ヴァン ルージュ）	Red wine（レッド ワイン）
レモンスカッシュ	Citronnade（シトロナード）	Lemon-squash（リマン スクワッシュ）
コーヒー	Café（カフェ）	Coffee（カッフィ）
茶	Thé（テ）	Tea（ティ）
紅茶	Thé noir（テ ノワール）	Black tea（ブラック ティ）
緑茶	Thé vert（テ ヴェール）	Green tea（グリーン ティ）
塩	Sel（セル）	Salt（ソルト）
砂糖	Sucre（シュークル）	Sugar（シュガー）
アイスクリーム	Glace à la Vanille（グラス ア ラ ヴァニーユ）	Vanilla-ice-cream（バニラ アイス クリーム）
ジュース	Jus（ジュー）	Juice（ジュース）
ラム酒	Rhum（ラム）	Rum（ラム）

7. 西洋料理操作用語

〔日〕	〔仏〕	〔英〕
ゆでる	Bouillir（ブイイール）	Boil（ボイル）
長く煮る	Mijoter（ミジョテー）	Simmer（シマー）
煮込む	Faire cuire（フェール キュイール）	Stew（スチュー）
蒸し煮	Vapeur（ヴァプール）	Steam（スチーム）
あぶり焼き	Griller（グリエ）	Broil（ブロイル）
オーブン（天火）で焼く	Cuire（キュイール）	Bake（ベーク）
丸または大切りのまま蒸し焼き	Rôtir（ローティール）	Roast（ロースト）
蒸し焼き	Braiser（ブレゼ）	Braise（ブレーズ）
揚げる	Frire（フリール）	Deep-Fry（ディープフライ）
炒める	Sauter（ソーテー）	Fry（フライ）
落としゆで	Pochage（ポシャージュ）	Poach（ポーチ）
材料を撹拌する	Remuer（ルミュエ）	Stir（スター）
泡立てる	Battre（バットル）	Beat（ビート）
材料を適当な大きさに切る	Couper（クーペー）	Cut（カット）
こねる	Pétrir（ペトリール）	Knead（ニード）
味つけ調味する	Assaisonner（アセゾーネー）	Season（シーズン）
計量する	Mesurer（ムジュレー）	Measure（メジュア）
直火で焼く	Griller（グリーエー）	Grill（グリル）
素焼き	Toast（トースト）	Toast（トースト）
香味汁に浸す	Mariner（マリネー）	Marinate（マリネイト）
たれをつけながら調味する	Glacer（グラセー）	Glaze（グレーズ）
すりおろす	Râper（ラーペー）	Grate（グレート）
よく振る	Secouer（スクエー）	Shake（シェーク）
詰め込む	Farcir（ファルシール）	Stuff（スタッフ）
薄切り	Escaloper（エスカロッペー）	Slice（スライス）
薄く細かくきざむ	Hacher（アッシェー）	Chop（チョップ）
肉を細く切る	Hacher（アッシェー）	Hash（ハッシュ）
つぶすか裏ごしにする	Puree（ピューレー）	Mash（マッシュ）
串刺し	Brocheter（ブロシュテ）	Skewer（スキューア）

3 中国料理

1. 中国料理の種類と特徴

　中国料理は数千年の歴史と伝統を誇り,「医食同源」の精神が受け継がれ,一般的な食材のほか,薬効を示す材料を取り入れて,日常食にも薬膳の概念がある.

　広大な土地のため気候,風土,産物,宗教などの影響により数種の系統に分かれて,それぞれ独自の料理として発展し,長い間に交流し合って,今日では共通料理のようなものができている.一般に味の特徴は「東酸・西辣・南甜・北鹹」にいい表されているが,わが国における使用材料には地域による差が少なくなっている.

　また近年,日本に近い韓国やタイの食文化に触れる機会が多く,食内容が多様化し,調味料や使用材料が独特ではあるが,香辛料の使い方がよく似ている料理が増えている.本書では5系列の料理以外に韓国・タイの料理も実習編に取り入れた.

図23　中国料理の地域別大系

(1) 北方系（北京料理）

山東地方の素朴な料理に首都北京の宮廷料理が一体となって，代表的な北京料理になった．

厳寒のため，豚肉，あひる，牛肉，羊肉を使った濃厚な味のものが多い．炸，爆，溜の調理に優れている．小麦粉を多く産出し，麺，もち，饅頭などを常用している．

代表料理は北京烤鴨（ペキンダック）・涮羊肉（シャブシャブ）・包子（マントウ）．

(2) 西方系（四川料理）

揚子江の上流で，数多い河川のうち4本の大きな川がこの地方を横切って流れ，長江にそそぐところから四川省と名づけられた．

土地柄，魚介類に恵まれないことから，蔬菜類に変化をもたせるため，良質の岩塩にねぎ・にんにく・とうがらし・こしょう・山椒などを加えた漬物が発達している．生臭みを除いたり，油を用いても油っこくない作り方に優れている．

代表料理は麻婆豆腐（マーボードウフ）・棒々鶏（バンバンヂー）・回鍋肉（ホイコウロー）．

(3) 南方系（広東料理）

中国南部珠江下流地域で亜熱帯のため，食材料が山海の産物に恵まれ発展した．

諸外国との交流が盛んで，トマトケチャップやパンなどを使い欧風化もみられ，古くから日本の食文化に影響を与えている．油気は比較的少なく味つけもさっぱりし，生に近い調理を好む．海に面しているので魚やフカヒレなどが使われ，蠔油（カキ油）を調味に使う．

代表料理は紅焼大群翅（フカヒレの姿煮）・叉焼肉（焼き豚）・炸春捲（揚げ春巻）・片皮乳猪（子豚の丸焼き）．

茶を飲みながら種々の点心を食べる飲茶（ヤムチャ）は，ヨーロッパの食文化の影響を受けてこの地方ではじまった．

(4) 東部系（上海料理）

揚子江下流の東部に位置する気候温暖な土地の肥沃した穀類の産地である．とくに良質米の産地で，酒（紹興酒）・酢の産地でもある．

中国一の大都市なので，日本には地方料理が一堂に集まった感じで伝えられている．農産物のほか，魚類，えび，蟹などの海産物にも恵まれ，景勝地としても知られ文化も高いところから，上品で繊細な宴会料理や点心など料理を装飾することも多い．

純粋な上海料理は，味つけが濃く，砂糖や油を多く使い，量も多い．外観の飾りは重視しないものがみられる．

代表料理は蒸蟹（上海蟹の蒸し物）・糖醋鯉魚（鯉の甘酢あん）・東披肉（豚の角煮）．

(5) その他

台湾に近い福建省地方は東南系で，小魚類を加工した鰭油（チイユ）・蝦油（シャンユ）・蝦醬（シャンジャン）などの調味料が料理の幅と深みを作り出している．

2. 中国料理の構成

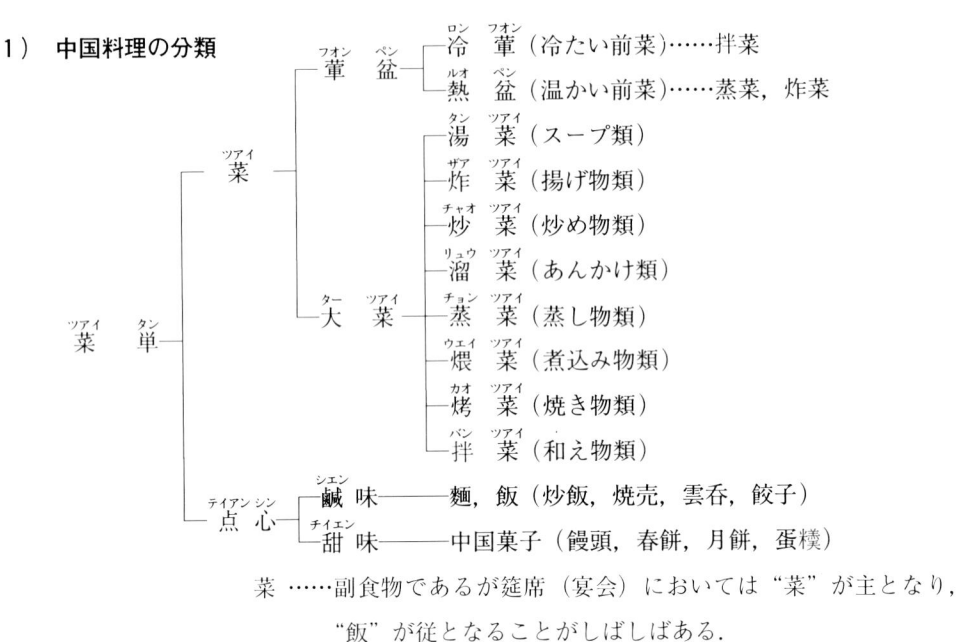

1) 中国料理の分類

```
                  ┌─ 葷盆(フォンペン) ┬─ 冷盆(ロンフォン)（冷たい前菜）……拌菜
                  │                    └─ 熱盆(ルオペン)（温かい前菜）……蒸菜, 炸菜
         ┌─ 菜(ツアイ) ─┤
         │        │              ┌─ 湯菜(タンツアイ)（スープ類）
         │        │              ├─ 炸菜(ザアツアイ)（揚げ物類）
         │        │              ├─ 炒菜(チャオツアイ)（炒め物類）
菜単     │        │              ├─ 溜菜(リュウツアイ)（あんかけ類）
(ツアイタン)─┤        └─ 大菜(ターツアイ) ─┼─ 蒸菜(チョンツアイ)（蒸し物類）
         │                       ├─ 煨菜(ウエイツアイ)（煮込み物類）
         │                       ├─ 烤菜(カオツアイ)（焼き物類）
         │                       └─ 拌菜(パンツアイ)（和え物類）
         │
         └─ 点心(テイアンシン) ┬─ 鹹味(シエンウエイ)──麺, 飯（炒飯, 焼売, 雲呑, 餃子）
                              └─ 甜味(チイエンウエイ)──中国菓子（饅頭, 春餅, 月餅, 蛋糕）
```

菜……副食物であるが筵席(宴会)においては"菜"が主となり, "飯"が従となることがしばしばある.

点心……小食品, 軽食であり, 日本の食後のおやつなどに相当する.

2) 前菜(チエンツアイ)について

大菜に属する料理の中で, 前菜向きの料理を拼盤(ピンパン)として大皿に盛り, 色彩, さし画の組み合わせで盛り合わせをする. その画は, 鳳凰, 花, 竜, 鳥, 蝶などの模様がある.

(1) 前菜の特色

珍味を少量ずつ盛る.

色彩を豊かにし食欲をそそる.

(2) 前菜の種類

a. 乾果（カンクワ）

① 西瓜子（シイクワツ）：すいかの種をいって乾燥したもの.

② 南瓜子（ナンクワツ）：かぼちゃの種をいって乾燥したもの.

③ 紅棗（ホンツァオ）：紅なつめの実を乾燥したもの.

④ 烏棗（ウーツァオ）：黒なつめの実を乾燥したもの.

⑤ 胡桃（フウトウ）：くるみの実の核を割った中身.

⑥ 杏仁（シンレン）：あんずの種の核を割った中にある仁(ジン). 薄皮をむくと碁石のような艶やかな白さでほろ苦さが珍重される.

⑦ 干蓮子（カンレンツ）：蓮の実の乾燥したもの.

b．前菜向き料理

① 拌菜（パンツァイ）：和え物

　　拌三絲，凉拌海蜇

② 燻（フェン）：燻製

　　魚，鶏，豚肉，牛肉を調味し，煮たり揚げたりした後，燻製にしたもの．
　　燻魚（フェンユイ），燻鶏（フェンチー）

③ 凍（ドン）：煮こごり，寄せ物

　　材料をやわらかく煮込み，調味してゼラチン，または寒天を加え流し固めたもの．

④ 熗（チャン）：たれに浸した材料の和え物

　　動物性の材料は，加熱してから，酢，しょうゆ，酒を混ぜたたれにつけ込む．

⑤ 蒸菜（チョンツァイ）：蒸し物

⑥ 炸菜（ザアツァイ）：揚げ物

3) 湯菜（タンツァイ）について

(1) 湯菜の種類（形態状からの分類）

① 清湯（チンタン）：清澄なスープ

② 川湯（チョワヌタン）：清澄なスープで，実たくさんの材料を短時間に加熱．

③ 奶湯（ナイタン）：牛乳類の入った濁ったスープ，またはミルク状の濃いスープ．

④ 会湯（ホェイタン）：でんぷんを少し入れて濃度をつけたスープ．

⑤ 羹湯（ゴンタン）：やや多くのでんぷんを入れて濃度をつけたスープ．

(2) 湯の種類

a．做湯（ズオタン）だし汁のとり方による種類

① 葷湯（ホヌタン）：鳥獣魚貝のスープ

　　鶏湯（ヂータン）：鶏肉・鶏骨

　　肉湯（ロウタン）：豚肉・豚骨・牛肉

　　火腿湯（ホオトェイタン）：ハム

　　乾貝湯（カンペイタン）：干し貝柱

　　干鮑湯（カンポウタン）：干しあわび

　　蝦米湯（シャオミータン）：干しえび

　　干魷魚湯（カンモユイタン）：するめ

② 素湯（スウタン）：精進スープ（野菜を主としたもの）

　　香菇冬（シャングウタン）〔冬菇湯〕（トングウタン）：しいたけ

　　豆芽湯（トウヤタン）：もやし

　　蔬菜湯（スウツァイタン）：野菜を数種類

4） 炸菜（ザアツァイ）

① 清炸（チンザア）：材料の生地そのままを素揚げにする（揚げてから調味する）．
② 乾炸（カンザア）：から揚げ（材料に下味をつける）
③ 軟炸（ロアンザア）：衣揚げ（一般に衣をつけて揚げる天ぷら類）
④ 高麗（コウリイ）：ふわっとした衣の泡雪揚げ．卵白とか B.P. を使用する．
⑤ 扎（ガア）：（炸と同じ）
⑥ 爆（バオ）：ごく高温の油で，本調理する前の材料をさっと油をくぐらせて臭気を抜く．
⑦ 炮（パオ）：調理前に140℃前後の温度で油どおしをし，材料の不必要な水分を抜き，持ち味をいかすために行う．

5） 炒菜（チャオツァイ）

① 清炒（チンチャオ）：材料の生地そのままを炒める．
② 生炒（ションチャオ）：材料をいかしてさっと炒める．
③ 乾炒（ガンチャオ）：炒めて水気をとるだけ．
④ 京炒（ピンチャオ）：北京風の炒め方．えび，白身魚，鶏ささ身などの上等材料に卵白ででんぷんを溶いた衣をつけて炒める．
⑤ 煎炒（ジェンチャオ）：油焼きすること．いりつけるので汁気のないもの．

6） 溜菜（リュウツァイ）〔燴〕

① 醋溜（ツーリュウ）〔糖醋（タンツー）〕：甘酢あん
② 玻瑠（ポウリイ）〔水晶（シュイチン）〕：無色透明のうすくずあん．ガラスの意味で内容が水晶のように透きとおってみえる．
③ 醬汁（チャンチイ）：しょうゆを主調味料としたもの．
④ 蕃茄（ファンケイ）〔茄汁（ケイチイ）〕：トマトケチャップ，トマトピューレー，トマトソースなどを使用したもの．
⑤ 奶油（ナイユウ）〔奶露（ナイロウ），奶酪（ナイルウ）〕：牛乳を加えたスープに，塩，酒で淡白に調味し，でんぷんで濃度をつけたもの．
⑥ 鶏蓉（ヂーヨウ）：鶏のすり身に卵白を加えて，ていねいにすり合わせたもの．
⑦ 杏酪（シンルウ）〔杏露（シンロウ）〕：あんずの種子の白い核をすって汁をこしとり，スープに加え，でんぷんで溶いたほろ苦い溜．

7） 蒸菜（チョンツァイ）

① 清蒸（チンチョン）：材料そのもののみを蒸したもの．

② 粉蒸（フェンチョン）：材料に小麦粉以外の粉をまぶして蒸すこと．
③ 燉（ドェン）：材料ごと器に入れ，ゆせんのような形にして，長時間やわらかく蒸し煮する．

8) 煨菜（ウェイツァイ）
① 煨菜（ウェイツァイ）：スープの量が少なくなるまで煮る．
② 燜（メン）：弱火で材料をスープの中で長時間十分煮とおす．
③ 燒（シャオ）：蒸し焼き．スープの中でさっと煮る．
④ 烹（ポン）：材料を炒めるか揚げた後，少量のスープで強火で煮る．
⑤ 滷（ルウ）：味つけしたスープの中へ入れて煮る．しょうゆを多量に使って煮る．
⑥ 煮（ジュウ）：ゆでる．湯で煮る．
⑦ 涮（シュアン）：ゆすぐ．
⑧ 鍋子（カオヅ）：鍋で煮込む．
⑨ 白煨（パイウェイ）：塩，酒などで淡白に調味し，有色調味料を用いず気長に煮込んで白く仕上げること．
⑩ 紅燜（フォンメン）〔紅煨（フォンウェイ）〕：しょうゆを用いて色をつけて気長に煮込む．

9) 拌菜（パンツァイ）　和え物，寄せ物
① 拌（パン）：火をとおさないで和える．
② 熗（チャン）：急に熱を加え和える．
③ 凍（ドン）：冷めたく冷やす．

10) 烤菜（カオツァイ）
① 烤（カオ）：直火で焼く．
② 燻（フェン）：いぶし焼き
③ 焗（ジュ）：南方風焼き
④ 烙（ラオ）：油をひかず両面を焼く．

11) 鍋子（グオズ）　鍋物
① 火鍋（ホオグオ）：中国の代表的な鍋で，鍋の中央に煙突がついている．
② 汽鍋（チイグオ）：特殊な鍋で鍋ごと蒸し器で蒸す．
③ 沙鍋（シァグオ）：土鍋で直火で煮る．

12) その他

① 醃（イエヌ）：漬け物
② 醸（ニャン）：酒かすでものを調味する．
③ 捲（チェン）：巻く．
④ 包（パオ）：包む．
⑤ 瓤（ラン）：詰める．

3．中国料理の食卓作法

1） 献立について

中国では偶数を好むので前菜，点心は2種，4種と配合する．主要料理は4種，6種，8種と取り合わせる．

(1) 代表的な料理

① 湯菜，② 炸菜，③ 炒菜，④ 溜菜となり，6種以上になると蒸菜，煨菜，烤菜あるいは炸菜，炒菜が2度供される場合もある．

最後は清湯でとめ，甘酢あんもの（溜菜）は終りから2番目に位置する．

(2) 料理の順序

① 葷盆，② 大菜から数種，③ 点心，④ 水果と茶，の順序で供される．

2） 食卓の整え方

(1) 席次の決め方

① 1卓の人数は8人の偶数が普通であるが，家庭向きには変化してもよい．
② 中国の習慣では尊者（主賓）は南面すると称し，庭のよく見える南に向かって席を決める．部屋の入口よりもっとも遠い奥の床の間の前を最上席として主賓が座る．主賓に並び，図24のように席を決める．

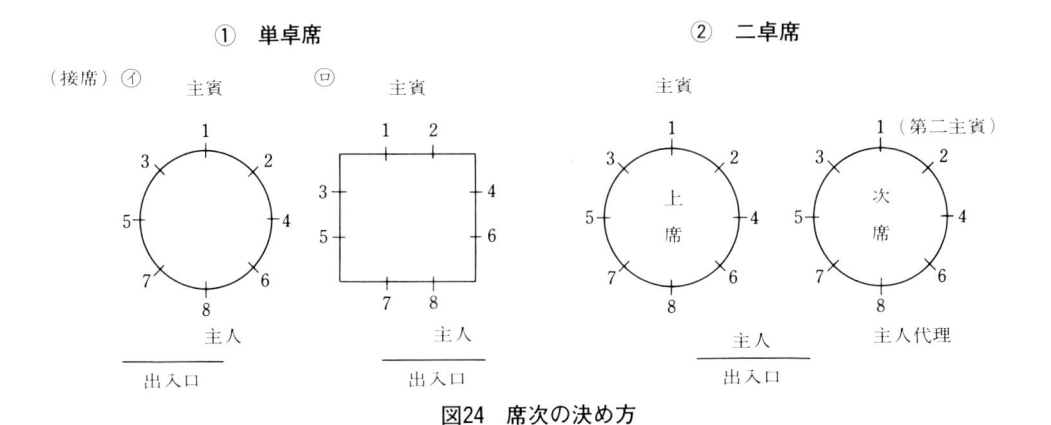

図24　席次の決め方

③ 三卓席

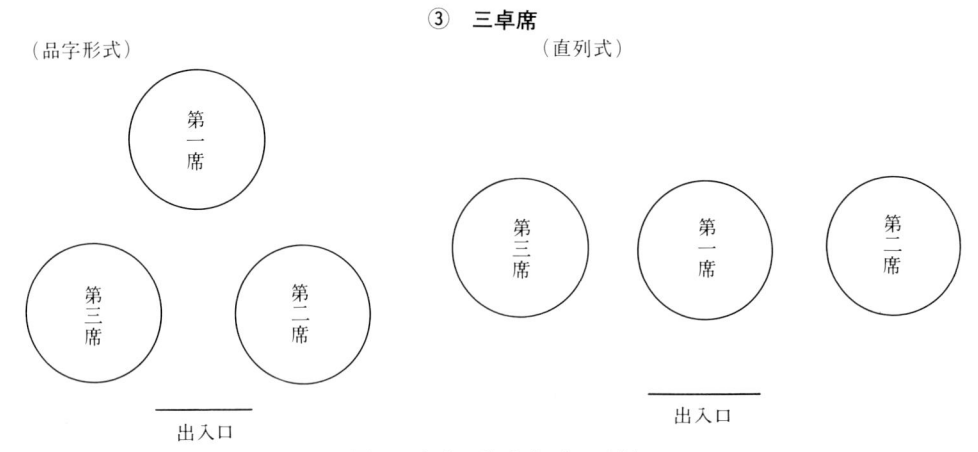

(品字形式)　　　　　　　　　　　　　　　　　　(直列式)

第一席

第三席　第二席

第三席　第一席　第二席

出入口　　　　　　　　　　　　　　　　　出入口

図24　席次の決め方（つづき）

(2) テーブルセット

献立の規模の大小により受皿の数も多少異なる（図25）．

① 箸〔筷子（コワイズ）〕
② 箸置き〔筷子架（チア）〕
③ 散りれんげ〔匙子（ターズ）〕
④⑤ 受け皿〔碟子（ディズ）〕
⑥ 小どんぶり〔羹碟（ゴンディ）〕
⑦ コップ〔玻璃盃（ブォリーペイ）〕(伏せておく)
⑧ 盃〔酒盃（ヂョウペイ）〕(伏せておく)
⑨ 薬味入れ〔味碟〕
⑩ 骨置き皿〔骨碟（クウディ）〕

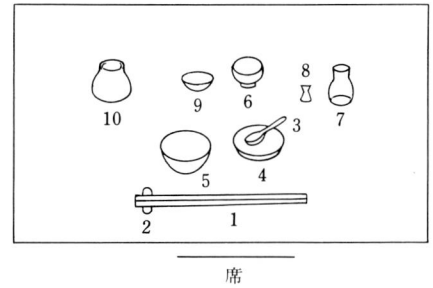

図25　テーブルセット

3) 食事の作法

品数が多いときは1品の量を少なめにして，全部食べ終ったとき，満腹感が味わえるように注意する．1皿に大盛りになって出されるので自分のいただく適量を食し，残したり足りなくなったりしないよう注意をする．嫌いなもの，食べられないものは取らないで残さないようにする．熱いうちに取り分ける．

(1) お茶の飲み方

茶盆の中へ茶葉をおのおのの茶わんに1人分ずつ入れ白湯を注ぎ，そのふたの糸尻を軽く押さえて持つ．きゅうすの用途を兼ねて使うので，ふたが小さいのが特徴である．

茶盆のそばに小茶わんが添えてある場合は，これに茶をそそいでいただく．

小茶わんのないときは，ふたの糸尻に軽く右手の人さし指を添えて，少しふたに指をかけたままふたを向こう側に少しずらして，左手で茶わんをささえていただく．

〔茶盆〕　中国のふたつき茶飲み茶わんで，茶わんよりふたが小さい．

4. 特殊材料の種類と扱い方

中国料理で用いる特殊材料は海産物を主とし，一部は大陸の奥地に産する特殊な食品で，乾物や塩漬けとして保存され，中国料理を代表する珍重なものとして賞味される．したがって，これらの特徴や扱い方を熟知し，料理にいかすことが大切である．

(1) 燕 窩（イェンオウ）

東南アジアの海岸で産し，海草や羽毛を唾液で固めた"アナツバメ"の一種の巣である．

ぬるま湯に3時間浸してもどし，水洗いしながら羽毛やごみを取り除き，再びスープに浸して下味をつけてから調味する．

(2) 魚 翅（ユィチィ）

アフリカ，インド，中国，日本で産するふかやさめの"ひれ"の総称．背びれを鮑翅（ホイチィ）といい，上質で姿のまま調理する．胸びれと尾びれを散翅（サンチィ）といい加工して用いる．

(3) 翅 餅（チィペン）

散翅を加工したもので取り扱いが簡単なため，一般によく用いられる．多量の熱湯にさめるまで浸し，さらに湯をかえて，30分ほど煮てから水にさらし，スープ，ねぎ，しょうがを加えてやわらかくなるまで煮込み，再び水にさらしてから調理する．

(4) 乾 鮑（カンポー）

あわびを干したもの．日本産が多く上質である．1度水洗いして汚れを落とし，ぬるま湯につけて，やわらかくなってから水を加えて弱火で煮込む．弾力が出るほどになったら，そのまさまし，煮汁もいっしょに調理に用いる．

(5) 海 参（ハイシェン）

なまこを干したもの．きんこともいう．日本全国に産する黒色の濃いものほど上質である．ひと晩水に浸してから重曹水で15分煮立て，冷水にとって，縦に包丁を入れ，内臓を取り出して掃除する．再びしょうがを加えて，お湯の中で15分煮立て冷水にとって調理に用いる．

(6) 海 蜇（ハイチョウ）

食用くらげのかさを塩漬けにしたもの．韓国，日本産が良質である．ひと晩流水にさらして塩出しをしてから，くるくるとまき込んで細かくきざみ，熱湯をかけて冷水にさらす（薄いものはきざむ前に熱湯をかける）．

(7) 乾 貝（カンペイ）

ほたてがい，たいらがいの貝柱を干したもの．丸形のものが良質．水洗いして汚れを落とし，熱湯に浸してさめるまでおく．しょうが，ねぎ，油を加え，中火で1～2時間煮込み，煮だし汁もそのまま用いる．

(8) 蝦 米（シャオーミー）

ぼたんえびの殻をとって干したもの．水洗いしてお湯に10分ほどつける．このままでもおい

しい．つけ汁はスープなどに利用する．

(9) 蹄 筋（ティヂヌ）

豚のアキレス腱を干したもの．水洗い後，水をきって油で揚げ，お湯に浸し，もどしてから冷水でさらす．長時間を必要とする．

(10) 皮 蛋（ピータン）

あひるの卵を加工したもの．中国の江蘇地方のものが名産である．特殊の泥を軽くたたいて落とし，水洗いしてから殻をむき，そのまま縦割りにして皿に盛る．

(11) 木 耳（ムーアル）

きくらげ．肉質は薄いが歯ごたえがある．茶黒色で耳の形に似ているのでその名がある．お湯でもどす．

(12) 冬 菇（トングウ）

花しいたけ．きのこのかさの表面に花模様が浮きでているのでこの名前がある．花茹（ホアグウ）ともいう．ぬるま湯でもどす．

(13) 腐 皮（スーピー）

ゆばを干したもの．竹の葉の形をしたものを腐竹（フチュー）といい，ぬるま湯でもどす．

(14) 干百合（カンパイホ）

ゆり根を干したもの．ぬるま湯でもどす．

(15) 香 腸（シャンチャオ）

ソーセージの干したもの．蒸してやわらかくもどす．そのまま用いてもよい．

(16) 搾 菜（ザァツァイ）

四川風の漬け物．たかなの根の上部にできる球根をとうがらしで漬けたもので，炒め物や湯にも用いられる．

(17) 杏 仁（シンレン）

あんずの種子の核を干したもの．点心の原料である．乳白色で三角形をへん平にしたもの．

5．中国料理の調味料と香辛料・嗜好飲料

1）調味料

① 醬（ジャン）：米，麦，豆などをこうじで発酵させ塩を混ぜた調味料で，日本のみそによく似ているが味は異なる．加工の方法により次のような種類がある．

　　黄醬（ホワジャン）：大豆みそ

　　豆瓣醬（トウバヌジャン）：とうがらしみそ

　　甜面醬（ティエヌミェンジャン）：甘みそ

　　豆鼓（トウチ）：みそ納豆

② 醬油（ジャンユウ）：醬から絞ったもので日本のしょうゆと似ているが味が異なる．

③ 料酒（リャオデュウ）：もち米で作った料理の酒．
④ 醋（ツー）：酢
⑤ 盐（ヤン）：塩
⑥ 糖（タン）：砂糖
　　氷糖（ピンタン）：砂糖の精製された大粒の結晶体（氷砂糖），細かい結晶（ザラメ）で上等料理に用いる．
⑦ 辣醤（ラージャン）：とうがらしみそ
⑧ 辣油（ラーユウ）：ごま油にとうがらしを混ぜたもの．
⑨ 花椒（ホワジャオ）：さんしょうの実
　　花椒末（花椒面）：さんしょうの実の粉末
　　花椒盐：さんしょうの粉末に塩を混ぜたもの．
⑩ 胡椒（フゥジャオ）：こしょう
⑪ 辣椒（ラージャオ）：とうがらし
⑫ 姜（ジャン）〔薑（ジャン）〕：しょうが
⑬ 蒜（ツァン）：にんにく
⑭ 大茴香（ターウイシャン）〔八角（バッシャオ）〕：ういきょう
⑮ 陳皮（チェンピー）：みかんの皮を乾燥したもの．
⑯ 桂皮（グゥイピー）：にっけいの皮（シナモン）
⑰ 桂花（グゥイホウ）：もくせいの花を陰干ししたもの．
⑱ 五香粉（ウシャンフェン）：混合香料（茴香，花椒，肉桂，陳皮，丁字）
⑲ 肉豆蔻（ロウドンカウ）：にくづく
⑳ 芥末（ジェモ）：からし粉
㉑ 咖厘（カリ）：カレー粉
㉒ 丁香（ジャンシャン）：丁字
㉓ XO醤（エックスオージャン）：油と魚介類などを発酵させた調味料．
㉔ 魚醤（ユイジャン）：ナンプラーともいわれ魚を発酵させてしょうゆにしたもの．

2) 油脂類

a．葷油（ホヌユウ）：動物性油
　① 猪油（ジュユウ）：ラード
　② 牛油（ニウユウ）：ヘッド
　③ 黄油（フォンユウ）〔奶油（ナイユウ）〕：バター
　④ 鶏油（ジイユウ）：鶏の油
　⑤ 蠔油（ハオユウ）：かきの油
b．素油（スーユウ）：植物性油

① 芝麻油（ジマユウ）：ごま油（日本のものより粘度が高い）
② 花生油（ホワシェンユウ）：落花生油
③ 菜油（ツァイユウ）：なたね油
④ 豆油（ドウユウ）：だいず油

3） 中国の酒

北方では高粱を原料として作る．

南方では米，もち米を原料として作るもの，蛇の肝などを併用したもの（薬用）などがある．

a．酒杯（ジュペイ）：杯で飲むもの．
① 白酒（バイジュ）：高粱酒（ガオリヤンジュ），白乾八（バイガンル），五加皮酒（ウーカーピジュ），茅台酒（マオタイジュ）
② 黄酒（ホワンジュ）：紹興酒（シャオシャンジュ），南棗酒（ナンツォージュ）
③ バラの香料入り：玫瑰酒（メイクオジュ）
④ 薬酒（ヤクジュ）：虎骨酒（ブコワジュ），蛇胆酒（シェイタンジュ），五竜二虎酒（ウロンイブジュ）

b．玻璃杯（ブォリーペイ）：ガラス製のコップで飲むもの．
① 葡萄酒（プゥヌオジュ）：ぶどう酒
② 麦酒（マイジュ）：ビール
③ 気水（チシェイ）：サイダー，ラムネ

4） 中国の茶

① 烏龍茶（ウーロンチャ）：発酵させた茶〔鉄観音（テックワンノン）〕
② 竜井茶（ロンジャンチャ）：緑茶
③ 香片茶（シャンピェンチャ）：一花茶（北京方面で愛飲される）
④ 茉莉花茶（ムォリホアチャ）：ジャスミン茶
⑤ 龍井茶（ロンジャンチャ）：江省方面の産，最上級品
⑥ 六安茶（ロッオンチャ），菊花茶（ユツホアチャ），参茶（シンチャ），紅茶（ホンチャ）

6．中国料理の調理器具と食器について

1） 器 具

① 菜橙子（ツァイドエンヅ）まな板：直径30〜80cmぐらいの丸太材を輪切りにしたもの．
② 菜刀（ツァイダオ）包丁
③ 鍋子（グオツ）鍋

　　　　耳鍋子（アルグオツ）　中華鍋

　　　　北京鍋子（ペキングオツ）　北京鍋

　　　　砂鍋（シヤグオ）　土鍋

　　　　火鍋子（ホウグオツ）

　　　　餃子鍋（チャオズコウ）

④　鉄杓（ティエシャオ）　鉄の玉じゃくし

⑤　漏杓（ロウシャオ）　穴じゃくし

⑥　炸鏈（チヤーリエン）　網じゃくし

⑦　鉄鏟（ティエチアン）　中華べら

⑧　麺板（シェンパン）　のし板

⑨　麺杖（シェンジャン）　めん棒

⑩　蒸籠（チョンロン）　蒸し器

2）食器

①　碟子（デイエズ）受け皿，小皿：料理を取り分ける皿．

②　骨碟（グワツデイエ）骨入れ

　　　　骨壺（グワツホウ）骨置き壺：骨やえびの尾などを入れる．

③　羹碟（ガンデイエ）小どんぶり：スープまたはスープの多い料理を取り分ける．

④　匙子（チーズ）散りれんげ：スープを飲んだり料理を取り分けるとき使うスプーン．

⑤　匙座（チーツオー）スプーン置き

⑥　味碟（メイテイエ）薬味入れ：香辛料や薬味，調味料を入れる小皿．

⑦　酒壺（チュウツ）とっくり：銀製が本式だが陶器が用いられる．

⑧　酒盃（チュウペイ）杯

⑨　筷子（クワイズー）箸：金，銀，象牙，竹，木製などがあり，銀，象牙が好まれる．

⑩　筷子架（クワイズーチヤ）箸置き

⑪　飯碗（フアンワン）ご飯茶わん

⑫　茶碗（チヤーワン）茶飲み茶わん：お茶の葉を入れ熱湯を注ぎふたをしてすすめる．

⑬　湯碗（タンワン）汁わん：中華そばやワンタンを汁ごと盛る深めのどんぶり．

⑭　海碗（イムワン）大わん：鶏，鴨などを丸ごと盛る深い円形，だ円形，角形の皿．

⑮　盆子（ベンズ）台つき皿：円形，6角，8角の台つきの皿．

⑯　盤子（バンズ）大皿：平皿で大小いろいろある．

⑰　蓋碗（ガイワン）ふたつき皿：スープ，蒸し物に用いる．台皿にのせて供す．

⑱　魚盤（ユムバン）魚入れ皿：魚形，あるいはひし形の主に魚をのせる皿．

⑲　高脚銀盆（カオチヤオインペン）高脚皿

⑳　醬瓶（チヤンヘイ）しょうゆさし

7. 中国料理の材料用語

〔肉　類〕	
・猪肉（ジュロウ）	豚　　肉
・排骨（バイクワ）	骨　　肉
・牛肉（ニウロウ）	牛　　肉
・痩肉（ショウロウ）	赤　身　肉
・裡背（リイヂィ）	ロ ー ス 肉
・脊背（チーペイ）	脊　　肉
・助条（ロウティアオ）・立花肉（ウーホワロウ）	バ ラ 肉
・肥膘（フェイピャオ）〔白膘（パイピャオ）〕	背 脂 肪
・肝（カン）	肝　　臓
・腰子（ヤオツ）	じ ん 臓
・心（シン）	心　　臓
・網油（ワンユウ）・花油（ホワユウ）	網　　油
・鶏肉（ヂロウ）	鶏　　肉
・鶏翅（ヂーチー）	鶏の手羽先
・鶏肫（ヂチェン）	す な ぎ も
・鴨（ヤー）〔鴨子（ヤーツ）〕	あ ひ る

〔肉類加工品〕	
・醸腸（ジャンチャン）	ソ ー セ ー ジ
・火腿（ホートイ）	中 華 ハ ム
・煙肉（ヤンロウ）	ベ ー コ ン
・牛奶（ニウナイ）	牛　　乳

〔卵　類〕	
・蛋（ダン）	卵
・鶏卵（ジンダン）	鶏　　卵
・鶉蛋（チュンダン）	うずらの卵
・鴨蛋（ヤダン）	あひるの卵

〔魚　類〕	
・鯛魚（チョーユ）	た　　い
・鯵魚（シュンユ）〔竹夾魚（チュウラォコ）〕	あ　　じ

〔魚　類〕（続）	
・鰻魚（マンユ）〔鱔魚（シャンユ）〕	う な ぎ
・鮃魚（ビンユ）〔比目魚（ピムゥユ）〕	ひ ら め
・青魚（ジンユ）〔鯇魚（ウェンユ）〕	い わ し
・銀魚（インユ）	白　　魚
・青花魚（チンホワユ）	さ　　ば
・青串魚（チンチュワンユ）	さ ん ま
・鯉魚（リーユ）	こ　　い
・八瓜魚（バヅォユ）〔章魚（ヂャンユ）〕	た　　こ
・魷魚（モウユ）	やりいか
・鰈魚（ディユユ）	か れ い
・明蝦（ミンシャ）	くるまえび
・竜蝦（ロンシャ）	いせえび
・対蝦（トイシャ）	大 正 え び
・蝦仁（シャレン）	小 え び
・鳳尾蝦（フォンウェイシャ）	しばえび
・蝦米（シャオーミー）	干 し え び
・蟹（シエ）	か　　に

〔貝　類〕	
・浅蜊（チェンリー）〔蜊（リー）〕	あ さ り
・蠣黄蠔（リーオンハオ）〔生蠔（シェンハオ）〕	か　　き
・蛤蜊（コーリー）	はまぐり
・鮑魚（パオユ）	あ わ び
・生貝（ションペイ）〔瑤柱（シウチュウ）〕	貝　　柱

〔加工品〕	
・魚痩（ユフ）〔魚泥（ユニイ）〕	魚などのすり身

〔穀　類〕	
・米（ミー）・大米（ターミー）	米
・糯米（タオミー）	も ち 米
・粳米（チンミー）	うるち米
・麦子（マイツ）	麦

Ⅲ　各料理の構成および特徴　　85

・玉米（ユイミイ）〔包米（パオミイ）〕	とうもろこし	・白菜（パーツァイ）	はくさい
・粟米（スウミイ）〔小米（シャオミイ）〕	あわ	・洋白菜（ヤンパーツァイ）	キャベツ
・麺粉（ミェンフェン）	小麦粉	・南瓜（ナングア）	かぼちゃ
・豆粉（ドウフェン）〔干粉（ガンフェン）〕	緑豆でんぷん	・冬瓜（トングア）	とうがん
・麺包屑（シェンパオシュ）〔麺包糖（シュンパオヌン）〕	パン粉	・黄瓜（フォングア）	きゅうり
・麺条（シェンティヤオ）〔糕条（コウティアオ）〕	うどん	・洋葱（ヤンユン）	たまねぎ
・喬麺（チャオミェン）	そば	・茄子（ギーズ）	なす
・米粉（ミーフェン）	ビーフン	・蕃茄（ファンギー）	トマト
・糯米粉（タオミーフェン）	白玉粉	・菠菜（ポーチャイ）	ほうれんそう
		・蒿菜（ハオチャイ）	しゅんぎく
〔豆　類〕		・韮菜（ジュチャイ）	にら
・大豆（タートウ）	だいず	・椰菜花（イエチャイホァ）	花野菜
・豆腐（トウフウ）	とうふ	・洋芹（シャングギー）〔香芹（シューギー）〕	セロリー
・炸豆腐（ジャートウフウ）〔油豆腐（ユートウフウ）〕	油揚げ	・芦（ルース）〔蘆筍（ルスン）〕	アスパラガス
・豆沙（トウシャ）〔紅豆（ホンダオ）〕	あずき	・生菜（シェンチャイ）	レタス・サラダ菜
・粉条（フェンジョウ）	はるさめ	・青椒（ヂンジャオ）	ピーマン
・花生（ホワション）〔地豆（デイトウ）〕	落花生	・青梗菜（チンゲヌツァイ）	あぶら菜
		・豆苗（トウミャオ）	えんどうの若芽
〔野菜類〕		・韮黄（チュウホン）	黄にら
・冬筍（トンスン）〔冬筆（トン）〕	たけのこ	・紅菜苔（フォンツァイタイ）	ベニナバナ
・冬菇（トングウ）	しいたけ	・香菜（シャンツァイ）	コウサイ
・松菌（ソンジュン）	まつたけ	・塌菜（タアツァイ）	タアサイ（あぶら菜）
・地瓜（ジグァ）	かんろ	・蒜苔（ツァンタイ）	にんにくの芽
・山薬（シャンヤオ）〔山芋（シャンユ）〕	やまいも	・豆芽（ドウヤ）	豆もやし
・芋頭（ユトウ）	さといも	・云豆（ヤンドウ）	さやいんげん・いんげん豆
・蓮藕（リャンオウ）	れんこん	・碗豆（ワンドウ）	グリンピース
・夢卜（ロウボ）	だいこん	・核桃（ヘタウ）〔胡桃（フュウタオ）〕	くるみ
・紅夢卜（ホンルオボ）	にんじん	・白果（バイグア）	ぎんなん
・牛旁（ニンパング）	ごぼう	・芝麻（ジマ）	ごま
・葱（ユング）	ねぎ		
・馬鈴薯（マァリンシュウ）	じゃがいも		

Ⅳ　重詰料理（正月料理）

　重詰料理は，日本の食文化において「ハレの日」や野外での弁当などに重要な位置を占めていたが，近年ではお正月に食べる「おせち料理」にその姿がみられる程度に変化している．お正月料理を特別なことと考える風習も薄れ，また家庭でつくることも少なくなり，年の瀬になると専門店の「おせち料理」が買われているのが現状である．しかし，最近の「おせち」は料理の内容も伝統的な日本料理だけではなく，洋風・中華風の「おせち」が賑やかに色鮮やかに並べられ，重詰の方法もバラエティに富んでいる．

　本章では，変化する食文化に沿った重詰料理について，和風・洋風・中華風に分けて紹介した．伝統を重んじ新しい年にふさわしいいわれのある食品や調理法を取り入れてまとめている．

　そのうえ，一品ずつの料理は，「重詰」のためだけではなく，日常食や行事食としても選択できるよう配慮した．

1）重　箱

　一般に四段重を用い，一つ重ね，三つ重ね，四つ重ねの組み合わせがあり，上から一の重，二の重，三の重，与の重といい，取り分けるときは一の重から順に取る．その他二段重は，一の重（口取り・酢の物）および二の重（焼き物・煮物）とする．

　　　一の重（口取り）　　　二の重（焼き物）
　　　三の重（煮物）　　　　与の重（酢の物）

　最近は大きい「丸型の重」も増えているので，味や色彩を考えて料理を詰めていく．このほかに控えの重があり，かずのこや昆布巻きなどの「祝い肴」を詰めるほか，四つの重に詰めてある料理の補充をするためのものを詰める．控え重は直接出さず，別皿に盛ってすすめる．

2）正月料理によく用いる材料および調理法
(1) 材料に特徴がある場合

　　　海の幸　　こんぶ・かずのこ・たい・えび・田作りなど
　　　山の幸　　栗・干し柿など
　　　野の幸　　黒豆・八つ頭・くわい・ごぼう・だいこん・にんじん・餅（米）・屠蘇（酒）など

(2) **切り方や盛りつけ方に特徴がある場合**

亀甲・鶴・鳳凰・龍

末広（扇）・富貴寄せ・早蕨・日の出

松・竹・梅・姿焼（煮）

3) **重箱の詰め方**

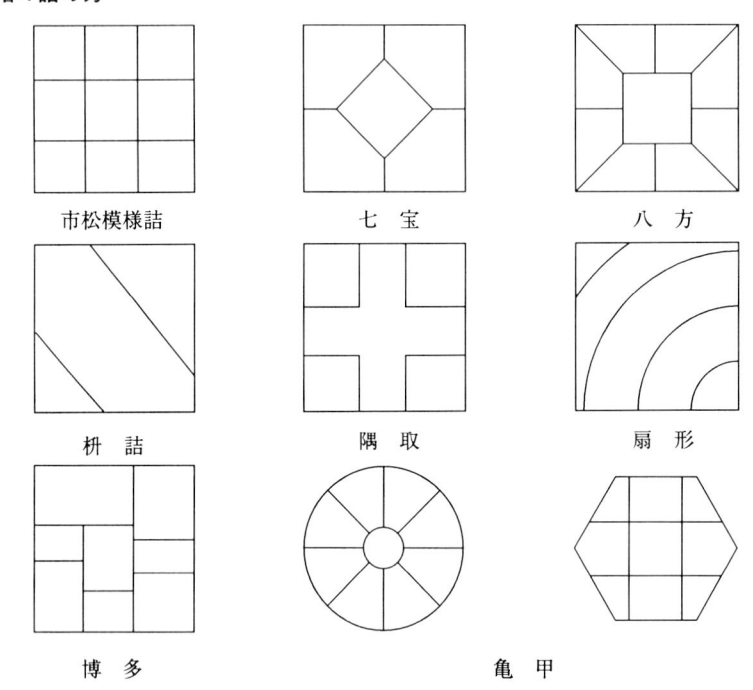

市松模様詰　　七　宝　　八　方

枡　詰　　隅　取　　扇　形

博　多　　亀　甲

図26　重箱の詰め方

(4) **重詰料理の調理と詰め方の注意**

① さめたらまずくなるもの，独特の臭みのあるもの，色や汁が出るもの，香りがうつるもの，味の薄いもの，形の崩れやすいものはなるべく避ける．

② 腐敗しやすいものは避け，味は濃いめにつけ，3日間くらいは味が変わらないように調理する．

③ 料理は完全にさまし，汁気は十分きって詰める．

④ 詰めるときは，すきまや材料の不揃いがないように注意する．

⑤ 安定しないものは中央に詰めたり，すわりのよいものにもたせかけるようにして詰めるとよい．

⑥ 味の異なるものは，アルミはく，または形よく切ったはらんや，松，ささの葉などを用いて，しきりにするとよい．

⑦ 各重とも配色に注意し，海，山，野の幸の5味（甘，鹹，酸，苦，旨）をじょうずに配合調理し，美しく詰め合わせる．

実習献立編

Practice

Ⅰ 日 本 料 理

献立目次

1. ①ご飯 ②こんにゃくとひじきの炒め煮 ③みそ汁 ……………………………… 93
2. ①炊き合わせ ②たくあんときゅうりの酢の物 ③かき玉汁 …………………… 93
3. ①青豆ご飯 ②いかのからし酢みそ和え ③鶏肉の吸い物 …………………… 94
4. ①小あじの煮物 ②いかとたけのこの木の芽和え ③かまぼことみつばの吸い物 …… 95
5. ①ちらしずし ②うずら卵ときぬさやの吸い物 …………………………………… 96
6. ①親子丼 ②一塩きゅうり漬け ③茶そうめんの吸い物 ………………………… 97
7. ①天ぷら ②やまいものわさび和え ③赤だし ………………………………… 97
8. ①さばの竜田揚げ ②卵豆腐 ③しぎなすのみそ仕立て ……………………… 98
9. ①松笠いかの黄金焼き ②白和え ③とうがんの吉野汁 ……………………… 99
10. ①くりご飯 ②茶わん蒸し ③えのきたけのかまくら和え …………………… 100
11. ①さんまの塩焼き ②さといもと卵の田楽 ③しめじの吸い物 ……………… 101
12. ①さけ茶づけ ②はんぺんの照り焼き ③くず練り ………………………… 101
13. ①牛肉の柳川煮 ②とりがいの酢みそ ③みたらし団子 …………………… 102
14. ①まつたけご飯 ②うざく ③すくい玉子の吸い物 …………………………… 103
15. ①さばのみそ煮 ②こんにゃくの土佐煮 ③萩玉子の吸い物 ……………… 104
16. ①吹き寄せご飯 ②だいこんのふろふき，鶏のそぼろあんかけ ③梅の小吸い物 …… 104
17. ①すし ②結びきすの吸い物 ……………………………………………… 105
18. ①まぐろの山かけ ②銀紙焼き ③水ようかん ……………………………… 106
19. ①三色丼 ②たこの黄身酢和え ③白身魚とえのきたけの吸い物 ………… 107
20. ①生しいたけの肉詰め焼き ②豚肉とだいずの含め煮 ③けんちん汁 …… 108
21. ①かきの土手鍋 ②もずく ③かぶの即席漬け ……………………………… 109
22. ①おでん ②なめこのみぞれ和え ③淡雪羹 ………………………………… 109
23. ①さばずし ②ほうれんそうの落花生和え ③さわにわん …………………… 110
24. ①牛肉のたたき風 ②ひき茶まんじゅう ③菊花豆腐の吸い物 ……………… 111
25. ①ぶりの照り焼き ②小田巻蒸し ③たたきごぼうのそぼろ煮 ……………… 112
26. ①茶飯 ②たいの翁揚げ ③高野豆腐の含め煮 ④とろろ汁 ………………… 113
27. ①刺し身盛り合わせ(1) ②だし巻き玉子 ③菜の花とくきわかめの吸い物 …… 114
28. ①たけのこご飯 ②ほうれんそうのごま和え ③豚肉とごぼうのみそ汁 …… 114
29. ①かつおのたたき造り ②ふきの信田煮 ③えび団子とうどの吸い物 ……… 115
30. ①小魚の揚げ物 ②たこのしょうが酢 ③金銀豆腐 ………………………… 116
31. ①あゆの姿焼き ②治部煮 ③じゅんさいの合わせみそ汁 ………………… 117
32. ①冷やしそうめん ②寄せ物 ③宇治白玉 …………………………………… 118
33. ①鶏肉の霜降り造り ②茶せんなす，いんげんのごま和え ③かす汁 ……… 119

34. ①若鶏の酒蒸し ②すり流し汁 ③桜もち ……………………………………………… 119
35. ①えびの菊花揚げ ②いかの鉄砲蒸し ③納豆汁 ………………………………… 120
36. ①萩のもち ②衣かつぎ ③のっぺい汁 …………………………………………… 121
37. ①菜飯 ②田楽豆腐 ③なめこ汁 …………………………………………………… 122
38. ①まつたけ雑炊 ②あわびの酒蒸し ③くり蒸しようかん ……………………… 122
39. ①魚の信州蒸し ②牛肉の大和煮 ③もち菓子 …………………………………… 123
40. ①若鶏のさんしょう焼き ②ごま豆腐 ③船場汁 ………………………………… 124
41. ①年越しそば ②かき揚げ …………………………………………………………… 124
42. ①いわしの巻き揚げ ②かぶら蒸し ③ゆばとすいとんの吸い物 ……………… 125
43. ①たい飯 ②しゅんぎくと生しいたけのくるみ和え ③菜の花と庄内麩の吸い物 …… 126
44. ①押しずし ②はまぐりの潮汁 ……………………………………………………… 126
45. ①松花堂べんとう ⓐゆかり飯 ⓑだて巻き卵 ⓒまぐろ串ざし
　　　　　　　　　 ⓓはまちのゆず焼き ⓔ青唐となすの甘煮 ⓕ水菓子
　　②鶏肉のすっぽん仕立て ……………………………………………………… 127
46. ①たいのあらい ②白身魚の煮こごり ③たいのあらの赤だし ………………… 129
47. ①赤飯 ②刺し身盛り合わせ(2) ③春蘭の吸い物 ………………………………… 129
48. ①破り子べんとう ⓐ若鶏の照り焼き ⓑこんにゃくとごぼうの炒め煮 ⓒ名月卵
　　　　　　　　　 ⓓほうれんそうのごまよごし ⓔ守口漬け ………………… 130
49. ①ひらめの三色揚げ ②いり豆腐 ③あさり汁 ④くず桜 ………………………… 131
50. ①にぎりずし ②しんじょうとしゅんぎくの吸い物 ……………………………… 132

1

1 ご　飯

米（2カップ）	320 g
水（米の20％増し）	
	480 mℓ

① 米はよく洗い，分量の水を加え，十分に吸水させて，加熱する．
② はじめは強火で，ふいてきたら弱火にして炊く．
③ 炊き上がったら15分くらい蒸らす．

2 こんにゃくとひじきの炒め煮

こんにゃく（1枚）	200 g
ひじき	20 g
にんじん	30 g
油揚げ（2枚）	20 g
グリンピース	15 g
サラダ油	13 g
だし汁	40 mℓ
砂　糖	20 g
しょうゆ	36 g

① こんにゃくは薄切りにして塩でもみ，ゆでて空いりにする．
② ひじきはぬるま湯につけてもどし，水でよく洗う．
③ にんじんは千切り，油揚げは熱湯をとおして油を抜き，千切りにしておく．
④ にんじん，ひじき，こんにゃくを炒め，油揚げも加え，だし汁を入れ調味する．
⑤ 煮汁がなくなるまで煮て，ゆでたグリンピースを加えて盛る．

3 みそ汁

水	800 mℓ
にぼし	25 g
白みそ	20 g
赤みそ	30 g
だいこん	100 g
油揚げ	20 g
みつば	5 g

① にぼしは頭と内臓をとり，裂いて水洗いし，分量の水に15分くらいつけ，その後火にかけ煮立ってきたらアクを引く．
② だいこんは3 cmの千切り，油揚げは熱湯をとおして油を抜き千切り，みつばは小口切りにする．
③ ①のだし汁でだいこんを煮てやわらかくなったら油揚げを加え，みそを溶いて入れ，ひと煮立ちしたら火を止めてみつばを散らす．

（要　点）
　1．炊飯について
　2．こんにゃく，ひじきの調理
　3．みそ汁の構成

2

1 炊き合わせ

ふき	120 g
たけのこ（正味）	300 g
鶏　肉	150 g

① ふきは塩をふり，板ずりにしてゆでる．水の中で皮をむき，切り揃えておく．
② だし汁に調味してふきを煮る．ふきの色が

干ししいたけ(4枚)	8 g	ふき,さやえんどう含め煮用		
さやえんどう	10 g	だし汁	150 ml	
だし汁	250 ml	砂糖	10 g	
砂糖	20 g	酒	15 g	
みりん	70 g	塩	2.5 g	
しょうゆ	60 g			

変わらないように注意し,煮汁につけ味をよく含ませる.
③ さやえんどうも青ゆでにして,ふきとともに煮汁につけ,味を含ませる.
④ ゆでたたけのこはよく水洗いして切り揃え,しいたけはもどして形を揃える.
⑤ だし汁に調味して2 cm大に切った鶏肉,たけのこ,しいたけを煮含め,ふき,さやえんどうを盛り合わせる.

② たくあんときゅうりの酢の物

たくあん	50 g	三杯酢		
きゅうり	100 g	酢	15 g	
黒ごま	10 g	砂糖	10 g	
		しょうゆ	18 g	

① たくあんは塩抜きして,千切りにする.
② きゅうりは板ずりにして,小口より薄切りにして塩で軽くもみ,水洗いして水分をよくきる.
③ 三杯酢でたくあんときゅうりを和え,盛って黒ごまをかける.

③ かき玉汁

卵	100 g	だし汁	700 ml	
青ねぎ	20 g	薄口しょうゆ	12 g	
かたくり粉	9 g	塩	6 g	

① だし汁に調味して,水溶きかたくり粉を加えて濃度をつける.
② 溶いた卵を糸のように流し込み,さらしねぎを加える.

要 点
1. ふき,たけのこのアク
2. 煮物の構成
3. だし汁のとり方
4. かたくり粉の用い方
5. 三杯酢について

3

① 青豆ご飯

米	320 g	えんどう豆(皮つき)	250 g	
水(米の20％増し)		酒	30 g	
こんぶ	10 g	塩	5 g	

① 米は洗ってざるに上げておく.
② 米の20％増しの水でだしをとり,沸騰したら米と豆を加えて調味して飯を炊く.

② いかのからし酢みそ和え

いか(正身)	200 g	紅たで	2 g	
酢	15 g			
きゅうり	150 g			

① いかは下処理をして皮をむき,飾り切りにしてゆで,酢洗いする.
② きゅうりは板ずりにし,熱湯をさっとお

からし酢みそ
 白みそ　　　60 g
 砂糖　　　　50 g
 酢　　　　　35 g
 からし　　　 2 g

して小口より薄く切る．
③ からし酢みそを作り，いかときゅうりを盛り上からかけて，紅たでを天盛りにする．

③ 鶏肉の吸い物

だし汁	700 mℓ	干ししいたけ(小4枚)	
塩	4 g		4 g
薄口しょうゆ	8 g	かいわれな	10 g
鶏ささみ(2本)	60 g	しょうが	5 g
酒	10 g		
塩	2 g		
かたくり粉	10 g		

① 鶏のささみは薄くそぎ切りにして，下味を酒と塩でつけ，かたくり粉を薄くつけて熱湯でさっとゆでる．
② だし汁に調味して（吸い地），しいたけはもどして石づきをとり下煮し，かいわれなはさっと湯をとおす．
③ わんに鶏肉，しいたけ，かいわれなを入れ，吸い地をはって吸い口に針しょうがをあしらう．

要　点
1. 吸い物の構成
2. 飯の種類(味つけ)
3. いかのおろし方
4. 和え物について

4

① 小あじの煮物

あじ(4尾)	400 g	しょうが	15 g
だし汁	160 mℓ	竹の皮	1枚
しょうゆ	80 g		
酒	50 g		
みりん	50 g		

① あじは下処理をしておく．鍋に竹の皮を敷き，だし汁と調味料を加えて，沸騰したら中にあじを並べて入れ，薄切りのしょうがを加え，形をくずさないように注意して煮る．
② 盛りつけて針しょうがを天盛りにする．

② いかとたけのこの木の芽和え

いか	250 g	ほうれんそう	50 g
たけのこ(ゆでたもの)		西京みそ	100 g
	150 g	みりん	30 g
だし汁	150 mℓ	だし汁	30 mℓ
砂糖	10 g	砂糖	20 g
薄口しょうゆ	15 g	木の芽	5 g

① たけのこは1 cm角の角切りにし，煮て下味をつけ，さましておく．いかは表に切り目を入れ，たけのこと同じ大きさに切って塩でゆで，よくさます．ほうれんそうも青くゆでておく．
② 木の芽をよくすり，ほうれんそうの葉先を加えてさらによくすって混ぜ合わせ，みそ，調味料を加えて木の芽みそを作る．
③ いか，たけのこ，ほうれんそうの茎を木の芽みそで和える．

③ かまぼことみつばの吸い物

かまぼこ	70 g	だし汁	700 ml
みつば	10 g	こんぶ	10 g
しょうが	5 g	かつお節	10 g
		塩	5 g
		薄口しょうゆ	10 g

① だし汁はこんぶとかつお節でとり，塩と薄口しょうゆで調味する．
② かまぼこは扇形に切り，みつばはゆでて縛る．
③ しょうがは針に切って水によくさらす．
④ わんだねのかまぼこ，みつばを入れ，吸い地をはって吸い口の針しょうがを加える．

〈要 点〉
1. 魚の下ごしらえ，煮方について
2. だしのとり方(こんぶ，かつお節)

5

① ちらしずし

米	320 g	合わせ酢	
水	440 ml	酢	40 g
こんぶ	10 g	砂糖	25 g
酒	15 g	塩	5 g
具の材料			
かんぴょう	12 g	鶏肉そぼろ	
干ししいたけ	12 g	鶏ひき肉	150 g
もどし汁	250 ml	砂糖	30 g
砂糖	20 g	酒	10 g
しょうゆ	27 g	しょうゆ	18 g
みりん	17 g	しょうが(汁)	12 g
れんこん	100 g	(酢) 錦糸卵	
砂糖	10 g	卵	100 g
塩	2 g	砂糖	10 g
酢	45 g	塩	1 g
えび	8尾	サラダ油	10 g
砂糖	10 g	さやえんどう	25 g
塩	2 g	切りのり	1 g
酢	30 g		

① 飯に合わせ酢をかけ，すし飯を作る．
② かんぴょうは塩でもんでゆで，1～2 cm巾に切る．
③ 鶏のひき肉は炒めて調味し，炒め煮にする．
④ しいたけは千切りにし，②のかんぴょうを加え，もどし汁に調味料を加え，煮汁のなくなるまで煮る．
⑤ 卵はよく溶きほぐし，調味して薄焼きにして細く切り，錦糸卵を作る．
⑥ れんこんは薄切りにして酢水につけてゆで，甘酢につけておく．
⑦ さやえんどうは青くゆでて千切りにする．
⑧ えびは塩ゆで後，殻をむき，甘酢につける．
⑨ すし飯を盛り，具を色どりよく飾り，さやえんどう，切りのりを散らす．
⑩ かんぴょう，しいたけは煮汁をよくきって，すし飯に混ぜてもよい．

② うずら卵ときぬさやの吸い物

だし汁	700 ml	うずら卵(8個)	80 g
塩	4 g	さやえんどう	30 g
薄口しょうゆ	12 g	木の芽	4枚

① だし汁に調味して，ゆでたうずら卵をわんだねに，さやえんどうは青ゆでにしてつまにする．吸い地をはって木の芽をあしらう．

Ⅰ 日本料理　97

> 要　点
> 1．すし飯の作り方
> 2．乾燥野菜の用い方
> 3．れんこんのアク抜き
> 4．薄焼き卵の焼き方

6

① 親子丼

米	320 g	卵	300 g
水	480 mℓ	ねぎ	50 g
だし汁	300 mℓ	たまねぎ	100 g
砂糖	15 g	干ししいたけ	10 g
みりん	30 g	鶏肉	250 g
しょうゆ	80 g	なると巻き	50 g
		のり	2 g

① だし汁を調味して，そぎ切りにした鶏肉と，たまねぎの薄切り，しいたけ，なると巻きを加えて煮る．材料に火がとおったら斜め切りにしたねぎを加える．
② ひと煮立ちしたら，表面に溶き卵を流す．半熟程度に固まったら火を止める
③ 丼に飯を盛り，その上に卵でとじた材料を盛り，千切りにしたのりを散らす．

② 一塩きゅうり漬け

きゅうり	200 g
しその葉	2 枚
塩	5 g

① 小口より薄切りにしたきゅうりと，千切りにしたしその葉を塩で軽くもむ．
② 水気をよくしぼって盛る．

③ 茶そうめんの吸い物

だし汁	700 mℓ	茶そうめん	15 g
塩	5 g	うずら卵（8個）	80 g
薄口しょうゆ	10 g	しょうが	5 g

① 茶そうめん，うずら卵はゆでる．
② わんに①を入れ，調味しただし汁（吸い地）をはり，しょうがを吸い口にする．

> 要　点
> 1．丼ご飯
> 2．漬物（即席漬け）

7

① 天ぷら

大正えび（8尾）	300 g	薬　味	
きす（1尾120 g）	4 尾	だいこん	100 g
酒	30 g	しょうが	15 g
塩	5 g	衣	
小麦粉	少量	小麦粉	80 g
		卵	50 g
		冷水	120 mℓ
		揚げ油	

① 大正えびは尾を残して殻をとり，背わたを除き，曲がらないように腹に切り目を入れ，尾のけんを切り揃える．きすはうろこをとり松葉おろしにして，酒，塩をして，えびとともに水気をきり，小麦粉をまぶし，衣をつけて揚げる．
② かぼちゃは薄切り，小なすは茶せん切り，ししとうがらしも下処理後，素揚げにする．

あしらい		天つゆ	
かぼちゃ	200 g	だし汁	200 mℓ
ししとうがらし	4 本	みりん	50 g
小なす	4 個	しょうゆ	50 g

③ 揚げ物を盛り合わせ，だいこんとしょうがおろしを前盛りに，天つゆを別器に入れ添える．

2 やまいものわさび和え

長芋	250 g	のり	1 g
酢	5 g	わさび	3 g
水	500 mℓ	しょうゆ	18 g

① 長芋は皮をむき，酢水につけ2mm幅の千切りにする．のりも軽く火にあぶって2mm幅の切りのりにしておく．
② 練りわさびとしょうゆを合わせる．
③ 器に長芋を盛り，上からわさびじょうゆをかけて，切りのりを天盛りにする．

3 赤だし

だし汁	700 mℓ
赤みそ	70 g
豆腐	100 g
じゅんさい	25 g
芽ねぎ	2 g

① だし汁をとり，溶いたみそを加え，ひと煮立ちしたら1cm角にした豆腐，じゅんさいを入れてわんに盛り，芽ねぎを浮かす．
② じゅんさいはぬめりをとらないように注意する．また，さっと熱湯をとおして用いてもよい．

（要 点）
1．揚げ物（油，温度，衣，種類，その他注意点）
2．なす，じゅんさいの用い方

8

1 さばの竜田揚げ

さば	400 g	かたくり粉	40 g
（正身	200 g）	揚げ油	
しょうが	15 g	だいこん	200 g
しょうゆ	54 g	レモン(½個)	30 g
みりん	30 g		

① さばは幅2cmのそぎ切りにして，調味料とおろししょうがを合わせて30分つける．
② 調味料をよくきって，薄くかたくり粉をつけ揚げる．
③ だいこんおろしと櫛型に切ったレモンを前盛りにする．

2 卵豆腐

卵	200 g	八方汁	
だし汁(卵同量＋100mℓ)		だし汁	150 mℓ
みりん	15 g	みりん	6 g
白しょうゆ	10 g	塩	1 g
わさび	3 g	薄口しょうゆ	10 g
しその葉	4 枚		

① だし汁を調味する．卵をよく溶き，さましただし汁を加えてこし，流し箱に泡を立てないように入れて，すが立たないように蒸す．
② 八方汁は，だし汁に調味してひと煮立ちさせる．
③ しその葉を敷き，卵豆腐を形よく切って盛り，八方汁をかけ，練りわさびを添える．

③ しぎなすのみそ仕立て

なす	150 g
だし汁	700 ml
白みそ	70 g
しょうが	5 g

① なすは焼いて熱いうちに水の中で皮をむき3 cmに横に切る．
② だし汁に溶いたみそを加え，ひと煮立ちさせる．わんに焼きなすを入れ，汁をはって，吸い口として針しょうがを添える．

> 要 点
> 1．さばのおろし方
> 2．蒸し物について（蒸し器，火かげん，種類）
> 3．卵溶液の割合

9

① 松笠いかの黄金焼き

甲いか	400 g	きゅうり	80 g
酒	30 g	金　串	
塩	8 g	竹　串	
卵黄（1個分）	17 g		
白しょうゆ	3 g		
みりん	10 g		

① いかは下処理をして表に松笠に切り目を入れ，調味料につけて下味をつけておく．
② 卵黄にみりん，白しょうゆを加えよく合わせる．
③ いかに串を打ち，素焼きにして，はけで②を塗りながら焼き上げ，適当な大きさに切り，きゅうりは前盛りにする．

② 白和え

鶏　肉	150 g
こんにゃく	150 g
油揚げ	10 g
さやいんげん	30 g
にんじん	50 g
だし汁	150 ml
砂　糖	15 g
塩	1 g
しょうゆ	25 g
和え衣	
豆　腐	120 g
白ごま	8 g
砂　糖	25 g
塩	1.5 g
薄口しょうゆ	12 g
ゆず(皮)	5 g

① 鶏肉は細くそぎ切り，こんにゃくは塩もみし小口より薄く切ってゆで，空いりにして水分をとる．油揚げは熱湯をとおして千切り，にんじんも千切りにする．
② さやいんげんは青ゆでにして，斜め切りにする．
③ 白ごまをよくすり，ゆでて水分をきった豆腐を加えて調味し，和え衣を作る．
④ だし汁を調味して①の材料を煮汁がなくなるまで煮てさましておく．
⑤ 和え衣で④とさやいんげんを和えて盛り，ゆずの皮を天盛りにする．

③ とうがんの吉野汁

だし汁	700 mℓ	吉野くず(葛)	8 g
とうがん	150 g	しょうが	5 g
豚　肉	40 g		
薄口しょうゆ	15 g		
塩	5 g		

① とうがんは皮をむき，いちょう切りに，豚肉は小口切りにする．

② だし汁を煮立て，とうがんの下煮をする．とうがんがやわらかくなったら豚肉を加えて調味し，水で溶いたくずを入れて濃度をつけ，おろししょうがを吸い口にする．

（要　点）
1．焼き物（種類）
2．松笠いかの切り方
3．串の打ち方について
4．白和え
5．吉野汁

IO

① くりご飯

米	320 g	じゅうそう	2 g
水	480 mℓ	酒	30 g
くり(殻つき)	300 g	みりん	34 g
くちなしの実	1個	塩	8 g

① 米は洗って400 mℓの水で吸水させる．くちなしの実は残りの水で色出しをする．

② くりは皮をむいて，じゅうそう水につけてアク抜きし，くちなしの溶液で色をつける．

③ ①の米とくりと着色水（80 mℓ分），塩，みりん，酒を加えて炊飯する．

② 茶わん蒸し

卵	100 g	鶏　肉	120 g
だし汁	350 mℓ	しょうゆ	12 g
塩	2 g	酒	12 g
白しょうゆ	12 g	え　び	80 g
干ししいたけ(4枚)		酒	10 g
	8 g	塩	0.5 g
ゆり根	15 g		
かまぼこ	30 g		
ぎんなん(8個)	20 g		
みつば	10 g		

① 卵はよく溶きほぐす．だし汁を調味してさまし，溶き卵と合わせて1度こす．

② 鶏肉はそぎ切り，えびは尾を残して殻をとり，下味をつける．干ししいたけはもどしておく．

③ ぎんなんはいって実を出し，薄皮をむく．ゆり根，かまぼこは形よく切っておく．

④ 蒸し茶わんに具を色どりよく入れ，卵汁をはって蒸す．

⑤ 八分通り蒸し上がってから，みつばを加える．

③ えのきたけのかまくら和え

えのきたけ	250 g	練りわさび	2 g
切りのり	1 g	しょうゆ	18 g

① えのきたけは3 cmくらいに切って，さっとゆでる．

② わさびしょうゆを作り，ゆでたえのきたけを和え，のりを天盛りにする．

> 要点
> 1. くりのアクについて
> 2. えのきたけについて

I1

1 さんまの塩焼き

さんま(4本)	600 g	だいこん	150 g
塩	9 g	しょうが	20 g
		しょうゆ	20 g

① さんまは下処理をして塩をふり,焼く.
② だいこん,しょうがはおろして前盛りにし,しょうゆを添える.

2 さといもと卵の田楽

卵(4個)	200 g	木の芽	4枚
さといも(小4個)		ピーナッツバター	15 g
	160 g	竹串	8本
赤みそ	40 g		
みりん	30 g		
砂糖	65 g		
だし汁	20 ml		
塩	0.5 g		

① 卵は卵黄が中心になるように固ゆでにして殻を除き二つ割りにする.
② さといもは皮をむき面取りをしてゆでる.
③ ピーナッツバター,みそと調味料を加え弱火で練り合わせる.
④ 卵とさといもを交互に竹串に刺し,みそをつけ,木の芽をあしらう.

3 しめじの吸い物

だし汁	700 ml	しめじ	60 g
塩	5 g	かいわれな	10 g
薄口しょうゆ	8 g	ゆず(皮)	5 g

① だし汁を調味する(吸い地).
② 下処理したしめじ,かいわれなを加えて火を止める.
③ わんに入れて吸い口にゆずを添える.

> 要点
> 1. 焼き方について
> 2. 田楽みそ
> 3. しめじの使い方
> 4. さといものゆで方

I2

1 さけ茶づけ

ご飯	700 g	だし汁	800 ml
	(米 320 g)	薄口しょうゆ	40 g
さけ	150 g	塩	1 g
みつば	20 g		
のり	2 g		

① さけは焼いて骨と皮を除き身をほぐす.のりは焼いてもみ,みつばはみじん切りにしておく.だし汁をとって調味する.
② どんぶりに飯を盛り,ほぐしたさけとみつばを上に散らし,だし汁をかけ,どんぶりにふたをして,5分くらいしてのりを加える.

2 はんぺんの照り焼き

はんぺん	200 g	しょうゆ	26 g
しょうが	12 g	砂　糖	10 g
		みりん	10 g

① はんぺんは両面をさっと焼き，適当な大きさに切る．
② 調味料を合わせて煮立て，はんぺんとおろしたしょうがを加え味をつける．

3 くず練り

くず粉	70 g	黒みつ	40 g
砂　糖	35 g	砂　糖	20 g
水	450 mℓ	きな粉	20 g
		塩	0.1 g

① くずと砂糖と水をよく混ぜ，1度こして火にかけ，透明になるまで混ぜながら煮る．
② ねばりがでてきたら大さじ1杯ずつとって冷水で冷やす．
③ 水気をよくきって，黒みつ，砂糖と塩入りきな粉をかける．

要　点
1. 本くずについて
2. 砂糖と塩の対比現象

13

1 牛肉の柳川煮

牛肉（平切り）	200 g	だし汁	200 mℓ
ごぼう	100 g	砂　糖	20 g
たまねぎ	200 g	しょうゆ	90 g
糸こんにゃく	150 g	みりん	20 g
さやえんどう	20 g		
卵	150 g		

① 牛肉は1cm幅に切る．ごぼうはささがきにして酢水につけ，ゆでる．
② たまねぎは薄切り，糸こんにゃくはゆでて2～3等分に切る．
③ 厚手の鍋に糸こんにゃく，たまねぎ，ごぼう，牛肉と順に並べ，だし汁，調味料を加えて煮る．さやえんどうを散らし，溶き卵でとじる．

2 とりがいの酢みそ

とりがい	120 g
ね　ぎ（わけぎ）	80 g
わかめ（干）	8 g
酢	15 g
酢みそ	
白みそ	65 g
砂　糖	40 g
酢	35 g

① とりがいは塩水で洗い，2～3切れに切る．
② ねぎは4～5cmに切り，縦割りにして熱湯をとおして水気をきる．わかめはもどして適当に切って酢洗いする．
③ みそ，砂糖を合わせて加熱し，火からおろしてから酢でのばし，とりがい，ねぎ，わかめを盛り，酢みそをかける．

3 みたらし団子

上新粉	100 g
湯	90 mℓ

① 上新粉に湯を少量ずつ加えて耳たぶくらいの硬さに練り，適当な大きさにちぎって強火

砂　糖	15 g		
かたくり粉	10 g		
た　れ			
しょうゆ	100 mℓ		
砂　糖	60 g		
かたくり粉	10 g		
竹　串	10本		

で12〜13分蒸す．
② 中まで蒸し上がったら，熱いうちに砂糖と水溶きかたくり粉を少量ずつ加えながら，全体がなめらかになるまで混ぜながらこねる．
③ 生地を直径2 cmくらいの棒状にして，端から1 cm幅に切って丸め，再び強火で2〜3分蒸す．
④ 調味料を合わせて火にかけ，たれを作る．団子は串にさしてこんがりと素焼きにし，たれをつける．

（要　点）
1．柳川煮について
2．とりがいの扱い方
3．上新粉の調理

14

① まつたけご飯

米	320 g	まつたけ	100 g
水	450 mℓ	鶏　肉	80 g
しょうゆ	36 g		
みりん	30 g		
酒	25 g		
塩	5 g		

① 米は洗って，分量の水を加えておく．
② まつたけはごみをとり，石づきもとってさっと水洗いして薄切りにする．鶏肉は1 cmのそぎ切りにしておく．
③ 米に，鶏肉，調味料を加えて火にかけ，炊き上がる直前にまつたけを加える．

② うざく

うなぎのかば焼き		三杯酢	
	150 g	酢	75 g
酢	15 g	砂　糖	20 g
きゅうり	100 g	薄口しょうゆ	3 g
		塩	2 g

① うなぎは細く切り，軽く酢洗いする．
② きゅうりは縦二つに切り，斜め薄切りにし，塩水につけて絞る．
③ ①と②を三杯酢で和える．

③ すくい玉子の吸い物

だし汁	350 mℓ	卵	250 g
塩	2.4 g	だし汁	400 mℓ
薄口しょうゆ	12 g	塩	5.5 g
		みりん	30 g
		練りわさび	2 g
		の　り	0.3 g

① 卵は溶きほぐして調味し，だしを加えてこし，型に入れて蒸す．
② 蒸し上がったら，玉じゃくしですくい取り，わんだねにし，調味しただし汁(吸い地)をはる．
③ のりを添え，練りわさびを吸い口にする．

（要　点）
1．まつたけの扱い方
2．うざくについて

15

1 さばのみそ煮

さば(切り身)(4切)		みりん	30 g	
	250 g	しょうゆ	12 g	
しょうが	10 g	酒	12 g	
だし汁	250 ml			
赤みそ	50 g			
砂糖	25 g			

① さばの切り身は下処理をしておく．
② しょうが1/3を針に切り水にさらし，2/3は薄切りにする．
③ だし汁で赤みそを溶き，調味料も加えて煮立ったら，さばと薄切りのしょうがを加えて弱火で煮込む．
④ さばの上に針しょうがを盛る．

2 こんにゃくの土佐煮

こんにゃく	400 g	しょうゆ	36 g	
粉かつお	10 g	砂糖	20 g	
木の芽	4枚	ごま油	6 g	

① こんにゃくは塩でもみ親指大にちぎり，水洗いしてゆでる．
② 空いりして水気をとり，ごま油で炒め調味料と粉かつおを加えて煮る．
③ 器に盛りつけて木の芽を天盛りにする．

3 萩玉子の吸い物

だし汁	700 ml	グリンピース	5 g	
塩	5 g	セロファン紙	25cm角	
薄口しょうゆ	12 g	芽ねぎ	5 g	
むきえび	50 g			
卵	100 g			
みりん	5 g			
塩	1.5 g			

① えびはゆでてあられ切りにする．
② 卵はよく溶き，調味してゆせんにかけ半熟にする．半熟卵，えび，グリンピースを混ぜ，セロファン紙で棒状に巻き，5分蒸す．
③ 蒸し上がったら5mmくらいの輪切りにしてわんだねにし，吸い地をはり，芽ねぎを吸い口にする．

（要　点）
1．さばの煮方
2．土佐煮について

16

1 吹き寄せご飯

米	320 g	にんじん	80 g	
水＋煮汁		まつたけ	50 g	
（米の10％増し）		くり(甘露煮8個)	80 g	
鶏肉	150 g	ぎんなん(8個)	20 g	
油揚げ	20 g	さやいんげん	25 g	

① 米は分量の水で吸水させておく．
② 鶏肉は1cmにそぎ切り，油揚げは油ぬきして鶏肉と同じ大きさに切り，だし汁に調味料を加えて下煮する．
③ にんじんは花形に切ってゆでる．ぎんなんはいって皮をむく．さやいんげんは青くゆでて斜めに千切りにする．まつたけは汚れを落とし，洗って薄切りにしておく．
④ 卵は調味料を加えて薄焼きにし，冷やして

I 日本料理　105

だし汁	100 mℓ	錦糸卵	
しょうゆ	54 g	卵	100 g
砂糖	10 g	砂糖	10 g
みりん	30 g	塩	1 g
塩	3 g	サラダ油	13 g
酒	30 g		

千切りにして錦糸卵を作る．
⑤ ①に②の煮汁を加えて飯を炊き，沸騰してきたら具を加え，火を止める前にまつたけを加えて十分に蒸らす．
⑥ 盛りつけて花形にんじん，くり，ぎんなん，さやいんげん，錦糸卵を飾る．

2 だいこんのふろふき，鶏のそぼろあんかけ

だいこん	500 g	鶏そぼろあん	
米のとぎ汁		鶏ひき肉	120 g
こんぶ	10 g	サラダ油	10 g
木の芽	4 枚	だし汁	100 mℓ
		砂糖	15 g
		しょうゆ	35 g
		かたくり粉	3 g

① だいこんは3 cm厚さの輪切りにして皮をむき，面取りをして下側にかくし包丁を入れ，米のとぎ汁でやわらかくなるまでゆでる．
② だし汁に鶏ひき肉を加えて調味し，かたくり粉でとろみをつける．
③ ゆでただいこんをこんぶのだし汁で温めて，器に盛り，あんをかけて木の芽をあしらう．

3 梅の小吸い物

だし汁	700 mℓ
こんぶ	10 g
薄口しょうゆ	6 g
塩	5 g
小梅	20 g
わさび	1 g

① 小梅は形をくずさないように種を抜き，練りわさびを詰める．
② だし汁を調味し，小梅をわんだねに吸い地をはる．

要点
1．だいこんのゆで方について
2．小吸い物について

17

1 すし

米(2.5カップ)	400 g	ⓐいなりずし	
水	550 mℓ	油揚げ	40 g
こんぶ	10 cm	だし汁	150 mℓ
酒	60 g	砂糖	33 g
合わせ酢		しょうゆ	36 g
酢	50 g	みりん	8 g
砂糖	50 g	白ごま	7 g
塩	8 g		

① 湯炊き法で飯を炊き，熱いうちに合わせ酢を加えて冷まし，すし飯を作る．
② 油揚げは上口に切り込みを入れ，あけやすいようにして熱湯に入れ，油抜きをする．
③ だし汁に調味料を加えて油揚げを煮る．さめるまでそのまま煮汁につけておき，さめてから汁気を軽くしぼってすし飯を詰め，形をととのえ，ごまをつける．
④ かんぴょうは塩もみし，ゆでる．しいたけはもどして，だし汁に調味してかんぴょうとしいたけを煮る．しいたけは1 cm幅に切る．

ⓑ 太巻き・細巻き

のり (3枚)	6 g	卵	100 g
かんぴょう	5 g	砂糖	10 g
干ししいたけ	5 g	塩	1 g
だし汁	200 mℓ	サラダ油	10 g
砂糖	30 g	まぐろ	80 g
しょうゆ	36 g	わさび (粉)	30 g
きゅうり	80 g	酢しょうが	30 g
		ハラン	

⑤ きゅうりは板ずり後,縦4等分に切る.
⑥ 卵は溶いて調味し,1 cmの厚さに焼き1 cm幅に切る.
⑦ かんぴょう,しいたけ,きゅうり,卵焼きを芯にして太巻き,まぐろを芯にして練りわさびをつけて細巻きにする.
⑧ いなりずし,巻きずしを盛り合わせ,酢しょうがを添えハランを飾る.

2 結びきすの吸い物

だし汁	700 mℓ	きす (4尾)	100 g
塩	5 g	かたくり粉	15 g
薄口しょうゆ	10 g	酒	10 g
きゅうり	40 g	塩	0.5 g
しょうが	5 g		

① だし汁を調味する.
② きすは松葉おろしにして下味をつけ,かたくり粉を薄くまぶして結び,塩水でゆでる.
③ きゅうりは芯を抜き,輪切りにして2個つなぐ.
④ わんだねに,きす,きゅうりを入れ,吸い地をはって吸い口のしょうがを添える.

要点
1. 巻きずしの基本
2. きすについて

18

1 まぐろの山かけ

まぐろ	250 g	うずら卵 (4個)	40 g
やまいも	300 g	のり	2 g
卵白	28 g	わさび	5 g
		刺し身しょうゆ	35 g

① まぐろは1 cmの角切りにして,わさびじょうゆにつけておく.やまいもは皮をむき,酢水につけてすりおろし,卵白を混ぜる.
② 器にまぐろとわさびじょうゆを盛り,すりおろしたいもを上にのせ,中心にうずら卵を割り入れて,細く切ったのりを散らす.

2 銀紙焼き

生しいたけ	200 g	みつば	20 g
白身魚	250 g	ゆず (皮)	少々
酒	15 g	割り下地	
塩	4 g	ポン酢	30 g
えび	150 g	だし汁	50 mℓ
酒	15 g	しょうゆ	35 g
薄口しょうゆ	12 g	銀紙 (クッキングホイル)	

① 白身魚は塩,酒をかけ,えびは下処理し,酒と薄口しょうゆで下味をつける.
② しいたけ,みつばは形をととのえておく.
③ 銀紙で魚,しいたけ,えび,ゆずの皮を包んで焼く.みつばは途中で加えると色がよい.
④ 盛りつけて割り下地を合わせ添える.

3 水ようかん

寒天	7 g	こしあん	200 g
水	400 mℓ	塩	1 g
砂糖	50 g		

① 寒天は水洗いして十分に吸水させ,煮て溶かし,砂糖を加えてこす.
② こした寒天液にあんと塩を加え,弱火で混ぜながら煮つめ,流し箱に入れ,冷やして固め,好みの形に切り分ける.

要 点
1. 山かけ (種類, 構成)
2. 銀紙焼き (包み焼きについて)
3. 寄せ物 (比重)

19

1 三色丼

米	320 g	そぼろ卵	
水(米の10%増+煮汁)		卵	200 g
鶏ひき肉	300 g	砂糖	20 g
だし汁	150 mℓ	塩	2.5 g
酒	30 g	だし汁	30 mℓ
砂糖	20 g	サラダ油	13 g
しょうゆ	54 g		
紅しょうが	15 g		
いんげん	50 g		

① 鶏ひき肉はだし汁に調味料を加えて煮る.煮上がったらこして,その煮汁を加えて飯を炊く(さくら飯).
② 卵にだし汁と調味料を加えて,卵のそぼろを作る.
③ いんげんは青ゆでにして斜めの千切り,紅しょうがも細い千切りにする.
④ さくら飯を盛り,上に3種の具を色どりよく並べ,紅しょうがを天盛りにする.

2 たこの黄身酢和え

ゆでたこ	250 g	黄身酢	
きゅうり	150 g	卵黄	34 g
塩	0.8 g	かたくり粉	4 g
紅たで	1 g	酢	40 g
		みりん	15 g
		だし汁	40 mℓ
		砂糖	20 g
		塩	1 g

① ゆでたこは,熱湯をさっとおしてそぎ切りにする.
② きゅうりは板ずりにして,じゃ腹切りにする.
③ 卵黄をよく混ぜ,だし汁,かたくり粉,調味料を加え,ゆせんにかけて黄味酢を作る.
④ たこときゅうりを盛り,上に黄味酢をかけ紅たでを天盛りにする.

3 白身魚とえのきたけの吸い物

白身魚	150 g	だし汁	700 mℓ
酒	15 g	塩	5 g
塩	3 g	薄口しょうゆ	5 g
えのきたけ	50 g		
みつば	10 g		

① 白身魚はそぎ切りにして,塩と酒で下味をつける.
② だし汁を調味して煮立ったら白身魚を加え,魚に火がとおったら3cmに切ったえのきたけを加え火を止め,小口切りのみつばを散らす.

要点
1. 黄味酢
2. たこのゆで方

20

1 生しいたけの肉詰め焼き

生しいたけ(8枚)	250 g	小麦粉	25 g
塩	1 g	サラダ油	30 g
鶏ひき肉	120 g	だいこん	150 g
たまねぎ	50 g	しょうゆ	20 g
油	5 g		
卵	½個		
塩	1.2 g		
こしょう	少々		

① 生しいたけは塩水で洗って石づきをとる.
② たまねぎはみじんに切って油で炒め,さめてから鶏のひき肉に混ぜ,つなぎに卵,塩とこしょうで味をつける.
③ しいたけの水気をよくきり,かさの内側に塩を軽くふり,小麦粉を薄くつけて肉を詰め,さらに上から小麦粉をつけて形をととのえ油で焼く.
④ だいこんおろしを前盛りにし盛りつける.

2 豚肉とだいずの含め煮

だいず(水煮)	120 g	だし汁または水	400 mℓ
豚バラ肉	150 g	トマトケチャップ	80 g
たまねぎ	100 g		
干ししいたけ	6 g	砂糖	10 g
油	26 g	しょうゆ	18 g

① だいずは水で洗う.
② 豚バラ肉は2cm角に切り,たまねぎはみじん切り,しいたけはもどして2cmに切る.
③ 厚手の鍋に油を熱して豚肉,たまねぎ,しいたけ,だいずをよく炒め,水とケチャップを加えて,煮立ってきたら火を弱くして調味し,アクをとりながら約30分煮込む.

3 けんちん汁

だし汁	600 mℓ
しょうゆ	25 g
塩	3 g
だいこん	80 g
豆腐	120 g
にんじん	30 g
さといも	80 g
こんにゃく	80 g
油	13 g

① こんにゃくは塩でもみ,ゆでて親指大にちぎる.
② だいこん,にんじんはいちょう切り,さといもは輪切り,豆腐は水をきって適当に切る.
③ 油で野菜とこんにゃくと豆腐を炒め,だし汁を加えてやわらかくなったら調味し,わんに盛る.

要点
1. だいずについて
2. けんちん汁

21

① かきの土手鍋

かき	200 g	白みそ(甘口)	100 g	
豚　肉	200 g	赤みそ	20 g	
ね　ぎ	100 g	砂　糖	50 g	
糸こんにゃく	150 g	みりん	15 g	
焼豆腐	300 g	だし汁	50 mℓ	
しゅんぎく	100 g			
だし汁	400 mℓ			

① かきは塩水でよく洗う.
② 豚肉とそのほかの材料は適当な大きさに切り, 盛り合わせる.
③ みそと調味料, だし汁を混ぜて練り合わせ, 土鍋のまわりにはりつけるように, みその土手を作り, その中にだし汁を入れて火にかける.
④ 材料は煮えにくいものから加え, 煮ながら食す.

② もずく

もずく(塩漬け)	250 g	しょうゆ	18 g	
三杯酢		粉わさび	5 g	
酢	75 g			
しょうゆ	27 g			
砂　糖	15 g			

① もずくは水にさらして塩ぬきし, よく洗い水分をきって三杯酢につける.
② 小鉢にもずくを盛り, しょうゆを落として練りわさびを天盛りにする.

③ かぶの即席漬け

か　ぶ	200 g
かぶの葉	100 g
ゆず(皮)	10 g
しょうゆ	10 g

① かぶは皮つきのままよく洗い, 太い千切りにする. 葉も1 cmの長さに切って塩もみし, 5分くらいおく.
② しんなりしてきたら水でさっと洗い, 硬くしぼって器に盛り, しょうゆを落とし, ゆずの皮を天盛りにする.

(要　点)
1. 土手鍋について
2. もずくの扱い方

22

① おでん

キャベツ巻き		だし汁	800 mℓ	
キャベツ(4枚)		みりん	20 g	
	350 g	酒	80 g	
合びき肉	120 g	だしこんぶ	10 cm	
たまねぎ	40 g	塩	2 g	
生パン粉	25 g	薄口しょうゆ	80 g	
かんぴょう	10 g	ゆず(皮)	20 g	
塩	2 g	練りがらし	15 g	

① キャベツは湯どおしして広げる.
② ひき肉にみじん切りにしたたまねぎ, 生パン粉, 塩をまぜる.
③ キャベツで調理したひき肉を包み, もどしたかんぴょうで縛る.
④ 卵は固ゆでにして殻をむく.
⑤ はんぺんは適当な大きさに切り, ぎんなんは串に刺す.

串刺し
- はんぺん　　80 g
- ぎんなん　　40 g
- だいこん　　400 g
- こんにゃく　150 g
- 卵　　　　　200 g

⑥ だいこんは輪切にしてゆでてアク抜きする．
⑦ こんにゃくは適当に切って下ゆでする．
⑧ 調味しただし汁にこんぶを敷き，たねを入れてゆっくりと煮込む．
⑨ 器に形よく盛り，ゆず皮，練りがらしを添える．

2 なめこのみぞれ和え

鶏肉(胸肉)	150 g	みぞれ酢	
酒	15 g	だいこん	200 g
塩	1.5 g	酢	35 g
なめこ	60 g	砂糖	35 g
きゅうり	80 g	塩	2.5 g
		薄口しょうゆ	30 g

① 鶏肉は酒，塩をして，ゆでるか蒸して裂いておく．
② なめこは水気をきる．きゅうりは薄切りにして塩水につけ，水分をきっておく．
③ だいこんをおろして軽く絞って調味料を合わせ，鶏肉，なめこ，きゅうりを和える．

3 淡雪羹

- 寒天　　7 g
- 水　　　400 ml
- 砂糖　　100 g
- 卵白　　56 g
- 砂糖　　50 g

① 寒天は洗ってよく吸水させておく．
② 分量の水で煮溶かし，砂糖を加えてこし，濃度のでるまで煮つめる．
③ 卵白を泡立てて砂糖を加え，寒天液がさめてから軽く混ぜ合わせ，型に入れて冷やして固め，適当に切り分ける．

（要　点）
1. おでん（土鍋）
2. なめこについて
3. 寒天について

23

1 さばずし

米	320 g	さば(正身)	400 g
水	440 ml	松前酢	
合わせ酢		こんぶ	10 g
酢	40 g	酢	150 g
砂糖	25 g	塩	10 g
塩	5 g	砂糖	50 g
		しょうが汁	15 g

① 飯を炊き，合わせ酢をかけてすし飯を作る．
② さばは3枚におろし，腹骨をすきとり，塩を十分にまぶして身をしめ，水洗いして水分をきり，こんぶで包むようにして三杯酢（松前酢）に浸して重しをし，約30分おく．
③ さばのうす皮を頭からむき，中骨の部分を切り取り3～4枚に薄くそぎ切りにする．
④ 皮のほうを下にして身の部分を組み合わせ長方形にしてすし飯をのせ，巻きすで硬く巻いて形をととのえ，しばらくおいてから切り分ける．

I 日 本 料 理

色合わせ
  茶そうめん 25 g
  のり 2 g
  干ししいたけ 5 g
  もどし汁 100 mℓ
  砂糖 10 g
  しょうゆ 18 g
  卵 50 g
  だし汁 10 mℓ
  砂糖 5 g
  塩 0.5 g
  サラダ油 6 g
  酢しょうが 50 g

⑤ そうめんはゆでてよく水洗いし,水分をよくきっておく.
⑥ しいたけは含め煮,卵は厚焼きにし1cm幅に切る.のりにそうめんを並べ,しいたけと卵を芯にして巻き,切って盛り合わせ,酢しょうがを添える.

2 ほうれんそうの落花生和え

ほうれんそう 400 g
落花生 30 g
砂糖 20 g
しょうゆ 27 g

① ほうれんそうをゆで,水気を絞って3cmに切る.
② 落花生はよくすり,調味料と合わせてほうれんそうを和える.

3 さわに(沢煮)わん

だし汁 800 mℓ
豚肉(平切り) 100 g
干ししいたけ 10 g
ごぼう 50 g
塩 5 g
薄口しょうゆ 20 g
軸みつば 30 g
祝の子(こしょう)

① 豚肉としいたけはもどして千切りにする.ごぼうはささがきにして酢水につけゆでる.
② だし汁を煮立て豚肉,しいたけを下煮してアクを引き,ごぼうも加えて調味する.
③ みつばの軸を加え火を止め,わんに盛って祝の子をふる.

(要 点)
  1. 松前酢の作り方,しめさば

24

1 牛肉のたたき風

牛肉(もも,平切り) 400 g
みつば 80 g
えのきたけ 100 g
合わせ調味料
  しょうゆ 36 g
  酢 15 g
  水 20 mℓ
  砂糖 5 g
つまようじ 10本
しその葉 5枚
あさつき 10 g
だいこん 200 g
赤とうがらし 1本

① みつば,えのきたけは湯どおしして10等分する.
② 牛肉を広げ①を芯に巻き,つまようじでとめる.これを3分間蒸し,さます.
③ あさつきは小口切り,だいこんはけんにして残りはもみじおろしにする.
④ 器にしその葉を敷いて②を盛りつけ,汁をかけてあさつきを散らし,もみじおろしを前盛りに添える.

2 ひき茶まんじゅう

小麦粉 100 g
ふくらし粉(B.P.) 6 g
ひき茶 1.5 g
卵白 28 g
砂糖 45 g
かたくり粉 5 g
粒あん(甘味つき) 150 g

① 小麦粉,B.P.,ひき茶を合わせてふるいにかける.
② 卵白を泡立て,砂糖,水と①を加えて耳たぶぐらいの硬さにまとめて10等分にする.あ

きょう木	10枚			
水	20mℓ			

んも10等分しておく．
③ かたくり粉を打粉にして皮をのばし，あんを包み形をととのえて，下にきょう木をはって蒸す．

③ 菊花豆腐の吸い物

だし汁	700mℓ	豆　腐	150 g
こんぶ	10 g	しゅんぎく	20 g
塩	5 g		
薄口しょうゆ	10 g		

① だしはこんぶでとり，調味する．
② 豆腐は水分をきり，菊花に切って熱湯をとおし，しゅんぎくも熱湯をとおしておく．
③ わんに豆腐，しゅんぎくを入れ，吸い地をはる．

要　点
1．B.P.の使用法
2．たたき風について
3．豆腐の切り方

25

① ぶりの照り焼き

ぶり(4切)	360 g	筆しょうが(4本)	80 g
しょうゆ	40 g	酢	25 g
みりん	40 g	砂糖	10 g
金　串		塩	1 g

① ぶりは下処理をして調味料に浸して串を打ち，残りの調味料を煮つめて，ぶりにつけながら焼く．焼き上がったら熱いうちに串を抜く．
② しょうがは筆形にととのえ，熱湯をさっととおし，甘酢につけて前盛りにする．

② 小田巻蒸し

しらたまうどん	100 g	卵	200 g
薄口しょうゆ	10 g	だし汁	600mℓ
紅かまぼこ	30 g	白しょうゆ	54 g
干ししいたけ	8 g	みつば	25 g
鶏　肉	80 g	ゆず(皮)	
薄口しょうゆ	8 g		

① 鶏肉は，ひと口大にそぎ切りにしてしょうゆ洗いする．しらたまうどんにも下味をつける．しいたけ，みつばも切る．
② 卵とだし汁を合わせ調味する．蒸し茶わんにうどんを下にそのほかの材料も加え，卵液を加えて蒸す．みつばは蒸し上がる直前に入れる．ゆずの皮を添える．

③ たたきごぼうのそぼろ煮

牛ひき肉	100 g	だし汁	300mℓ
ごぼう	150 g	砂　糖	20 g
米のとぎ汁		酒	30 g
		しょうゆ	36 g

① ごぼうは切り揃えて米のとぎ汁でゆで，軽くたたいておく．
② だし汁を調味し，ごぼうとひき肉を加え煮る．

要　点
1．照り焼き
2．小田巻蒸し

26

1 茶飯

米	320 g	酒	30 g	① 米は洗って十分に吸水させて上げておく.
ほうじ茶	8 g	塩	5 g	② 分量の湯で茶を出し,調味料を加えて飯を炊く.
水(湯)(茶浸出液を米の20％増し)		しょうゆ	18 g	

2 たいの翁揚げ

小だい(4尾)	600 g	甘酢あん		① 小だいは背開きにして下味をつける.
酒	30 g	だし汁	500 ml	② 調味料をよくきり,腹の中に薄くかたくり粉をふり,調味したひき肉を詰めてつまようじでとめ,揚げ油で芯まで火がとおるようにからりと揚げる.
しょうが汁	20 g	砂糖	20 g	
塩	3 g	しょうゆ	50 g	
かたくり粉	30 g	みりん	15 g	
豚ひき肉	200 g	酢	30 g	③ だし汁を調味し,かたくり粉を加えてとろみをつける.
ごま油	4 g	かたくり粉	10 g	
酒	15 g	ちょろぎ	8個	④ ちょろぎは端を落として形をととのえ,熱湯をとおし甘酢につける.
塩	2 g	甘酢		
つまようじ	10本	酢	30 g	⑤ たいにあんをかけ,ちょろぎを添える.
揚げ油		砂糖	20 g	
		塩	1.5 g	

3 高野豆腐の含め煮

高野豆腐	2枚	干ししいたけ(大)	16 g	① 高野豆腐はたっぷりのぬるま湯でもどし,水がにごらなくなるまで押し洗いする.
かんぴょう	20 g	もどし汁	300 ml	
にんじん	70 g	砂糖	30 g	② しいたけはもどして形をととのえる.もどし汁に調味して,しいたけを煮る.
だし汁	600 ml	みりん	17 g	
砂糖	60 g	しょうゆ	54 g	③ かんぴょうは洗って塩でもみ,ゆでて結ぶ.にんじんは面取りをしてゆで,さやえんどうもゆでる.
塩	10 g			
酒	30 g			
薄口しょうゆ	18 g			④ だし汁を調味して煮立て,さいの目に切った高野豆腐とかんぴょう,にんじんを加え,落としぶたを用いて弱火で煮含める.しいたけとともに盛り合わせて,さやえんどうを色どりとして添える.
さやえんどう	30 g			

4 とろろ汁

やまいも	300 g	青のり	1 g	① やまいもは皮をむき,酢水につけて,すり鉢ですりおろし,卵白とよく合わせる.
酢	5 g			
卵白	28 g			② だし汁で白みそを溶き,すったやまいもをのばす.
だし汁	500 ml			
白みそ	70 g			③ 青のりを天盛りにする.

要点
1. 高野豆腐について

27

1 刺し身盛り合わせ (1)

甲いか(1枚分)	250 g	おごのり	10 g
のり	1 g	とさかのり	10 g
たい(白身魚)	150 g		
まぐろ	150 g		
だいこん	150 g		
ぼうふう(4本)	20 g		
青じその葉	4枚		
わさび	½本		
刺し身じょうゆ	50 g		

① いかは皮をむき縦二つに切り，2枚にそぎ切りにして，横から身の厚さの半分まで細かく切れめを入れ，水分をよくとり，上に軽く焼いたのりをのせて小口から硬く巻き，鳴門作りにして1cm幅に切る．おごのり，とさかのりは水に浸し塩抜きする．
② たいは平作り，まぐろも平作りにする．青じそを敷いて盛り合わせ，だいこんをけんに，つまにいかぼうふう，おごのり，とさかのり，辛味にわさびを添える．

2 だし巻き玉子

卵	200 g	サラダ油	15 g
だし汁	60 mℓ	筆しょうが	5本
砂糖	30 g	(酢どりしょうが)	
みりん	15 g		
薄口しょうゆ	6 g		
塩	1 g		

① 卵はよく溶きほぐしておく．だし汁を調味して卵と合わせる．
② 卵液は焦がさないように3～4回にわけて焼き重ねて，あたたかいうちに巻きすで形をととのえ，適当な大きさに切る．筆しょうがを前盛りにする．

3 菜の花とくきわかめの吸い物

だし汁	700 mℓ	くきわかめ	30 g
こんぶ	10 g	ゆば	3 g
かつお節	10 g	菜の花	40 g
塩	5 g	しょうが	3 g
薄口しょうゆ	15 g		

① かつお節とこんぶでだし汁をとり調味する．
② 菜の花は青くゆで，くきわかめとゆばは熱湯をさっとおしておく．
③ わんに②を入れ，吸い地をはって針しょうがを吸い口にする．

要点
1. 刺し身の構成
2. 厚焼き卵について
3. くきわかめ

28

1 たけのこご飯

米(2カップ)	320 g	たけのこ(正味)	80 g
水(米の重量の1.5倍－液体調味料)	430 mℓ	油揚げ(1枚)	10 g
		木の芽	4枚

① 米はよく洗い，炊飯鍋に分量の水を加えて30分程度吸水させておく．
② 鶏肉は，1口大のそぎ切りにし，下味(酒，

塩	2.5 g		
鶏肉(胸肉)	60 g		
下味			
酒	30 g		
薄口しょうゆ	24 g		

薄口しょうゆ）をつけておく．
③ たけのこは茹でて（アク抜き）皮をむき，いちょう切り（かたい所）または短冊切り（やわらかい所）にしておく．
④ 油揚げは熱湯をかけて油抜き後，千切りにしておく．
⑤ ①に塩と②（下味を含む）③，④を加え炊飯し，蒸らす（10～15分）．
⑥ よく混ぜて盛り付ける（木の芽を手のひらに乗せて軽くたたいて添える）．

（要点）
　1．たけのこのアク抜き

2 ほうれんそうのごま和え

ほうれんそう	300 g	ごまじょうゆ	
		白ごま	5 g
		ねりごま(白)	15 g
		砂　糖	2 g
		しょうゆ	9 g

① ほうれんそうは色よくゆでて，水分をきって巻きすで形をととのえ，3 cmくらいに切る．
② 切り口を上にして盛り，ごまじょうゆを上からかける．

3 豚肉とごぼうのみそ汁

豚肉(平切り)	150 g	吸い口	
ごぼう	120 g	七味とうがらしまた	
青ねぎ	20 g	は粉さんしょう	
サラダ油	20 g		少々
赤みそ	80 g		
だし汁	800 mℓ		

① 豚肉は1 cm幅に切り，ごぼうはささがきにして水にさらしアク抜きをする．
② サラダ油を熱し，豚肉と水気を切ったごぼうを強火で焦がさないように炒め，だし汁を加え，アクをとりながら煮る．
③ ごぼうがやわらかくなったらみそを入れ，ねぎの千切りを加え，好みで吸い口を添える．

29

1 かつおのたたき造り

かつお	400 g	ポン酢	60 g
（正身	300 g）	（レモン酢，夏みかん酢）	
金　串		土佐しょうゆ	
青ねぎ	30 g	削りかつお	5 g
にんにく	5 g	しょうゆ	90 g
青じそ	8枚	みりん	30 g
しょうが	20 g		
みょうが	30 g		
だいこん	300 g		

① かつおは節おろしにする．水分をよくとって皮を下にして金串を末広に刺し，皮の部分を焦げめのつくように強火で焼き，手早く冷水につけ冷やす．
② ねぎ，青じその葉，みょうがは細く千切りにして水にさらす．にんにく，しょうがはおろしておく．
③ 1 cm厚さの平作りのかつおに，②とポン酢をかけて包丁の背で軽く4～5回たたき，1時間おく．

④ ③のかつおを盛り，だいこんおろしを前盛りにして土佐じょうゆを添える．

2 ふきの信田煮

ふ き	250 g	だし汁	300 ml
塩	3 g	砂 糖	40 g
油揚げ(8枚)	120 g	薄口しょうゆ	54 g
かんぴょう	20 g	木の芽	4枚

① かんぴょうはもどしておく．ふきは板ずりにしてゆで，皮をむいて切っておく．
② 油揚げは開きさっと熱湯をとおして，ゆでたふきを油揚げで包み，かんぴょうで縛って，だし汁を調味して含め煮にし，盛って木の芽を天盛りにする．

3 えび団子とうどの吸い物

だし汁	700 ml	タイガーえび	100 g
塩	5 g	小麦粉	10 g
薄口しょうゆ	10 g	酒	5 g
う ど	40 g	塩	1 g
花ゆず	4個		

① だし汁を調味する．
② えびは背わたをとり，すり身にして小麦粉と調味料を加えて混ぜ，10等分にしてまるめ，熱湯でゆでる．
③ うどはよりうどに切り，酢水につけ，さらしておく．
④ わんだねにえび団子，わんづまによりうどを入れ吸い地をはり，吸い口に花ゆずを添える．

要 点
1．かつおのおろし方
2．たたきについて
3．うどのアク抜き

30

1 小魚の揚げ物

きす(6本)	400 g	骨せんべい	
塩	5 g	しょうゆ	30 g
かたくり粉	40 g	酒	5 g
卵	60 g	小麦粉	10 g
茶そうめん	30 g	揚げ油	
落花生	30 g		
のり	2 g		

① きすは3枚におろし塩をふっておく．骨は調味料につけ下味をつける．
② 茶そうめんは1 cmに折る．落花生は細かく切る．のりは粗くもんでおく．
③ きすにかたくり粉，溶き卵をつけ，②の材料をつけて3色に揚げる．
④ 骨は調味料をきり，小麦粉を薄くつけて，かりっとするまで揚げる．

2 たこのしょうが酢

たこ(ゆで)	200 g	しょうが酢	
きゅうり	150 g	酢	30 g
うど	100 g	砂 糖	20 g

① たこは熱湯をとおしてそぎ切り，きゅうりは板ずりにして熱湯をさっととおし，小口より薄切りにする．うどは短冊に切って酢水に

③ 金銀豆腐

金豆腐
- 卵　　　　　　100 g
- 卵黄　　　　　 34 g
- 砂糖　　　　　 15 g
- だし汁　　　　100 mℓ
- 塩　　　　　　0.5 g

銀豆腐
- 卵白　　　　　 56 g
- 豆腐（もめん）150 g
- だし汁　　　　100 mℓ
- 砂糖　　　　　 5 g
- 塩　　　　　　 3 g
- かたくり粉　　 20 g

うすくずあん
- だし汁　　　　200 mℓ
- 砂糖　　　　　 5 g
- 塩　　　　　　 1 g
- 薄口しょうゆ　 17 g
- かたくり粉　　 5 g
- わさび　　　　 2 g

① 金豆腐は，卵と卵黄にだし汁と調味料を合わせ，型に入れて蒸す．
② 銀豆腐は，水気をきった豆腐をすり，卵白，調味料，かたくり粉を合わせて型に入れて蒸す．
③ だし汁を調味し，かたくり粉を加えてあんを作る．
④ 好みに切った豆腐を盛り，あんをかけ，練りわさびを添える．

（要　点）
1．小魚の扱い方

31

① あゆの姿焼き

- あゆ（4尾）　　500 g
- 　塩（魚の重量の2%）
- だいこん　　　100 g
- 　塩　　　　　　3 g
- 甘酢
- 　酢　　　　　 30 g
- 　砂糖　　　　 20 g
- 　塩　　　　　0.5 g

たで酢
- たで　　　　　 10 g
- 飯粒　　　小さじ1
- 酢　　　　　　 50 g
- 塩　　　　　　 1 g
- 薄口しょうゆ　 10 g
- 砂糖　　　　　 10 g
- 金串
- 化粧塩

① あゆは下処理をして塩をふって，うねり串を打ち，尾とひれにたっぷりと化粧塩をする．焼く前にもう一度塩をふって，表面から強火で焼き，ほどよく焦げめがついたら裏返して十分に焼く．熱いうちに串を抜く．
② たでは飯粒とともによくすり，三杯酢でのばす．
③ だいこんは菊花に切って塩水につけ，水をよくきって甘酢につけ，前盛りにする．

② 治部煮

- かも肉（鶏肉）　250 g
- 酒　　　　　　 20 g
- しょうゆ　　　 30 g
- みりん　　　　 5 g
- 小麦粉　　　　 30 g

- さやいんげん　 30 g
- じゃがいも（新）400 g
- だし汁　　　　200 mℓ
- 砂糖　　　　　 30 g
- 酒　　　　　　 30 g
- しょうゆ　　　 50 g

① かも肉は2 cm幅にそぎ切りにして下味をつけ，小麦粉を薄くつけてゆでる．
② いんげんは青ゆでにして千切りにする．
③ じゃがいもは大切りにし，面取りをしてゆでておく．
④ だし汁を調味して煮立て，かも肉とじゃがいもを煮含め，盛りつけていんげんを散らす．

③ じゅんさいの合わせみそ汁

白みそ(甘口)	50 g	白玉粉	50 g	
赤みそ	20 g	水	40 mℓ	
だし汁	700 mℓ	じゅんさい	40 g	
こんぶ	10 g	練りがらし	2 g	
かつお節	10 g	水	1 g	

① 白玉粉は水を加えて団子を作り，ゆでる．じゅんさいは熱湯をさっととおす．
② だし汁にみそを溶いて入れ，煮立てる．
③ わんに白玉，じゅんさいを入れ汁をはり，からし汁を1〜2滴落とし，吸い口とする．

要点
1. 夏がもの扱い方
2. 治部煮について

32

① 冷やしそうめん

そうめん	300 g	つけ汁		
鶏肉	100 g	だし汁	400 mℓ	
塩	2 g	こんぶ	8 g	
酒	10 g	みりん	60 g	
かたくり粉	20 g	しょうゆ	100 g	
トマト	200 g	青ねぎ	10 g	
きゅうり	100 g	しょうが	20 g	
干ししいたけ	10 g			

① 鶏肉はそぎ切りにし，下味をつけて霜降りにする．きゅうり，トマトは適当な大きさに切る．しいたけはつけ汁で下煮しておく．
② そうめんはゆでてさまし，鉢に盛って冷水をそそぎ，上に鶏肉，トマト，きゅうり，しいたけを飾り，つけ汁と薬味のさらしねぎ，おろししょうがを添える．

② 寄せ物

えび	100 g	かけ汁		
塩	2 g	みりん	15 g	
酒	10 g	酢	30 g	
きゅうり	20 g	しょうゆ	45 g	
きくらげ	3 g	しその葉	5 枚	
にんじん	20 g	わさび	2 g	
寒天	7 g			
だし汁	400 mℓ			
砂糖	5 g			
塩	1.5 g			

① えびは酒，塩をしてゆで，身を半分に切る．きゅうりは千切り，にんじんはゆで，きくらげはもどして千切りにする．
② 寒天は十分に吸水させて出し汁で煮溶かし，調味する．流し箱に寒天液と①の材料を色どりよく入れ，冷やして固め，適当に切ってしその葉の上に盛り，かけ汁と練りわさびを添える．

③ 宇治白玉

白玉粉	150 g	砂糖(グラニュー糖)		
砂糖	15 g		50 g	
水	140 mℓ	抹茶	2 g	
みかん(缶詰)	100 g			

① 白玉粉，砂糖，水を混ぜ，耳たぶぐらいの硬さにまとめ，親指大に丸めてゆで，水にとって冷やしておく．
② 抹茶と砂糖を合わせておく．ガラス鉢に白玉とみかんを盛り，抹茶砂糖をかける．

要点
1. 寄せ物について

33

1 鶏肉の霜降り造り

鶏胸肉	200 g	だいこん	150 g
鶏ささみ	100 g	きゅうり	50 g
酒	30 g	しょうが	20 g
塩	5 g	穂じそ	4 本
かたくり粉	25 g	しょうゆ	30 g

① 鶏肉はそぎ切りにし調味料で下味をつけ，薄くかたくり粉をつけ，しょうゆを加えた熱湯にくぐらせ，霜降りにしてさましておく．
② だいこんときゅうりはつまに，おろししょうが，穂じそは脇づまにして盛る．しょうゆを添える．

2 茶せんなす，いんげんのごま和え

小なす(4個)	300 g	さやいんげん	100 g
だし汁	400 mℓ	砂 糖	10 g
砂 糖	10 g	しょうゆ	25 g
酒	15 g	ご ま	15 g
薄口しょうゆ	32 g		

① なすは茶せん型に切り，アクを抜き，だし汁を調味し，落としぶたをして煮てねじる．
② さやいんげんは青ゆでして千切りにし，ごまじょうゆで和え，なすと盛り合わせる．

3 かす汁

塩さけ(甘塩)	100 g	だし汁	1000 mℓ
だいこん	100 g	信州みそ	80 g
さといも	100 g	酒かす	50 g
にんじん	50 g	ね ぎ	15 g
こんにゃく	100 g	七味とうがらし	少々
油揚げ	10 g		

① さけは塩抜きをして1 cm幅に切る．だいこん，にんじんは短冊切り，さといもは輪切り，こんにゃく，油揚げは下処理して短冊切り，ねぎは斜め切りにする．
② だし汁にねぎ以外の①を入れ下煮して，やわらかく溶いたみそと酒かすを加え，火を止める直前にねぎを入れる．好みで七味をふる．

要 点
1．霜降り造り

34

1 若鶏の酒蒸し

鶏手羽肉	400 g	からしじょうゆ	
酒	45 g	からし(粉末)	3 g
塩	5 g	しょうゆ	50 g
レタス	4 枚	酢	10 g
きゅうり	50 g		
トマト	100 g		

① 鶏肉は形をととのえ，酒と塩をふり，10分おいて皿に並べ，30分蒸したのち，人数分に適当な大きさにそぎ切りにする．
② レタスを敷いて蒸した鶏肉を盛り，飾り切りにしたきゅうり，トマトを前盛りにして，からしじょうゆを添える．

2 すり流し汁

鶏ささみ	90 g	えのきたけ	15 g
だし汁	900 mℓ	みつば	15 g

① ささみをよくすり，だし汁でのばす．
② 豆腐は1 cm角に切り塩水につける．えのき

③ 桜もち

白玉粉	20 g	サラダ油	10 g
小麦粉	60 g	塩漬け桜の葉	8枚
水	120 ml		
砂糖	12 g		
グレナデンシロップ			
	5 g		
こしあん(甘味つき)			
	200 g		

① 白玉粉に水を加えて混ぜ，つぎに砂糖，小麦粉を加えグレナデンシロップで薄いピンク色にする．
② フライパンに油をひいてたねを入れ，縦10cm，厚さ3mmの小判型に焦がさないように両面を焼く．
③ あんを8等分して俵型に丸め，桜の葉を広げ，②を重ね，あんをのせて二つに折る．

（要 点）
1. 蒸し物について
2. すり流し汁について

35

① えびの菊花揚げ

タイガーえび(8尾)		菊の葉	8枚
	300 g	天つゆ	
塩	1 g	だし汁	100 ml
酒	10 g	みりん	33 g
小麦粉	30 g	しょうゆ	30 g
卵白	28 g	だいこん	150 g
はるさめ	40 g		
揚げ油			

① えびは尾を残し殻をむき，腹に切り目を入れ背をのばし，塩，酒で下味をつける．小麦粉，卵白をつけ，1cmに切ったはるさめをつけて揚げる．
② 菊の葉を素揚げにして盛り，だいこんおろしを前盛りにし，天つゆを添える．

② いかの鉄砲蒸し

やりいか(中)	2ハイ	もち米	120 g
塩	2 g	薄口しょうゆ	15 g
酒	30 g	酒	15 g
鶏肉	80 g	みりん	10 g
にんじん	40 g	塩	4 g
グリンピース	10 g	つまようじ	
パセリ	10 g		

① もち米は十分吸水させ水分をきっておく．
② いかはつぼ抜きして塩水で洗い，皮をむき水分をきって酒，塩で味をつける．
③ 鶏肉，いかの足，にんじんはあられに切り，米と調味料とグリンピースをよく混ぜる．
④ いかの内側の水分をとり，口をあけて具を七分目まで入れ，つまようじでとめ50分蒸す．
⑤ 蒸し上がったら1.5cmに切って盛り，パセリを添える．

上記冒頭部分:

塩	3 g	かたくり粉	8 g
白しょうゆ	35 g	粉さんしょう	
豆腐	75 g		
塩	0.8 g		

たけは2cmに切る．みつばは小口より切る．
③ ①に調味して，水溶きかたくり粉で濃度をつけ，豆腐，えのきたけ，みつばを加え，吸い口に粉さんしょうをふる．

③ 納豆汁

納豆	80 g	みそ	70 g
油揚げ	10 g	だし汁	650 mℓ
豆腐	50 g	しょうゆ	6 g
こんにゃく	80 g		

① 納豆は熱湯をかけて，細かく切ってする．
② こんにゃくは切ってゆで，油揚げは油抜きして切る．
③ だし汁でみそを溶き，こんにゃく，油揚げを入れて，煮立ったら，さいの目切りの豆腐，納豆，しょうゆを加えて火を止める．

（要 点）
1．菊花揚げ
2．鉄砲蒸しについて

36

① 萩のもち（三色おはぎ）

もち米	320 g	きなこ	15 g
うるち米	80 g	砂糖	30 g
水	500 mℓ	塩	3 g
塩	1 g		
粒あん	300 g	黒ごま	30 g
		砂糖	15 g
		塩	1 g

① もち米，うるち米は十分に吸水させ，水を加えて炊く．炊き上がったら塩を加え半分つく．
② ごまは半分すって砂糖，塩を加え，きなこにも砂糖，塩を加える．粒あんは火にかけてやわらかくしておく．
③ それぞれの材料をつけて3色のおはぎを作る．

② 衣かつぎ

さといも（小）皮つき	
	12個
しょうゆ	30 g
しょうが	10 g

① さといもは皮つきのままよく洗い，両端を切りゆでる．
② おろししょうがとしょうゆを添える．

③ のっぺい汁

だし汁	800 mℓ	塩	3 g
さといも	80 g	薄口しょうゆ	30 g
だいこん	120 g	青ねぎ	10 g
にんじん	80 g	かたくり粉	10 g
鶏肉	80 g		

① さといもは輪切り，だいこん，にんじんはいちょう切り，鶏肉はそぎ切りにする．ねぎは斜めに切る．
② だし汁で①を下煮して，やわらかくなったら調味料と水溶きかたくり粉を加え，とろみをつけ，ねぎを加え，わんに盛る．

（要 点）
1．もち米の扱い方
2．のっぺい汁について

37

1 菜 飯

米	320 g	だいこんの葉	80 g
水(米の20％増し)		塩	2 g
酒	30 g		
塩	6 g		

① やわらかいだいこんの葉の軸の部分を除いてゆで，冷水にとってしぼり，みじん切りにして，塩を加え空いりしておく．
② ご飯を蒸らして青菜をよく混ぜ合わせる．

2 田楽豆腐

田楽豆腐	20枚	田楽みそ	
からし	5 g	白みそ	100 g
飾り串	20本	みりん	30 g
		砂糖	60 g
		だし汁	90 ml
		卵黄	1個分

① 豆腐はよく水をきっておく．みそに調味料とだし汁を加え，弱火でとろみがでるまで練り，火を止めて手早く卵黄を混ぜる．
② あたためたオーブンで，豆腐を並べて強火で焼く．
③ 表面が乾いたらみそを塗り，再びオーブンで焦げ色がつくまで焼き，串を刺してからしをはく．

3 なめこ汁

なめこ	50 g	だし汁	700 ml
豆腐	100 g	赤みそ	70 g
みつば	10 g	みりん	3 g

① だし汁にみそを加える．煮立ったら，さいの目に切った豆腐となめこを入れて，ひと煮立ちしたらみりんを加え，みつばを散らす．

要点
1．田楽豆腐
2．なめこ汁

38

1 まつたけ雑炊

米	200 g	塩	4 g
だし汁	1000 ml	白しょうゆ	30 g
鶏 肉	50 g		
まつたけ	50 g		
みつば	10 g		
卵	100 g		

① 米は吸水させておく．分量のだし汁に米を加え弱火で加熱する．
② 鶏肉は1 cmにそぎ切り，まつたけは薄切り，卵は溶き，みつばは小口より切る．
③ 米の腹が開いてきたら鶏肉を加えて調味し，まつたけ，みつばを散らして卵でとじ，半熟になったら火を止める．

2 あわび（はまぐり）の酒蒸し

あわび	450 g
酒	50 g
塩	3 g
松 葉	

① あわびは塩でよく洗ってぬめりをとって殻から出す．適当な大きさに切り，殻にもどし塩と酒を加えて蒸す．
② 盛りつけに松葉をあしらう．

3 くり蒸しようかん

こしあん	375 g	くり(甘露煮)(4個)	
小麦粉	40 g		60 g
水	200 ml		

① 小麦粉を水で溶き，練りあんと合わせ弱火で軽く練る．
② 流し箱に入れ，くりを加えて蒸し，冷やして固め，好みの形に切る．

> 要 点
> 1．雑炊の作り方
> 2．あわびの扱い方
> 3．酒蒸しについて
> 4．くり蒸しようかんについて

39

1 魚の信州蒸し

白身魚(たら)	300 g	だし汁	300 ml
酒	30 g	しょうゆ	35 g
塩	3 g	みりん	10 g
卵　白	28 g	粉わさび	4 g
そ　ば	100 g	ね　ぎ	15 g
		の　り	1 g

① 魚は酒と塩で下味をつける．
② そばは端を縛り，ゆでて流水で冷やし，水をきる．卵白は軽く泡立て，そばにからませ，魚にひと巻きして蒸す．
③ だし汁を調味して蒸した魚に加え，さらしねぎ，もみのり，練りわさびを添える．

2 牛肉の大和煮

牛肉(バラ上)	300 g	だし汁	200 ml
しょうが	10 g	砂　糖	15 g
		酒	45 g
		みりん	10 g
		しょうゆ	50 g

① 牛肉は1cm角に切る．
② だし汁を調味して牛肉と薄切りのしょうがを加え，アクをとりながら煮汁がなくなるまで煮る．

3 もち菓子

白玉粉	180 g	浮き粉	15 g
水	180 ml	粒あん	200 g
砂　糖	35 g	きょう木	10枚
食　紅		黒もじ	5本

① 白玉粉は砂糖を加えて2等分にする．一方の白玉粉に½量の水と食紅を加えて混ぜ合わせてまとめ，紅・白を作る．
② ①を下にきょう木をはって15分蒸す．熱いうちにそれぞれすり鉢でねばりのでるまでよくこね，5等分にし，のばしてあんを包み，浮き粉をふって形をととのえ，紅白に盛り，黒もじを添える．

> 要 点
> 1．魚の蒸し物について
> 2．大和煮について
> 3．白玉粉について

40

1 若鶏のさんしょう焼き

若鶏のもも肉	400 g	ぎんなん(8個)	25 g
酒	15 g	つまようじ	
みりん	30 g	もみじ(赤)	
しょうゆ	36 g	粉さんしょう	少々
サラダ油	45 g		

① 若鶏のももは骨にそって包丁を入れ，形をととのえ，合わせた調味料に30分浸しておく．
② 焼きながら残りの調味料をつける．
③ ぎんなんはいって皮をむき，塩をして，つまようじに刺す．
④ 器にもみじを飾り，鶏を盛って粉さんしょうをふり，ぎんなんを添える．

2 ごま豆腐

白ごま	60 g	三杯酢	
だし汁	600 mℓ	酢	25 g
本くず	60 g	砂 糖	15 g
かたくり粉	10 g	しょうゆ	20 g
酒	5 g	塩	2 g
砂 糖	5 g	粉わさび	3 g
塩	2 g		

① 白ごまは，いって油のでるまでよくする．だし汁でのばし，こして，本くず，調味料を加える．
② こした液を加熱してねばりのでるまでよく練り，型に入れ冷やして固める．
③ 固まったら好みの形に切り，練りわさびと三杯酢を添える．

3 船場汁

だし汁	700 mℓ	塩さば	150 g
こんぶ	10 g	だいこん	150 g
塩	3 g	ねぎ	10 g
薄口しょうゆ	15 g	しょうが	10 g

① 塩さばは，塩ぬきして1 cmにそぎ切りにする．だいこんはいちょう切り，ねぎは斜めに千切り，しょうがは薄切りにする．
② だし汁に，さば，だいこんを加えてアクをとり，調味してねぎとしょうがを加える．

（要 点）
1．ごま豆腐（本くず）について
2．船場汁について

41

1 年越しそば

そば玉(1玉150 g)	4玉	干ししいたけ(4枚)	8 g
そば汁		かき揚げ	
水	1200 mℓ	(作り方は2)	
かつお	20 g	薬 味	
こんぶ	10 cm	ねぎ	50 g
しょうゆ	110 g	のり	2 g
みりん	110 g		

① 器を熱湯であたためる．
② そば玉に湯をとおす．
③ そば汁は，分量の水にかつお，こんぶ，干ししいたけ，しょうゆ，みりんを入れて加熱し，沸騰したら火を止めてこす（水出し法）．しいたけは具にする．
④ ねぎはさらしねぎ，のりは軽くあぶり切る．
⑤ あたためたそばにかき揚げをのせ，汁をはり，薬味を散らす．

2 かき揚げ

えび	3尾	衣		
貝柱	2個	卵	30 g	
塩	5 g	冷水	40 mℓ	
酒	15 g	薄力粉	60 g	
小麦粉	10 g	揚げ油		
ごぼう	30 g			
にんじん	15 g			
みつば	30 g			

① えびは皮と背腸をとり小口切,貝柱はさいのめに切り,酒,塩をし,小麦粉をまぶす.
② みつばは3cm長さに切り,ごぼうとにんじんは長さを合わせて千切りにする.
③ 衣を作り①と②の材料を合わせ,170℃でゆっくり,からっと揚げる.
④ 年越しそばの上にのせてもよい.

42

1 いわしの巻き揚げ

いわし(小)	8尾	もやし	120 g	
酒	12 g	にんじん	60 g	
しょうゆ	30 g	サラダ油	13 g	
しょうが	10 g	甘酢		
かたくり粉	40 g	酢	45 g	
つまようじ	8本	砂糖	20 g	
		塩	2 g	

① いわしは頭をとり内臓を出して塩水で洗い,手開きにし尾を残して中骨をとり,調味料に10分つける.
② 汁気をよくきってかたくり粉を薄くつけ,頭のほうから巻いて尾のところをつまようじでとめ,油で揚げる.
③ もやしは水洗い,にんじんは千切りにして油で炒め,甘酢を加えてひと煮してさまし,前盛りにする.

2 かぶら蒸し

かぶ	300 g	みつば	15 g	
卵白	56 g	ぎんなん	25 g	
砂糖	3 g	干ししいたけ	10 g	
酒	15 g	うすくずあん		
塩	3 g	だし汁	150 mℓ	
鶏肉	150 g	塩	1 g	
酒	10 g	薄口しょうゆ	5 g	
薄口しょうゆ	10 g	みりん	7 g	
		かたくり粉	4 g	

① かぶは,すりおろして軽く水分をきっておく.鶏肉はそぎ切りにして下味をつける.しいたけはもどしていちょう切り,ぎんなんはいって皮をむく,みつばは2cmに切る.
② 卵白とかぶを混ぜ調味する.
③ 蒸し茶わんに鶏肉,しいたけ,ぎんなん,みつばを入れ②を加えて蒸す.
④ だし汁を調味してあんを作る.蒸し上がった上からあんをかける.

3 ゆばとすいとんの吸い物

だし汁	700 mℓ
塩	5 g
薄口しょうゆ	18 g
のり	1 g
生ゆば	50 g
小麦粉	100 g
熱湯	30 mℓ

① 水を沸騰させ,小麦粉を熱湯で練ったすいとんを落とし,浮き上がってきたらざるに上げる.
② 生ゆばは1cm幅に切り,のりは千切りにする.
③ だし汁を調味して,すいとん,生ゆばを加え,のりを吸い口にする.

要点
1. いわしについて
2. かぶら蒸しについて
3. すいとんについて

43

1 たい飯

米	320 g	みりん	5 g
水(米の15%増し)		酒	10 g
たい切身(たら)	250 g	奈良漬け	30 g
白しょうゆ	40 g	紅しょうが	10 g
しょうゆ	20 g		

① たいは焼いて身を細かくほぐす.
② 米はよく吸水させ,分量の水,たいのほぐし身,調味料を加えて炊く.
③ 奈良漬け,紅しょうがの千切りを添える.

2 しゅんぎくと生しいたけのくるみ和え

しゅんぎく	300 g	くるみ	50 g
生しいたけ	100 g	酢	20 g
しょうゆ	35 g	砂糖	20 g
		塩	1.5 g

① しいたけはしょうゆをつけて焼き,千切りにする.しゅんぎくは青くゆでて3 cmに切る.
② くるみは,いってすりつぶし,調味料でのばし,しいたけとしゅんぎくを和える.

3 菜の花と庄内麩の吸い物

だし汁	700 mℓ	菜の花	30 g
塩	5 g	庄内麩	5 g
薄口しょうゆ	10 g	ゆず(皮)	

① 菜の花は青くゆでる.庄内麩はもどして切る.
② だし汁を調味し,麩を加える.
③ わんに菜の花を入れ,吸い地をはって,ゆずを吸い口にする.

要点
1. たい飯について
2. くるみの扱い方
3. 庄内麩について

44

1 押しずし

米	480 g	合わせ酢	
こんぶ	10 g	酢	60 g
みりん	30 g	砂糖	45 g
酒	30 g	塩	10 g

① 米は,こんぶだしで湯炊き法にする.合わせ酢をして,すし飯を作る.押しずしの型は酢水でしめらせておく.
② たいは,3枚おろしにして皮を引き,塩をふり,そぎ切りにして白板こんぶ,しょうが

I 日本料理

たい	100 g	干ししいたけ	8 g	
しょうが汁	5 g	もどし汁	200 mℓ	
白板こんぶ	1枚	砂糖	30 g	
木の芽	8枚	しょうゆ	40 g	
甘酢		卵	50 g	
酢	30 g	だし汁	10 mℓ	
砂糖	10 g	砂糖	3 g	
塩	2.5 g	塩	1 g	
甲いか平作り	4枚	サラダ油	5 g	
スモークサーモン	4枚	えび(頭なし)	4尾	
		酢	15 g	
		砂糖	10 g	
		塩	0.5 g	
		酢しょうが	50 g	
		はらん	2枚	

汁とともに甘酢につける．
③ 卵は錦糸卵にする．えびは，串を刺して塩ゆでにして殻をむき，尾を残して開き甘酢につける．
④ しいたけは，もどして調味料で煮る．
⑤ 型にすし飯を詰め，上に具をおのおの色どりよく並べ，たいの上に木の芽をのせ，おさえて形をととのえて切る．酢しょうがを添えはらんを飾る．

② はまぐりの潮汁

はまぐり(中8個)		みつば	5 g	
	300 g	木の芽	5枚	
水	700 mℓ			
こんぶ	15 cm			
酒	15 g			
塩	5 g			
白しょうゆ	9 g			

① はまぐりは砂出しをして殻をよく洗う．
② 分量の水にこんぶ，はまぐりを入れ加熱する．殻が開きかけたらこんぶを取り出し，酒を加えてアクをひき，塩と白しょうゆを加える．
③ ②をわんに盛り，熱湯をとおした結びみつばをあしらい，吸い口に木の芽を添える．

(要 点)
1．押しずしについて
2．潮汁について

45

① 松花堂べんとう

ⓐ ゆかり飯

米	320 g	しその葉	2枚	
水	480 mℓ	塩	4 g	

① 熱い飯に，しその葉のみじん切りと塩を混ぜ，俵型に結ぶ．

ⓑ だて巻き卵

卵	200 g	漬け物	30 g	
魚すり身	50 g			
砂糖	25 g			
塩	1.5 g			
サラダ油	15 g			

① 卵は泡立てないように溶きほぐす．
② 魚すり身をすり鉢でよくすり，調味して卵液を少量ずつ入れてのばし，混ぜる．
③ 油をよくなじませた卵焼き器に卵液を流し入れ，弱火でふたをして焼きめをつけ，裏もさっと焼く（卵がふくれたら串で中の空気を抜く）．

④ 焼きめを下にして縦に3本浅く筋をつけ，巻きすでのり巻きの要領で巻き，さめたら1.5cm幅に切る．
⑤ 漬け物は形よく切って盛る．

ⓒ まぐろ串刺し

まぐろ	150 g	わさび(粉)	5 g
ゆでたこ	120 g	しょうゆ	50 g
きゅうり	80 g	竹 串	10本

① わさびじょうゆにつけた角切りのまぐろ，ぶつ切りのたこと，きゅうりを交互に串に刺す．

ⓓ はまちのゆず焼き

はまち切り身	250 g	筆しょうが	5本
酒	30 g		
しょうゆ	45 g		
みりん	30 g		
ゆず	10 g		

① はまちは，ゆずを入れた調味液に15分くらいつけておく．
② 串に刺してこんがりと焼き，筆しょうがを添える．

ⓔ 青唐となすの甘煮

青とうがらし(10本)		揚げ油	
	100 g	だし汁	300 mℓ
なす(小)	250 g	しょうゆ	36 g
鶏ひき肉	150 g	砂 糖	20 g
しょうゆ	18 g	みりん	10 g
砂 糖	5 g		
小麦粉	30 g		

① 鶏ひき肉に調味料と小麦粉を加えて団子に丸め，揚げ油でからりと揚げる．
② 青とうがらしに切り目を入れる．なすは，かのこに切り目を入れて油で素揚げにする．
③ だし汁に調味料を加え，鶏団子，青とうがらし，なすを煮含める．

ⓕ 水菓子(果物)

| 季節の果物 | 200 g |

ⓐ～ⓕを形よく詰め合わせる．

② 鶏肉のすっぽん仕立て

鶏肉(もも皮つき)		だし汁	700 mℓ
	150 g	薄口しょうゆ	10 g
焼き豆腐(½丁)	150 g	塩	5 g
白ねぎ	15 g	酒	30 g
しょうが	10 g		

① 鶏肉はひと口大のそぎ切り，焼き豆腐は4切れに切る．ねぎは小口切りにして水でさらす．しょうがはおろして露しょうがにする．
② だし汁に酒を加え，鶏肉と焼き豆腐を煮る．火がとおったら調味し，おろしぎわに露しょうがを加える．わんに盛ってさらしねぎを散らす．

（要　点）
1．松花堂べんとうについて
2．すっぽん仕立てについて

46

1 たいのあらい

たい(1kgくらいのもの)		土佐じょうゆ	
	1尾	しょうゆ	75 g
きゅうり	150 g	みりん	15 g
青じその葉	5枚	かつお節	10 g
紅たで	1 g		
わさび	60 g		

① たいは3枚におろし,腹骨をすき取り小骨を抜く.皮を下にして尾のほうから皮を引く.皮のほうを下に置き,薄くそぎ切りにして氷水につけ,水で身をよくさらす.
② 表面がよくしまってきたらざるにとり,水きりをして氷をのせて冷やしておく.
③ 青じそをあしらい,きゅうりをけんに,紅たで,わさび,土佐じょうゆを添える.

2 白身魚の煮こごり

白身魚	150 g	寒天	⅔本
(たいの切りだし)		だし汁	400 ml
きくらげ(干)	5 g	塩	2 g
にんじん	30 g	酒	10 g
さやえんどう	10 g		
わさび	50 g		
しょうゆ	適宜		

① 白身魚は薄くそぎ切り,にんじん,さやえんどうは千切りにしてゆでる.きくらげはもどして千切りにする.
② 寒天はよく吸水させてだし汁で煮溶かし,魚を加えてアクをとり,調味してにんじん,きくらげ,さやえんどうを加え,火を止める.
③ 流し箱に入れて冷やし固め,好みの形に切って,わさびじょうゆを添える.

3 たいのあらの赤だし

たいのあら	250 g	水	800 ml
みつば	5 g	こんぶ	15 cm
粉さんしょう	少々	赤みそ	80 g

① たいのあら(頭も入れる)を3cm角に切って熱湯をかけ,冷水にとり,血合い,うろこをよく洗い落として水をきる.
② 分量の水にこんぶとあらを入れ,煮立ってきたらこんぶを出し,弱火で浮くアクをとりながら15分煮てみそを加える.
③ わんに盛り,小口切りのみつばを散らし,好みで粉さんしょうをふる.

要点
1. たいについて

47

1 赤 飯

もち米	320 g
あずき	50 g
黒ごま	4 g
塩	4 g

① もち米は十分に吸水させておく.
② あずきは胴割れしないように煮る.あずきのゆで汁にもち米を浸して色をつける.
③ あずきともち米を混ぜて蒸す.蒸す途中であずきの汁を2~3回上から全体にかけて40

2 刺し身盛り合わせ （2）

甲いか	500 g
のり	1 g
あわび	1個
あかがい	2個
まぐろ	200 g
おごのり	10 g
とさかのり	10 g
だいこん	150 g
しその葉	4枚
わさび（½本）	15 g
刺し身じょうゆ	50 g

① いかは背を割り，甲らをはずし身を出して表皮をはぎ，厚いところは長方形に切り，のりと合わせて鳴門造りにする．残りは糸作りにする．
② あわびは塩でぬめりをとり，殻から身を出し，えんと口を切り取って，さざ波作りにする．
③ あかがいは殻をあけ，身を出し，わたとひもを除き，塩をふってもみ，水洗いして身をよくしめる．
④ まぐろは平作りにする．
⑤ だいこんをけんとして盛り，しその葉，おごのり，とさかのりはつまにし，わさびを脇づまにして，刺し身じょうゆを添える．

3 春蘭の吸い物

だし汁	700 mℓ	春蘭（塩漬け）（4個）	
こんぶ	10 g		20 g
塩	4 g	しょうが	5 g
薄口しょうゆ	6 g		

① 春蘭は塩ぬきをしておく．しょうがは針に切って水にさらす．
② だし汁を調味し，わんだねに春蘭，吸い口に針しょうがを加え，吸い地をはる．

（要　点）
1．赤飯について
2．活魚の扱い方
3．春蘭について

48

1 破り子べんとう

ⓐ 若鶏の照り焼き

鶏もも肉	300 g
油	15 g
しょうゆ	60 g
砂糖	20 g
みりん	30 g

① 鶏肉は皮のほうに金串で穴をあけ，皮から入れてキツネ色になるまで両面を焼く．
② 照りじょうゆを上からまわしてかけ，ふたをして弱火で10分間蒸し焼きにし，切り分ける．

ⓑ こんにゃくとごぼうの炒め煮

糸こんにゃく	200 g	だし汁	50 mℓ
ごぼう	120 g	しょうゆ	36 g
にんじん	30 g	砂糖	10 g
牛肉	150 g	みりん	5 g

① 糸こんにゃくは5 cmに切ってゆで，水分をよくきる．ごぼうはささがきにして酢水につけ，ゆでる．にんじんもささがきに切る．牛肉は千切りにする．

油	15 g		② 油で牛肉,にんじん,ごぼう,糸こんにゃくを炒め,だし汁と砂糖,みりんを加えて煮立て,しょうゆを入れ,煮しめて七味をふる.
七　味			

ⓒ**名月卵**
卵(2個)	130 g
塩	1 g
黒ごま	5 g

① 卵は卵黄が中心になるように10分間ゆで,2等分にして,塩と黒ごまをかける.

ⓓ**ほうれんそうのごまよごし**
ほうれんそう	200 g
しょうゆ	18 g
砂　糖	5 g
黒ごま	10 g

① ほうれんそうは青ゆでにして水分をよくきり,3 cmに切って揃えておく.
② ごまはすり,調味料を加えて①を和える.
③ 盛りつけはアルミホイルを使用する.

ⓔ**守口漬け**
守口漬け	30 g

① 漬物は適当に切る.

（要　点）
1. 破り子べんとうについて

49

1 ひらめの三色揚げ

ひらめの切り身	350 g	塩たらこ	80 g	① たらこは焼いて身をほぐす.パセリは小口よりみじんに切る.
塩	3 g	黒ごま	15 g	② ひらめは3 cm幅に切って塩水で洗い,水分をきって小麦粉をつけ,溶き卵にくぐらせて,たらこ,黒ごま,パセリをそれぞれにつけて揚げ,だいこんおろしを前盛りにする.
小麦粉	24 g	パセリ	10 g	
卵	50 g	だいこん	100 g	
揚げ油		しょうゆ	30 g	

2 いり豆腐

豚　肉	100 g	ごま油	13 g	① 豆腐は3 cmに切り,ゆでて水分をきる.豚肉は2 cmに切って塩をふる.ねぎは小口切りにする.
塩	1 g	砂　糖	5 g	② ごま油を熱して豚肉を炒め,豆腐を加えて調味し,ねぎを加える.
豆　腐	300 g	塩	3 g	
ね　ぎ	50 g	しょうゆ	18 g	

3 あさり汁

あさり(殻つき)	300 g	水	800 ml	① あさりは砂を出してよく洗う.
みつば	5 g	こんぶ	10 g	② 水に,こんぶとあさりを入れ,沸騰寸前にこんぶを出し,殻が開きかけたら酒を入れ,アクをていねいにとり,調味して,切ったみつばを散らす.
		酒	10 g	
		塩	5 g	
		薄口しょうゆ	10 g	

4 くず桜

くず粉	50 g	練りあん(甘味つき)	
砂糖	20 g		200 g
水	200 mℓ	桜の葉	10枚

① くず粉に砂糖，水を加えて加熱し，弱火で練って白濁色になったら火を止め，8等分にする．
② 甘味つきあんは8等分にして①で包み，弱火で蒸し，透明になったら火を止め，冷たく冷やす．

(要 点)
1．くず粉の調理

50

1 にぎりずし

すし飯		合わせ酢	
米	480 g	酢	90 g
水	660 mℓ	砂糖	50 g
こんぶ	10cm角	塩	12 g
酒	30 g	酢しょうが	50 g
まぐろ	100 g		
たこ(ゆで)	80 g		
えび(7〜8cm)	8尾		
練りわさび	5 g		
細巻き			
きゅうり	40 g		
山ごぼうみそ漬け			
	40 g		
練りわさび	5 g		
のり	10 g		

① すし飯を作る．
② まぐろは8切れのそぎ切り，たこは4切れのそぎ切りに切る．
③ えびは姿のまま腹側にのし串を打ち，熱湯に塩を加えさっとゆで，すぐ冷水にとり，冷えたら水を切り，尾を残して殻をむき，背わたをとり，酢洗いして串を抜いて腹側から切り開く．
④ すし飯はまわりはきっちりと硬く，口の中に入れたとき，ぱらりとほぐれるようににぎり，まぐろ，たこ，えびをたねにする．
⑤ のりは軽くあぶって横半分に切り，きゅうり，たくあんを芯に細巻きにする．
⑥ すし飯はにぎりから使い，残りを細巻きにする．
⑦ にぎりずし，細巻きを盛り合わせ，酢しょうがを添える．

2 しんじょうとしゅんぎくの吸い物

だし汁	700 mℓ	しんじょう(紅・白)	
塩	5 g		80 g
薄口しょうゆ	6 g	しゅんぎく	20 g

① だし汁を調味する．
② しんじょうとしゅんぎくは熱湯をとおして青ゆでし，わんに入れ，吸い地をはる．

(要 点)
1．すしのにぎり方
2．しんじょうについて

II 西洋料理

献立目次

1. ① Consommé julienne ② Salade (de) macaroni ③ Petit pain en rouleau ……… 135
2. ① Potage crème ② Sandwich⑴ ③ Compote de pommes ……… 136
3. ① Carangue à la meunière ② Salade (de) légumes ……… 137
4. ① Curry de bœuf ② Salade fruits ……… 138
5. ① Cuisson des poissons frits ② Potage purée de petits pois ……… 138
6. ① Hamburg steak ② Corn cream soup ……… 139
7. ① Poivrons farcis ② Potage à l'américaine ③ Hot cake ……… 140
8. ① Ham steak with apple sauce ② Fruits salad ……… 141
9. ① Steamed fish with white sauce ② Sandwich⑵ ③ Consommé printanier ……… 142
10. ① Œufs à la poêle ② Muffin ③ Melon frappé ……… 143
11. ① Croquette de volaille ② Salade (de) tomate ……… 144
12. ① Omelette ② Salade (de) volaille et cresson ③ Blanc-manger ……… 145
13. ① Spaghetti with meat sauce ② Lettuce salad ③ Baked apple ……… 146
14. ① Côtelette de porc ② Purée Parmentière Vichyssoise ……… 147
15. ① Macaroni au gratin ② Salade (de) légumes ③ Crème renversée au caramel ……… 148
16. ① Pizza napolitana ② Citronnade ……… 149
17. ① Roast chicken ② Pineapple ③ Bread ……… 149
18. ① Decorated cake ② Lemon tea ……… 150
19. ① Hors-d'œuvre ② Grape punch ……… 151
20. ① Fried sea food combination ② Patate au gratins ③ Salade de laitues Mimosa ……… 153
21. ① Rice Omelet ② Chicken mulligatawny ……… 154
22. ① Stewed beef ② Broccoli salad ③ Soft doughnut ……… 154
23. ① Daurade au four ② Consommé Renaissance ③ Crêpes Suzette ……… 155
24. ① Sarde all'Anconetana ② Minestrone alla Milanese ③ Fruits ……… 156
25. ① Saumon à l'escabèche ② Clam chowder ③ Bavarois ……… 157
26. ① Mutton with cheese ② Potato salad ③ Onion soup ……… 158
27. ① Gnocchi sauce tomate ② Zuppa pavese ……… 159
28. ① Paëlla ② Gazpacho ……… 160
29. ① Pot au feu de bœuf ② Salade (de) fruits ③ Choux à la crème ……… 161
30. ① Kichedi ② Grilled chicken ③ Asparagus with mayonnaise ……… 162
31. ① Cuisson des poissons à la sauce épinard ② Consommé frappé ③ Gelée porto ……… 163
32. ① Porc à la Hawaïenne ② Consommé aux macaronis ③ Salade de macédoine ……… 164
33. ① Barbue en papillote ② Consommé à la brunoise ③ Cookie ……… 165

34. ① Tortillas ② Chile con carne ③ Mexican salad ·· 166
35. ① Roast pork ② Bouquet salad ··· 167
36. ① Steak minute à la provencale ② Soupe à loignon gratinée ③ Salade de carottes à lórange et avocat ·· 168
37. ① Stuffed chicken cutlet ② Coffee pudding ··· 169
38. ① Sole à la meunière ② Choux au jus ··· 169
39. ① Ravioli ② Minestrina di spinaci alla Modenese ································ 170
40. ① Beef steak ② Cauliflower salad ··· 171
41. ① Chicken pie ② Apple pie ③ Lemon tea ··· 172
42. ① Borsch ② Piroshik ③ Russian Tea ·· 173
43. ① Hors-d'œuvre ② Egg Nog ··· 174
44. ① Roast turkey ② Christmas pudding ·· 175
45. ① Plum cake ② Jelly in basket ③ Baked Alaska ④ Royal coffee ························· 176
46. ① Mérétrice grillée ② Huîtres à la florentine ③ Salade (de) crabe ·············· 177
47. ① Pain de bœuf ② Salade d'épinard ··· 178
48. ① Pollo al vino rosso ② Insalata di mare ··· 179

I

1 Consommé julienne (コンソメ ジュリエーヌ)
コンソメスープ

ブイヨン(800 mℓ)
牛すね肉	200 g
鶏骨	1羽分
にんじん	10 g
たまねぎ	30 g
セロリー	60 g
パセリ	10 g
水	2000 mℓ
月けい樹	小1枚
タイム	ひとつまみ
粒こしょう	2粒
卵白	28 g
たこ糸	
塩	8 g

浮き身
さやえんどう	10 g
にんじん	10 g

① 牛のすね肉は細かく切り，鶏骨は水洗いしてたたく．野菜はまとめてブーケを作る．
② 卵白はよくほぐして，すね肉によく混ぜ，水を加え，鶏骨，野菜，香辛料といっしょに煮る．沸騰したら卵白とともにアクをとり除き，微沸状態で1～2時間煮て，こし，塩で味をととのえる．
③ 浮き身のさやえんどうとにんじんは千切りにしてゆでる．
④ 皿をあたため，スープをそそぎ入れて，浮き身を散らす．

2 Salade (de) macaroni (サラード マカロニ)
マカロニサラダ

マカロニ	80 g
レタス	80 g
きゅうり	80 g
卵	50 g
サラミソーセージ	40 g
パセリ	5 g

マヨネーズ
卵黄	17 g
洋がらし	3 g
塩	5 g
こしょう	0.5 g
酢	20 g
サラダ油	130 g

① マカロニをゆでる．
② 卵を固くゆでて，白身をみじん切り，卵黄を裏ごしにする．
③ サラミソーセージときゅうりを揃えて千切りにする．
④ マヨネーズで，マカロニ，ソーセージ，きゅうりを和え，器にレタスを敷いて盛りつける．上に卵を飾り，パセリを添える．

3 Petit pain en rouleau (プティ パン アン ルーロー)
バターロール

強力粉	250 g
ⓐドライイースト	7 g
微温湯	50 g
砂糖	3 g
ⓑ卵	50 g
砂糖	25 g
塩	4 g
牛乳	90 mℓ
バター	40 g
卵黄	25 g
水	15 g

① ドライイーストを予備発酵させる．
　ⓐの微温湯に砂糖を入れ，ドライイーストをふり入れ10分おく．
② ボールにふるった強力粉を入れ，中心をくぼませる．
③ ⓑの牛乳はあたためて40℃くらいにさましておく．
④ ②に①，ⓑ，細かく切ったバターを混ぜ，こねる．こねる，引き伸ばす，たたきつける作業を繰り返す．
⑤ 第1次発酵させる．
⑥ ガス抜きする．
⑦ 生地を10等分に分け，小さく丸め，固く絞

ったぬれ布巾をかけ15分ベンチタイムする．
⑧　成形し，第2次発酵を10分させる．
⑨　つや出し水溶き卵黄を塗り，180℃のオーブンで10～15分焼く．

(要　点)
1．スープの基本調理法（澄んだスープ）
2．マヨネーズの作り方
3．パンの作り方

2

1 Potage crème（ポタージュ　クレーム）
クリームスープ

ブイヨン	800 mℓ	卵　黄	17 g
バター	20 g	生クリーム	45 g
小麦粉	30 g	塩	8 g
牛　乳	400 mℓ	こしょう	
浮き身（クルトン）			
食パン	10 g		
揚げ油			
パセリ	2 g		

①　バターを溶かし，小麦粉を炒めて，牛乳，ブイヨンを加え，適当な濃度に煮つめて味をつける．でき上がりぎわに卵黄と生クリームを混ぜる．
②　食パンをあられ切りにして，油で揚げる．
③　パセリはみじん切りにして，水にさらす．
④　皿をあたため，スープをそそぎ入れて，浮き身のクルトンとパセリを散らす．

2 Sandwich（サンドイッチ）(1)

食パン2種(0.8cm)		ⓐレタス	80 g
イギリスパン	8枚	マヨネーズ	15 g
胚芽パン（麦の		ボンレスハム（2枚）	
めぐみ）	4枚		80 g
バター	40 g	ⓑスライスチーズ2枚	
からし	2 g	きゅうり	100 g
パセリ	5 g	トマト	100 g
		マヨネーズ	15 g
		ⓒ卵	100 g
		マヨネーズ	40 g
		塩	1 g
		こしょう	

①　からしバターを作り，食パンの片面に塗る．
②　ⓐは，レタスをパンの大きさに合わせてのせ，ボンレスハムを重ねる．ⓑは，きゅうりをパンの長さの薄切りにし，トマトは皮をむき，5mmの厚さに切り，スライスチーズとともにパンに重ねる．それぞれの間にマヨネーズを塗る．ⓒは，卵を固ゆでして，みじんに切り，マヨネーズ，塩，こしょうで味をととのえ，パンにはさむ．
③　はさみ終ったパンを重ね，軽く重しをする．形よく切り分け，皿に盛ってパセリを飾る．

3 Compote de pommes（コンポート　デ　ポーム）
りんごの蜜煮

りんご	500 g	メレンゲ	
砂　糖	100 g	卵　白	28 g
水	400 mℓ	砂　糖	20 g

①　りんごは輪切りにして皮をむき，芯をとる．水にりんごとレモン汁を入れて透明になるまで弱火で煮込み，砂糖を加える．

Ⅱ 西洋料理

| レモン汁 | 25 g | バニラエッセンス | | ② 卵白を泡だて，砂糖とバニラエッセンスを加えてメレンゲを作り①にかける． |

要点
1. スープの基本調理法（濃度のあるスープ）
2. サンドイッチについて

3

① Carangue à la meunière（カラング ア ラ ムニエール）
あじのバター焼き

あじ(中)(4尾)	800 g	タルタルソース	
塩，こしょう		マヨネーズ	50 g
牛乳	50 mℓ	ピクルス	20 g
小麦粉	25 g	卵	30 g
バター	15 g	たまねぎ	10 g
サラダ油	25 g	パセリ	2 g
白ワイン	30 g	レモン(½個)	50 g

Carotte sauté au beurre（カロット ソーテ オー ブール）

にんじん	150 g
バター	13 g
塩，こしょう	

Haricots verts au beurre（アリコ ヴェール オー ブール）

さやいんげん	120 g
バター	12 g
塩，こしょう	

① あじを3枚におろし，塩，こしょうする．
② ①を牛乳につけて，小麦粉をはたきつけ，バターとサラダ油で焼く．白ワインをふり込んで，焼き上げる．
③ にんじんはシャトウに切り，やわらかくゆでて，バターで炒める．
④ さやいんげんはゆでて，バターで炒める．
⑤ マヨネーズに，ゆで卵と野菜のみじん切りを加え，タルタルソースを作る．
⑥ ミート皿に，魚，野菜，レモンを盛り合わせ，魚にタルタルソースをかける．

② Salade (de) légumes（サラード レギューム）
野菜サラダ

キャベツ	70 g	ビネグレットソース	
サニーレタス	100 g	サラダ油	45 g
きゅうり	80 g	酢	30 g
トマト	200 g	粒マスタード	2 g
ルッコラ	30 g	塩	2 g
		こしょう	

① 野菜は流水でよく洗い，キャベツは千切りにし，ほかは好みに切って，器に盛り合わせる．
② サラダ油，酢，粒マスタード，塩，こしょうを合わせて，ビネグレットソースを作り野菜にドレッシングする．

要点
1. 魚のおろし方
2. ビネグレットソースの作り方

4

① Curry de bœuf（カリー　ドゥ　ブフ）
Curry and Rice（カレー　アンド　ライス）

米	480 g	ルウ	
水（米の20％増）		バター	40 g
ブイヨン	1200 mℓ	たまねぎ	100 g
牛バラ肉	300 g	にんにく	3 g
たまねぎ	400 g	しょうが	20 g
にんじん	150 g	カレー粉	10 g
サラダ油	13 g	小麦粉	60 g
ローリエ	2枚	牛乳	100 mℓ
チャツネ	30 g	赤ワイン	30 mℓ
塩	20 g	ウスターソース	18 g
こしょう		ガラムマサラ	2 g
福神漬け	50 g		
花らっきょう	30 g		

① ルウ用の野菜は、みじん切りにしてバターで炒め、小麦粉とカレー粉半分を加えてルウをつくり、ブイヨンでのばす．
② 牛肉は2cmの角切り、たまねぎはざく切り、にんじんは1cm角切りにして、油で炒める．
③ ブイヨンに肉，野菜を入れ，ローリエを加えて煮込む．やわらかくなったらチャツネとルウ，調味料を加えて煮込み，味をととのえる．
④ 皿にライスを盛り，片側にソースをそそぎかけ，福神漬けと花らっきょうを添える．

② Salade fruits（サラード　フリュイ）
フルーツサラダ

いちご（キーウィ）	150 g	ヨーグルトソース	
もも（缶詰）	100 g	卵黄	17 g
パインアップル	100 g	ヨーグルト	90 g
りんご	200 g	レモン汁	15 g
レタス	80 g	砂糖	10 g
		塩	1 g

① 果物は好みの形に切り分ける．器にレタスを敷き，その上に果物を盛り合わせる．
② 卵黄をほぐし，ヨーグルトと混ぜ合わせ，レモン汁，砂糖，塩で味をととのえ，ソースを作り，果物にかける．

（要　点）
1．牛肉の部位の調理

5

① Cuisson des poissons frits（キュイッソン　デ　ポワッソン　フリット）
白身魚のフライ

白身の魚（メルルーサ）	300 g	ソース	
塩，こしょう		マヨネーズソース	50 g
小麦粉	24 g	ケチャップ	20 g
卵	50 g		
水	15 mℓ		
パン粉	30 g		
揚げ油			

① 白身魚に塩，こしょうして小麦粉をまぶし，水，溶き卵，パン粉をつけて油で揚げる．
② マヨネーズソースとケチャップを合わせる．
③ スパゲッティはたっぷりの湯に塩を加えてゆで，水にさらす．油で炒め，ケチャップ，塩，こしょうで味をととのえ，粉チーズをふり込む．

Spaghetti à la napolitaine(スパゲッティ ア ラ ナポリテーヌ)

スパゲッティ	80 g	塩	2 g
ケチャップ	50 g	こしょう	
サラダ油	13 g	粉チーズ	10 g

Sauté(ソーテ)

さやいんげん	150 g	塩	0.5 g
バター	15 g	こしょう	

④ さやいんげんはゆでて，バターで炒める．
⑤ 皿に配色よく盛りつけ，魚に②のソースをかける．

2 **Potage purée de petits pois**(ポタージュ ピューレ ドゥ プティ ポワ) グリーンスープ

青 豆	200 g	ホワイトペッパー	
たまねぎ	30 g	浮き身	
バター	30 g	チーズクラッカー	
小麦粉	30 g		5 g
ブイヨン	600 mℓ		
牛 乳	400 mℓ		
塩	7 g		

① 青豆はゆでて裏ごしにする．
② たまねぎをみじん切りにしてバターで炒め，小麦粉を加えてルウを作る．牛乳，ブイヨンでのばし，青豆の裏ごしを加えて味をつける．
③ 皿にスープを入れ，クラッカーを細かくして浮かせる．

要点
1．スパゲッティのゆで方

6

1 **Hamburg steak**(ハンバーグ ステイク)

牛(ひき肉)	300 g	サラダ油	30 g
豚(ひき肉)	100 g	シェリー酒	20 g
たまねぎ	120 g	ウスターソース	27 g
サラダ油	13 g	ケチャップ	75 g
生パン粉	60 g		
牛 乳	75 mℓ		
卵	50 g		
塩	4 g		
ナツメグ	0.3 g		

Carrots Glaze(キャロット グレイズ)

にんじん	150 g	パセリ	1 g
ブイヨン	150 mℓ		
バター	13 g		
砂 糖	10 g		
塩	1 g		
こしょう			

① たまねぎはみじん切りにしてサラダ油で炒める．
② 生パン粉は牛乳に浸し，軽く絞って，炒めたたまねぎと合わせる．
③ ひき肉に②の材料と，卵，調味料を加えてよく練り合わせる．人数分に分けて，だ円形にまとめる．
④ サラダ油をひき，③の肉を入れて強火で軽く両面を焦がす．シェリー酒をふりかけて蒸し焼きにする．
⑤ ウスターソースにケチャップを混ぜてソースとする．
⑥ にんじんはシャトウに切り，下ゆでし，ブイヨン調味料を加えて煮含める．

Pommes de terre nature(ポーム　ドゥ　テール　ナチュール)

じゃがいも	300 g
塩	5 g
こしょう	

⑦ じゃがいもはシャトウに切り，下ゆでして水気を切り，火にかけ水分を飛ばす．さめないうちに塩，こしょうする．

⑧ 皿をあたため，形よく盛り合わせ，ハンバーグにソースをかけてパセリを飾る．

2 Corn cream soup(コーン　クリーム　スープ)

とうもろこし(缶詰)		塩	8 g
	200 g	ホワイトペッパー	
バター	20 g	生クリーム	30 g
小麦粉	30 g	パセリ	5 g
ブイヨン	400 mℓ		
牛乳	200 mℓ		

(要　点)
1．ソースの応用
2．ひき肉調理の基本

① ホワイトソースを作り，ブイヨンでのばし，とうもろこしを加えて煮込み，調味する．

② パセリはみじん切りにして水にさらし，水気をしっかりきる．

③ 器にスープをそそいで中央にパセリを散らし，生クリームをまわし入れる．

7

1 Poivrons farcis(ポワヴロン　ファルシー)
ピーマンの肉詰め

ピーマン(中8個)		ブイヨン	200 mℓ
	300 g	ケチャップ	50 g
小麦粉	10 g	コーンスターチ	10 g
たまねぎ	200 g	ウスターソース	30 g
バター	10 g	塩，こしょう	
卵	50 g		
パン粉	40 g		
合びき肉	250 g		
塩，こしょう			
揚げ油			

① ピーマンはヘタをとり，種を抜いて内側に小麦粉をはたく．

② たまねぎをみじん切りにして，バターで炒め，ひき肉と合わせて，パン粉，卵，調味料を加え，よく混ぜ合わせてピーマンに詰める．

③ 肉を詰めたピーマンを弱火でゆっくり揚げる．

④ ブイヨンに調味料を加え，揚げたピーマンを入れて煮込む．

⑤ 皿にピーマンを取り出し，そこに煮汁を流し入れる．

2 Potage à l'américaine(ポタージュ　ア　ラメリケーヌ)
アメリカ風スープ

ブイヨン	800 mℓ
えび(むき身)	50 g
たまねぎ	75 g
にんじん	50 g
バター	20 g

① えびのむき身は，塩水でふり洗いしてざるに上げ，熱湯をかける．

② たまねぎ，にんじんは薄切りにしてバターで炒め，スープでやわらかく煮て裏ごしにする．

Ⅱ 西洋料理　　141

タピオカ	20 g			
トマトピューレー	60 g			
塩	8 g			
こしょう				
パセリ				

③ パール状のタピオカは水に入れて25分間ゆでる．

④ スープに裏ごし野菜を加えて煮込み，調味してえびを加える．タピオカを入れ，あたためた皿にそそいでパセリのみじん切りを散らす．

3 Hot cake（ホット　ケイク）

小麦粉	350 g	シロップ		
B.P.	16 g	砂　糖	80 g	
牛　乳	360 mℓ	水	80 mℓ	
砂　糖	60 g	バター	60 g	
卵	100 g			
バニラエッセンス				
サラダ油	24 g			

① 小麦粉とB.P.を混ぜてふるいにかける．

② 卵黄に砂糖を加えて白くなるまで撹拌して，牛乳，エッセンスと混ぜ合わせる．

③ 卵白を固く泡立て，②と合わせ，小麦粉をふり入れて軽く混ぜる．

④ 厚い鉄板にサラダ油をよくふきこんで，合わせたタネを流し入れて，弱火で静かに焼く．

⑤ 砂糖と水を合わせて軽く煮つめ，シロップを作る．皿にケーキをのせ，バターとシロップを添える．

要　点
1．スープの応用
2．膨化剤，B.P.について

8

1 Ham steak with apple sauce（ハム　ステイク　ウィズ　アップル　ソース）
ハムステーキのりんごソースかけ

ボンレスハム	300 g	アップルソース		
砂　糖	20 g	紅　玉	250 g	
バター	30 g	砂　糖	25 g	
赤ワイン	30 g	水	75 mℓ	
		塩	3 g	

Candy sweet potato（キャンディ スイート ポテト）

さつまいも	400 g	蜜		
みょうばん水(0.5%)		砂　糖	100 g	
サラダ油		水	20 mℓ	
		塩	1 g	

Spinach sauté（スピナチ ソテー）

ほうれんそう	300 g	塩	2 g	
バター	30 g	こしょう		

① バターを溶かし，ハムを焼く．砂糖，赤ワインをふり込み，焦げないように蒸し焼きにする．

② りんごを薄切りにして，水，砂糖，塩を加えて弱火で煮る．透明になったら裏ごしにかけ，あたためてハムに添える．

③ さつまいもはロンデル（輪切り）またはシャトウに切り，みょうばん水に浸してアクを抜き，硬めにゆでる．

④ ゆでたさつまいもをサラダ油で軽く炒め，蜜をからめる．

⑤ ほうれんそうはゆでて切り揃え，バターで炒める．全部を形よく皿に盛り合わせる．

2 Fruits salad（フルーツ　サラダ）

もも	350 g	フレンチドレッシング	
パインアップル（缶詰）		はちみつ	15 g
	60 g	レモン皮	3 g
ハネジュメロン	250 g	レモン汁	15 g
レタス	60 g	サラダ油	50 g
		塩	3 g

① 果物は形を揃えて切る．
② サラダ油に，はちみつ，レモン，調味料を加えてフレンチドレッシングを作り，果物にかける．
③ 果物は季節に合わせて適宜用いる．
④ 器にレタスを敷き，その上に果物を盛り合わせる．

（要　点）
1．ソースの応用

9

1 Steamed fish with white sauce（スティームド　フィッシュ　ウィズ　ホワイト　ソース）
蒸し魚のホワイトソースかけ

ひらめ	400 g	塩，こしょう	
にんじん	30 g	白ワイン	20 g
たまねぎ	30 g	ホワイトソースA	
セロリー	30 g		150 g

Boiled potatoes（ボイルド　ポテト）

じゃがいも	250 g	塩	3 g
パセリ	15 g	こしょう	

Sauté（ソテー）

さやえんどう	70 g	塩	0.5 g
バター	7 g	こしょう	
トマト	200 g		

① 魚の切り身に塩，こしょうして皿にのせる．
② 野菜は薄切りに揃え，魚の上に散らしてのせ，白ワインをかけて蒸す．
③ ホワイトソースAを作り，蒸した魚を別皿に盛りなおし，魚の上にかける．
④ じゃがいもをシャトウに切り，ゆでて粉をふかせ，塩，こしょう，パセリのみじん切りをまぶす．
⑤ さやえんどうは筋をとり，青くゆでてバターで炒め，塩，こしょうで調味し，④，トマトとともに魚に添える．

2 Sandwich（サンドイッチ）(2)

ⓐRolled sandwich（ロールド　サンドイッチ）

食パン（1山）	8枚	ウインナーソーセージ	
バター	40 g		4本
洋がらし	2 g	セロファン紙	
		（10×15cm）	8枚

① ロールサンドイッチは，食パンにからしバターを塗り，ソーセージを巻き込んでセロファンで包む．

ⓑCheker sandwich（チェッカー　サンドイッチ）

黒食パン（1cm厚さ）2枚	
白食パン（1cm厚さ）2枚	
いちごジャム	100 g
パセリ	15 g

① チェッカーサンドイッチは白，黒，おのおののパンを拍子木切りにして，L型の2面にジャムを塗り，組み合わせて重ね，チェッカーの面になるように切り揃える．形よく皿に盛り合わせパセリを添える．

③ Consommé printanier (コンソメ　プランタニエール)
野菜のプランタニエールスープ

ブイヨン	1200 mℓ	塩, こしょう	
にんじん	50 g		
か　ぶ	60 g		
ほうれんそう	40 g		

① にんじん, かぶは0.7cmのさいのめに切る.
② ほうれんそうはゆでてあく抜きし, 1cmの長さに切る.
③ ブイヨンに①を入れて煮込み, ほうれんそうを入れて調味する.

要　点
1. 魚の蒸し方
2. サンドイッチの応用

10

① Œufs à la poêle (ウー　ア　ラ　ポアル)
目玉焼き

卵	500 g	塩	5 g
油	50 g	こしょう	
水	50 mℓ		
パセリ	15 g		

① フライパンに油をひいて, 卵2個ずつ割り落として焼き, 卵白が半熟になったら少量の水を入れて軽く蒸す. 器にとり, 塩, こしょうしてパセリを添える.

② Muffin (マフィン)

小麦粉	250 g	干しぶどう	20 g
B.P.	10 g	バター(器に塗る)	5 g
卵	50 g		
砂　糖	80 g		
バター	60 g		
牛　乳	200 mℓ		
水	30 mℓ		

① 小麦粉とB.P.を混ぜ, ふるいにかける.
② バター, 砂糖, 卵をよく混ぜ合わせ, 牛乳と水を加えてさらに撹拌する.
③ 材料を合わせた液に小麦粉をふり入れ, さっくり混ぜながら干しぶどうを入れる. マフィン型にバターを塗り, 八分目ほどずつ流し入れて天火で焼く.

③ Melon frappé (メロン　フラッペ)

メロン(中1個)	
またはすいか	600 g
白ワイン	90 g
砂　糖	30 g
氷　片	

① メロンをくし形に切り分け, 種を取り除き, 白ワインと砂糖をふりかけ, 皿に盛る.
② 氷片は, メロンが冷えていない場合, 急ぎのときに使用する.

要　点
1. ケーキ類を作るときの注意
2. デザートの役割

II

1 Croquette de volaille（クロケット　ドゥ　ヴォライユ）
鶏肉入りクリームコロッケ

鶏　肉	150 g	ホワイトソース B	
ボンレスハム	60 g		400 g
シャンピニヨン	60 g	バター	50 g
たまねぎ	150 g	小麦粉	60 g
ピーマン	30 g	牛　乳	400 mℓ
サラダ油	13 g	塩	2 g
塩	5 g		
こしょう		ソース　レムラード	
小麦粉	50 g	マヨネーズ	100 g
卵＋水 (10 mℓ)	50 g	ピクルス	20 g
パン粉	50 g	レモン汁	10 g
揚げ油		たまねぎ	20 g
レモン	50 g	洋がらし	1 g
		ケッパー	

Pommes de terre nature（ポーム　ドゥ　テール　ナチュール）

じゃがいも	250 g	塩	2.5 g
		こしょう	

Epinards sauté（エピナール　ソーテ）

ほうれんそう	200 g	塩	2 g
バター	15 g	こしょう	

① 鶏肉はそぎ切りにし，そのほかの材料はみじん切りにして油で炒め，塩，こしょうで味をつける．
② バターで小麦粉を炒め，ホワイトソース B (p.59参照) を作り，炒めた鶏肉や野菜と混ぜ合わせ，冷やす．さめたら必要数に切り分け，俵形にまとめる．
③ ②に，小麦粉，溶き卵，パン粉の順にまぶし，油で揚げる．
④ マヨネーズに，きゅうりのピクルスとたまねぎのみじん切りを混ぜ，洋がらし，ケッパー，レモン汁で味をととのえ，ソース　レムラードを作り，クロケットに添える．
⑤ じゃがいもはシャトウにしてゆで，水気をきって塩，こしょうする．
⑥ ほうれんそうはゆでて切り揃え，バターで炒める．
⑦ 皿に全部を盛り合わせ，レモンのＳ字切りを添える．

2 Salade (de) tomate（サラード　トマト）
トマトサラダ

トマト	200 g	ビネグレットソース	
きゅうり	150 g		80 g
ベーコン	40 g		

① トマトときゅうりは 1 cm 角に切り，種を除く．
② ベーコンは千切りにして軽く炒め，冷やす．
③ ビネグレットソースを作り，野菜とベーコンを和えて器に盛る．

（要　点）
　1．クロケットについて
　2．ソースの応用

12

1 Omelette（オムレット）
オムレツ

卵（8個）	400 g	バター	25 g
エダムチーズ	10 g	サラダ油	39 g
牛乳	60 mℓ	塩	4 g
パセリ	5 g	こしょう	

Sauce volaille（ソース ヴォライユ）

鶏ひき肉	50 g	塩	1 g
たまねぎ	30 g	こしょう	
バター	10 g	白ワイン	30 g
小麦粉	10 g	ケチャップ	54 g
マッシュルーム	30 g	ブイヨン	200 mℓ

① 卵をほぐし，おろしチーズ，牛乳，調味料を合わせる．
② バター，サラダ油をフライパンに溶かし，調味した卵の1人分をとって焼く．
③ たまねぎをみじん切り，マッシュルームを薄切りにする．
④ バターを溶かし，たまねぎ，小麦粉を炒め，ひき肉を加える．さらにマッシュルームを加え，ブイヨンでのばし，調味料を入れて味をととのえる．
⑤ 皿に焼いた卵をのせ，ソースをかけパセリを添える．

2 Salade (de) volaille et cresson（サラード ヴォライユ エ クレソン）
鶏肉とクレソンのサラダ

鶏肉（手羽）	200 g	セロリー	70 g
ロースハム	80 g	レタス	50 g
クレソン	25 g	塩，こしょう	
ビネグレットソース		パプリカ	
	90 g		

① 鶏肉は塩，こしょうし，ゆでてさまし，細く手でさく．
② ハムはコルネに巻く．
③ セロリーは皮をむいて斜め薄切りにし，水にさらす．
④ クレソンは軸を切り揃えて水にさらし，レタスはきれいに洗ってちぎる．
⑤ 材料の水をよくきり，器に盛ってソースをかけ，鶏肉にパプリカをふる．

3 Blanc-manger（ブラン マンジェ）
ブラマンジェ

牛乳	450 mℓ	シロップ	
コーンスターチ	45 g	水	100 mℓ
砂糖	70 g	砂糖	50 g
バニラエッセンス		レモン汁	15 g
チェリー（4個）	20 g		

① 牛乳に砂糖，コーンスターチをよく混ぜ，弱火でとろみがでるまでよく火をとおし，バニラエッセンスを入れる．
② ゼリー型の内側を水でぬらし，①をさめないうちに流し込む．冷水，または冷蔵庫に入れて冷やす．冷え固まったら器に抜く．
③ 水に砂糖を入れ，煮つめてさまし，レモン汁を入れ，シロップを作り，器に入れたブラマンジェにかけ，チェリーを飾る．

要点
1. 卵料理
2. ソースの応用

13

1 Spaghetti with meat sauce (スパゲッティ ウィズ ミート ソース)
スパゲッティのミートソースかけ

スパゲッティ	400 g	バター	25 g
サラダ油	40 g	小麦粉	25 g
ミートソース		スープストック	500 ml
合びき肉	300 g	トマトピューレー	
たまねぎ	200 g		60 g
にんにく	5 g	トマトケチャップ	
トマト(熟したもの)			100 g
	200 g	ローリエ	1枚
マッシュルーム	60 g	塩	15 g
サラダ油	20 g	こしょう	
粉チーズ	10 g	赤ワイン	30 g
パセリ	5 g		

① スパゲッティはゆでて,サラダ油をふりかける.
② たまねぎ,にんにくはみじん切りにし,トマトは皮をむき,種をとって粗くきざむ.マッシュルームは薄く切る.
③ バターで小麦粉を炒め,ブラウンルウを作り,スープストック(豚骨)でのばす.
④ 油でひき肉,野菜を炒め,③のソースに入れて調味し,煮込む.
⑤ スパゲッティを炒めてあたため,皿に盛ってソースと粉チーズをかけ,みじん切りのパセリを散らす.

2 Lettuce salad (レタス サラダ)
レタスのサラダ

レタス	250 g	フレンチドレッシング	
レッドキャベツ	50 g	酢	30 g
パセリ		サラダ油	40 g
きゅうり	120 g	塩	1 g
塩	0.5 g	こしょう	0.2 g
		洋がらし	2 g

① レタスは水で洗い,形よくちぎる.
② レッドキャベツは千切りにして酢水にさらす.
③ きゅうりは板ずりをして斜めに切る.
④ 器に盛り合わせ,ドレッシングをかける.

3 Baked apple (ベイクド アップル)
焼きりんご

紅玉りんご(4個)		レーズン	20 g
	1000 g	シナモン	3 g
バター	40 g	ラム酒	15 g
砂糖	50 g	銀紙	

① りんごは洗って,底を残し,芯を抜く.
② バター,シナモン,砂糖,レーズンを混ぜてりんごに詰め,ラム酒をふりかけて,銀紙に包む.
③ 天火をあたため,りんごを焼く(180℃,40分).

要点
1. イタリア料理
2. ソースの応用

14

1 Côtelette de porc（コートレット　ドゥ　ポール）
ポークカツ

豚肉（ロースまたは		ドミグラスソース	
もも肉）	400 g		200 g
塩	3 g	バター	15 g
こしょう		小麦粉	10 g
小麦粉	20 g	たまねぎ	30 g
卵	50 g	ブイヨン	200 mℓ
パン粉	50 g	ケチャップ	54 g
チーズ（おろしたもの）		ウスターソース	16 g
	10 g	塩	
揚げ油		こしょう	
レモン	60 g	マデラ酒（シェリー酒）	
トマト	100 g		30 g
パセリ	5 g		

① 肉片をたたいてやわらかくし，筋を切って形をととのえる．
② 塩，こしょうをして，しばらくおき，小麦粉，溶き卵，パン粉にチーズを混ぜて，順にまぶし，油で揚げる．
③ バターで，たまねぎ，小麦粉を炒め，ブイヨンでのばして調味料を加え，煮つめてドミグラスソースを作り，マデラ酒を加える．
④ スパゲッティをゆでて炒め，調味する．
⑤ 皿をあたためてから盛り合わせ，ソースをかけて，トマト，レモン，パセリを添える．

Spaghetti au beurre（スパゲッティ　オー　ブール）

スパゲッティ	80 g	塩	1 g
バター	20 g	こしょう	

2 Purée Parmentière Vichyssoise（ピュレ　パルマンティエ　ヴィシソワーズ）
パルマンティエ風スープ

ブイヨン	500 mℓ
じゃがいも	250 g
たまねぎ	150 g
バター	26 g
サラダ油	26 g
小麦粉	10 g
牛乳	200 mℓ
塩	8 g
こしょう	
生クリーム	40 mℓ
あさつき	5 g

① じゃがいもは1 cmの輪切りにし，たまねぎは薄切りにする．
② ソースパンにバター，サラダ油を熱し，①を炒め，さらに小麦粉をふり入れて軽く炒め，ブイヨンを加えてやわらかくなるまで煮込む．
③ ②がやわらかくなったらミキサーにかけてすりつぶし（裏ごし），牛乳を加えて再び火にかけ，塩，こしょうをして味をととのえ氷で冷やす．
④ 器にそそぎ分け，生クリームと小口切りにしたあさつきを浮かせる．

要　点
1. コートレットの揚げ方
2. 冷製スープについて

15

1 Macaroni au gratin（マカロニ　オー　グラタン）
マカロニグラタン

		ホワイトソース A		
スーパーマカロニ	80 g	バター	40 g
マッシュルーム	50 g	小麦粉	40 g
鶏　肉	250 g	牛　乳	400 mℓ
ピーマン	50 g	ブイヨン	300 mℓ
たまねぎ	100 g	塩	2.5 g
ハ　ム	50 g	エダムチーズ	30 g
塩	2.5 g	パプリカ	1 g
こしょう		器に塗るバター	5 g
サラダ油	15 g	上にのせるバター	10 g

① マカロニはゆでて水にとる．
② 鶏肉はそぎ切りにし，マッシュルームは薄切り，ほかは千切りにする．
③ ホワイトソース A を作り，味をととのえ，鶏肉と野菜を炒めて，混ぜ合わせる．
④ グラタン皿の内側にバターを塗り，合わせた材料を入れて，チーズ，パプリカをふりかけ，バターをのせて天火で焼く．あたたかいうちにそのまま供する．

2 Salade (de) lègumes（サラード　レギューム）
野菜サラダ

		ビネグレットソース	
レッドキャベツ	80 g		70 g
トマト	150 g	サラダ油	45 g
アスパラガス（缶詰） 50 g		酢	25 g
きゅうり	150 g	塩	3 g
卵	100 g	こしょう	
レタス	100 g	洋がらし	
マヨネーズ	50 g		

① 野菜は洗って，形よく切り揃える．
② アスパラガスは形をくずさないようにし，ほかの野菜と器に盛り合わせ，ビネグレットソースをかける．
③ 卵は固ゆでにし輪切りにする．
④ 器にレタスを敷き材料を形よく盛り，マヨネーズを添える．

3 Crème renversée au caramel（クレーム　ランヴェルセ　オー　カラメル）
カスタードプディング

		カラメルソース	
卵	150 g	砂　糖	30 g
砂　糖	60 g	水	30 mℓ
牛　乳	300 mℓ	バター	10 g
バニラエッセンス			

① 砂糖と水を煮つめてカラメルソースを作り，バターを塗ったプディング型の底に流す．
② 牛乳をあたため，砂糖を溶かし，1度さまして卵を混ぜ，バニラエッセンスを加える．
③ ②を型に流し入れ，中火で蒸す．

（要　点）
1．グラタンについて
2．カラメルソース

16

1 Pizza napolitana (ピッザ ナポリターナ)
イタリア風お好み焼き

中力粉	200 g	ⓑトマト	200 g
バター	20 g	モッツァレラチーズ	100 g
牛乳	100 ml	バジル	1本
ドライイースト	3 g	オレガノ	
砂糖	2 g	パプリカ	
小麦粉(打ち粉)	30 g	タバスコ	
ⓐえび	60 g	ソースマリナーラ	
あさりむき身	50 g	トマト(水煮缶)	350 g
いか(ロール)	50 g	ケチャップ	30 g
たまねぎ	100 g	にんにく	2 g
マッシュルーム	20 g	オリーブ油	26 g
サラミソーセージ	20 g	白ワイン	30 g
オリーブ油	20 g	アンチョビー	10 g
塩, こしょう		ローリエ	1枚
マリボチーズ	100 g	パセリ	2 g
		塩, こしょう	

① 小麦粉をふるいにかける.
② 牛乳をあたため, イーストを入れて発酵させ, バター, 小麦粉を加えて練り合わせ, しばらくねかせる (15〜20分).
③ ねかせたドウを丸くのばし, パイ皿に合わせて形をととのえる (2枚).
④ にんにくを薄切りにし, トマトは種をとり, きざむ. 鍋にオリーブ油を熱してにんにくを炒め, 色づいてからトマトを加えて煮込み, 香辛料と調味料を加えて半量ぐらいに煮つめる.
⑤ ③の皮に④のソースを塗り, ⓐとⓑの材料を調理し, おのおののパイ皮の上に並べる. チーズ, 香辛料をふりかけて, 天火で焼く. パイ皮は好みで2度焼きにしてもよい.

2 Citronnade (シトロナード)
レモンスカッシュ

レモン	120 g	氷 片	
砂糖	80 g		
水	250 ml		
プレーンソーダ	500 ml		

① レモンの薄切りを4枚とり, 残りをしぼってレモン汁を作る.
② 砂糖を水に煮溶かし, さましてプレーンソーダと混ぜ, レモン汁を加えて氷片を浮かす.

要点
1. イタリア料理

17

1 Roast chicken (ロースト チキン)
鶏の丸焼き

鶏(丸, 1羽分)	1 kg	グレービーソース	
塩, こしょう		グレービー(焼き汁)	30 ml
サラダ油	30〜50 g	スープストック	70 ml
麻 糸		白ワイン	30 g

① 鶏は内臓を取り出し, 腹部をよく洗う. つぎに首の骨をとり, 足の筋をひいて, 麻糸で形をととのえる. 塩, こしょうをすり込み, セットしてサラダ油をふりかけ, 焦げないよう銀紙で覆う.

クッキングホイル10cm		ケチャップ	40g
香味野菜		塩,こしょう	
にんじん	80g	飾りつけ	
たまねぎ	80g	ペーパーフリル2本	
セロリー	40g	リボン	1m

Fried potatoes(フライド　ポテト)

じゃがいも	300g	塩,こしょう	
揚げ油			

Carrots saute(キャロット　ソテー)

にんじん	150g	塩,こしょう	
バター	15g		

Brusseles sprouts sauté(ブラッセルズ　スプラウツ　ソテー)

芽キャベツ	150g	塩,こしょう	
バター	15g		
クレソン	25g		

② オーブンをあたため,天板に香味野菜を敷き,①を入れて焼く.途中でサラダ油,焼き汁をふりかけながらキツネ色に焼き上げる.
③ オーブンから取り出し,フリル,リボンで飾りつける.
④ じゃがいもを拍子木に切り,水にさらして油で揚げる.
⑤ にんじんは拍子木切りに切ってゆで,バターで炒める.
⑥ 芽キャベツは根元にかくし包丁を入れ,ゆでてバターで炒める.
⑦ 大皿に鶏をのせ,まわりを野菜で飾る.
⑧ 焼き汁にスープストック,白ぶどう酒,調味料を合わせ,ソースを作って添える.

2 **Pineapple**(パインアップル)

パインアップル(生)	
皮つき1/2個	

① パインアップルは縦に切り分け,芯を残して切り抜く.つぎに横に切って詰め直し,交互にずらす.

3 **Bread**(ブレッド)

クロワッサン	500g

① クロワッサンは,パン皿にのせて添える.

（要　点）
1. 鶏の扱い方

18

1 **Decorated cake**(デコレイテッド　ケイク)
デコレーションケーキ

スポンジケーキ1台分		いちご	200g
薄力粉	120g	オーナメント	
卵(4個)	200g		
牛乳	30mℓ		
砂糖	100g		
バニラエッセンス			
わら半紙(ケーキ型)			

① 半紙をケーキ型に合わせて切り揃え,型の内側にセットする.
② 小麦粉と砂糖を別々にふるいにかける.
③ 卵黄に砂糖,牛乳を入れ,白くなるまで撹拌する.つぎに卵白を固く泡立て,卵黄と合わせる.バニラエッセンスを入れ,小麦粉を2回に分けてふり入れ,手早く混ぜる.
④ ケーキ型に混ぜ合わせたバッターを流し入れ,空気を抜いてオーブンで焼く.

ホイップクリーム
　生クリーム　　200 mℓ
　粉砂糖　　　　30 g
　バニラエッセンス

⑤　生クリームを泡立て，砂糖とバニラエッセンスを加え，ホイップクリームを作る．
⑥　焼き上がったスポンジケーキを取り出し，さまして，ホイップクリームを全体にぬり，いちごを飾り，適宜オーナメントを添える．

2 Lemon tea（レモン　ティ）

| 紅　茶 | 10 g | 砂　糖 | 50 g |
| 水 | 600 mℓ | レモン | 30 g |

①　紅茶を入れ，レモンの輪切りを浮かべる．
②　砂糖は好みの量を添える．

（要　点）
　1．スポンジケーキ，デコレーション
　2．ホイップクリーム

19

1 Hors-d'œuvre（オール　ドーヴル）
前菜

ⓐCéleri farcis（セルリー　ファルシー）
セロリーの詰め物

| セロリー | 200 g | パプリカ | |
| チーズペースト | 50 g | | |

①　セロリーは筋をとり，4 cmに切って，内側のくぼみにチーズを詰め，パプリカをふる．

ⓑMarinade éperlan（マリナード　エペルラン）
わかさぎの酢づけ

わかさぎ	100 g	マリナード	
塩，こしょう		サラダ油	26 g
小麦粉	20 g	たまねぎ	10 g
揚げ油		にんじん	10 g
		赤ピーマン	15 g
		パセリ	3 g
		果　酢	20 mℓ
		塩	2 g

①　わかさぎは塩，こしょうして，小麦粉をまぶしてカラッと揚げる．
②　野菜をみじん切りにして調味料と合わせ，マリナードを作り，①のわかさぎを熱いうちにつける．

ⓒCrevette cocktail（クルヴェット　コックテル）
えびのカクテル

えび（4尾）	80 g	カクテルソース	
むきえび	80 g	ビネグレットソース	
レタス	60 g		15 g
レモン	30 g	トマトケチャップ	
パセリ	5 g		30 g
		タバスコソース	

①　ホースラディッシュは皮をむき，目の細かいおろし金でおろして香りをだす．
②　えびは頭，皮，背わたをとり，むきえびとともにゆでる．
③　ビネグレットソースに調味料を加え，①を混ぜてカクテルソースを作る．

	ウスターソース 3 g	④ グラスにむきえびとレタスを盛り，ソースをかけて，えびとレモン，パセリで飾りつける．
	レモン汁 5 g	
	白ワイン 10 g	
	ホースラディッシュ 5 g	

ⓓ **Œufs farcis**（ウー ファルシー）
　卵の詰め物

卵（4個）	200 g	塩	1 g
マヨネーズ	40 g	こしょう	
キャビア	3 g		

① 卵は固くゆでて皮をむき，花形に切る．
② 卵黄を取り出し，マヨネーズ，塩，こしょうで調味して卵白の中にしぼり入れ，上にキャビアをのせる．

ⓔ **Foie de veau brochette**（フォワ ドゥ ヴォー ブロシェット）　レバーの串刺し

レバー	150 g	サラダ油	13 g
塩，こしょう		ケチャップ	30 g
ガーリック		ウスターソース	40 g
パインアップル	50 g		
かざり串	8本		

① レバーは血ぬきをして切り揃え，塩，こしょう，ガーリックをふりかける．油で焼きつけ，ソースを入れて調味する．
② パインアップルを扇形に切り，①のレバーと串に刺す．

ⓕ **Concombre farcis**（コンコンブル ファルシー）
　きゅうりの詰め物

きゅうり	100 g
もろみ	20 g

① きゅうりは板ずりをして舟形に切り，もろみを詰める．

ⓖ **Canapé**（カナッペ）

食パン（5 mm）	80 g	オイルサーディン	
バター	10 g	（4尾）	40 g
洋がらし	1 g	レモン	15 g
		パプリカ	

① 食パンを長方形に切り，トーストにして，からしバターを塗る．
② ①のパンにオイルサーディンをのせ，いちょう切りのレモンを飾り，パプリカをふる．

2 **Grape punch**（グラップ パンチ）
　ぶどうのパンチ

濃縮グレープジュース	75 mℓ	レモン	30 g
		氷片	
赤ワイン	50 mℓ		
ジンジャーエール	500 mℓ		

① 濃縮グレープジュースに赤ワインを混ぜ，ジンジャーエールをそそぎ軽く撹拌して氷片を浮かし，レモンの輪切りを入れる．

〔要　点〕
　1．前菜について

20

1 Fried sea food combination (フライド シー フード コンビネーション)
小魚のフリッター

はぜ，めばち，きす	200 g	ベニエの衣	
		小麦粉	40 g
塩，こしょう		卵 黄	34 g
レモン		卵 白	56 g
トマト	100 g	サラダ油	26 g
		酒(ブランデーまたはワイン)	15 g
		塩	2 g
		水	130 mℓ

① 魚は3枚におろして塩，こしょうする．
② 卵黄にサラダ油と酒，水，塩を加え撹拌する．
③ 卵白を泡立て，②の卵黄を混ぜて小麦粉をふり込み，さっくりと合わせて，魚につけて揚げる．
④ しいたけの石づきをとり，バターで炒め，塩，こしょう，レモン汁で調味する．
⑤ 皿に盛り合わせ，トマト，レモンを添える．

Cèpes sautés (セープ ソーテ)

生しいたけ	100 g	バター	15 g
塩，こしょう		レモン汁	

2 Patate au gratins (パタート オー グラタン)
スイート ポテト

さつまいも(2本)	500 g
牛 乳	100 mℓ
バター	45 g
卵	100 g
砂 糖	100 g

① さつまいもを蒸し，縦割りにして中身を抜いてつぶす．
② つぶしたいもをバターで炒め，卵黄1個分を残し，ほかの材料を加えて混ぜ，練り合わせて，さつまいもの皮に詰める．
③ 舟形に形をととのえ，表面に卵黄を塗り，天火で焼く．

3 Salade de laitues Mimosa (サラード ドゥ レチュー ミモザ)
レタスのミモザ風サラダ

レタス	150 g	パセリ	5 g
トマト	200 g	ビネグレットソース	
卵	50 g		80 g

① レタス，トマトを洗い，切り分けて器に盛る．
② 固ゆで卵を裏ごしして，野菜の上にのせ，ミモザの花のように飾る．
③ ビネグレットソースをかけパセリを飾る．

要点
1．フリッター〔仏〕Beignet 〔英〕Fritter

21

① Rice Omelet（ライス　オムレット）
オムライス

卵（4個）	200 g	ソース	
塩，こしょう		ウスターソース	30 g
サラダ油	30 g	ケチャップ	60 g
米	320 g	パセリ	15 g
バター	50 g		
たまねぎ	50 g		
鶏　肉	200 g		
マッシュルーム	50 g		
グリンピース	50 g		
ブイヨン	500 mℓ		
塩	10 g		
ケチャップ	60 g		

① たまねぎはみじん切り，鶏肉は1cmの角に切り，マッシュルームは薄切りにする．
② 米は洗って水をきりバターで炒め，肉と野菜を加え，調味料とブイヨンを加えて炊き上げる．
③ 炊き上がったら，グリンピースを入れて蒸らす．
④ 卵をほぐし，塩，こしょうを加え，薄焼きにして飯を包み，木葉形にまとめて皿にのせ，ウスターソースとケチャップを合わせてかけてパセリを添える．

② Chicken mulligatawny（チキン　マリガタニ）
チキンインド風スープ

たまねぎ	30 g	バターライス	
バター	20 g	米	75 g
小麦粉	30 g	バター	13 g
カレー粉	4 g	ブイヨン	100 mℓ
チキンスープ	1000 mℓ	塩	
鶏　肉	200 g		
セロリー	30 g		
塩	10 g		
こしょう			
生クリーム	45 mℓ		

① たまねぎを薄切りにして，バターで炒め，小麦粉，カレー粉を加えてさらに炒め，チキンスープでのばして煮る．
② 煮込んだスープを裏ごしして，小口切りのセロリーと鶏肉を薄切りにし加え，再び煮込んで調味する．
③ バターライスを作り，器に盛ってスープをそそぎ入れ，生クリームとともに浮かす．

（要　点）
1．ピラフについて
2．スープの応用

22

① Stewed beef（シチュード　ビーフ）
ビーフシチュー

牛肉（バラまたはブリスケ）	400 g	ブイヨン	500 mℓ
塩	4 g	小麦粉	50 g
こしょう		バター	45 g
小麦粉	10 g	トマトピューレー	70 g
		ケチャップ	45 g

① 牛肉を2cmの角切りにし，塩，こしょう，小麦粉をまぶしてサラダ油で炒める．ブイヨン（水）を加えて，アクをすくいながら静かに煮込む．
② ペティオニオンは皮をむき，かくし包丁を

II 西洋料理

サラダ油	32 g	赤ワイン	30 g
ブイヨン(水)	1200 mℓ	塩	10 g
ベイリーフ	1枚	こしょう	
クローヴ	1個		
ペティオニオン(10個)	250 g		
じゃがいも	250 g		
にんじん	150 g		
サラダ油	32 g		
グリンピース	30 g		

入れ，じゃがいも，にんじんは角切りにしてサラダ油で炒め，ブイヨンに加える．
③ バターで小麦粉を炒め，ブイヨンを加えてブラウンソースを作り，②に加えて赤ワイン，調味料で味をととのえる．
④ グリンピースはゆでて，盛りつける直前に加える．皿をあたため，材料を平均にそそぎ入れる．

2 Broccoli salad (ブロッコリー サラダ)

ブロッコリー	400 g	マヨネーズソース	100 g
レッドオニオン	50 g	塩，こしょう	
甘酢			
酢	30 g		
砂糖	30 g		
塩	2 g		
チコリー	50 g		
卵	100 g		

① ブロッコリーは塩ゆでにする．
② レッドオニオンは輪切りにして水にさらし，甘酢につける．
③ 卵は固ゆでにして輪切り，またはくし形に切る．
④ チコリーは水で洗って形を揃えてちぎる．
⑤ 器に盛り合わせ，ソースをかける．

3 Soft doughnut (ソフト ドーナツ)

ドーナツ

薄力粉	300 g	揚げ油	
B.P.	10 g	シナモン	3 g
卵	100 g	グラニュー糖	30 g
牛乳	120 mℓ		
砂糖	130 g		
塩	2 g		
バニラエッセンス			

① 小麦粉にB.P.を混ぜ，ふるいにかける．
② 卵，牛乳，砂糖，塩をよく混ぜ，①の小麦粉をふり込み，バニラエッセンスを加えて撹拌し，ドーナッツスプーンに流し入れて油で揚げる．
③ シナモンとグラニュー糖を混ぜ，ドーナツにからめる．

要 点
1．煮込み料理
2．膨化剤（化学膨化剤）

23

1 Daurade au four (ドーラード オー フール)

たいのベーコン焼き

たい(大1尾，小の場合4尾)	1.5 kg	レモン(1個)	100 g
塩，こしょう		パセリ	5 g
ベーコン	200 g		

① たいは，うろこ，えら，ひれをとり，腹わたをとって塩，こしょうする．
② ベーコンを軽くたたいて，たいを包み，器に並べてオーブンで焼く．

Pommes de terre nature(ポーム　ドゥ　テール　ナチュール)

じゃがいも	500 g	塩, こしょう	

Sauce Parisienne(ソース　パリジェンヌ)

ヴルーテソース	200 g	ナツメグ	
ブイヨン	100 mℓ	レモン汁	5 g
卵黄	17 g	バター	20 g

③ ヴルーテソースをブイヨンでのばし, 卵黄を入れてソースパリジェンヌを作り, ナツメグ, レモン汁, バターを加え別の器に添えて出す.
④ じゃが芋はシャトウにしてゆで, 水気をきって塩, こしょうする（ボイルドポテト）.
⑤ たいが焼けたら皿に盛り, レモン, ボイルドポテト, パセリを飾る.

② Consommé Renaissance(コンソメ　ルネサンス)
ルネサンス風コンソメスープ

ブイヨン	1000 mℓ	Royale(ロワイヤル)	
にんじん	30 g	卵	50 g
かぶ	30 g	卵黄	28 g
青豆	30 g	ブイヨン	100 mℓ
塩, こしょう		牛乳	100 mℓ
		塩	1 g

① 野菜はさいのめに切り, ブイヨンで煮る.
② 卵にブイヨン, 牛乳を加え, 調味して流し箱に入れて蒸す. さまして好みの大きさに切り, スープに加える.
③ ①のスープを調味し, 最後に青豆を入れて皿にそそぐ.

③ Crêpes Suzette(クレープ　シュゼット)
クレープ

小麦粉	100 g	りんごジャム	
卵	50 g	りんご	400 g
牛乳	200 mℓ	砂糖	100 g
サラダ油		水	30 mℓ
粉砂糖	5 g	レモン汁	15 mℓ

① 小麦粉をふるいにかけ, 卵, 牛乳と合わせてフライパンで薄く焼く.
② りんごの皮をむいていちょう切りにし, 塩水につけて色どめをする.
③ ②のりんごに水, 砂糖, レモン汁を加えて煮込み, ジャムを作る.
④ 焼き上がったクレープにジャムをはさんで二つに折って盛りつけ, 表面に粉砂糖をふりかける.

要点
1. フランス料理について
2. ジャムについて

24

① Sarde all'Anconetana(サルデ　アランコネターナ)
いわしのオーブン焼きアンコーナ風

いわし(10尾)	1 kg	パン粉	30 g
ローズマリー	2枝	パセリ	5 g
オリーブ油	100 g		
トマトソース缶	220 g		
たまねぎ	100 g		

① いわしは頭をとり, 腹から開いて内臓を出し, 骨を抜き1枚にし, 軽く塩をふる.
② ①をバットに重ならないように並べ, ローズマリーのみじん切りをふり, オリーブ油をそそいで30分間マリネする.

Ⅱ 西洋料理

③ オリーブ油を熱し，みじん切りにしたたまねぎを薄いきつね色になるまで炒め，トマトソースと合わせる．
④ 耐熱容器に③のソースを入れ，いわしを並べ，パン粉をふる．240℃のオーブンで軽く焦げ色がつくまで焼く．
⑤ ミート皿に盛りつけパセリをふる．

2 Minestrone alla Milanese（ミネストローネ　アラ　ミラネーゼ）
ミラノ風野菜スープ

ブイヨン	1200 mℓ
ベーコン	40 g
バター	30 g
スパゲッティ	10 g
かぶ	50 g
にんじん	40 g
じゃがいも	50 g
トマト	100 g
トマトピューレー	30 g
塩	10 g
こしょう	
グリンピース	15 g

① 野菜は全部1cm角の大きさに切りととのえる．
② スパゲッティはゆでて2cmに切る．
③ ブイヨンに①の野菜を入れて煮込む．
④ ベーコンを1cmの色紙に切ってバターで炒め，③に入れて調味し，最後にスパゲッティとグリンピースを加える．

3 Fruits（フルーツ）
季節による

① 季節の果物を添える．

〔要　点〕
1．イタリア料理について
2．いわしの下処理

25

1 Saumon à l'escabèche（ソーモン　ア　レスカベーシュ）
鮭のマリネ（酢油づけ）

生鮭	400 g	マリナード	
塩，こしょう		白ワイン	30 g
小麦粉	50 g	酢	100 g
揚げ油		砂糖	10 g
セロリー	50 g	サラダ油	40 g
たまねぎ	100 g	塩	4 g
ピーマン	25 g	こしょう	
レモン	60 g	ベイリーフ	
トマト	100 g	クローブ，セイジ	

① 野菜は薄く千切りし，レモンは輪切りにする．
② 調味料，香辛料を合わせ，①の野菜を加えてマリナードを作る．
③ 鮭の切り身に塩，こしょうして小麦粉をまぶし，油で揚げ，熱いうちにマリナードにつける．
④ 皿に鮭をとり，野菜とレモンを添えて盛る．

2 Clam chowder (クラム　チャウダー)
はまぐりのスープ

はまぐり(殻つき)	350 g	はまぐりの煮汁	300 mℓ
		(水	500 mℓ)
ベーコン	30 g	バター	25 g
たまねぎ	100 g	小麦粉	30 g
サラダ油	5 g	牛乳	200 mℓ
じゃがいも	150 g	塩, こしょう	
にんじん	30 g	パセリ	15 g
		ソーダクラッカー	10 g

① はまぐりの砂をはかせて水洗いし, 水で殻が開くまで煮る.
② はまぐりを取り出し, 煮汁をこす.
③ ベーコン, たまねぎは色紙に切り, 油で炒め, じゃがいも, にんじんも色紙に切り, ゆでる.
④ ホワイトソースを作り, 煮汁を入れて②と③を加え, 味をととのえる.
⑤ みじん切りのパセリとクラッカーを浮き身にする.

3 Bavarois (バヴァロワ)
ババロワ

粉ゼラチン	15 g
水	150 mℓ
砂　糖	70 g
牛　乳	200 mℓ
卵　黄	34 g
生クリーム	100 mℓ
バニラビーンズ	1本

① 粉ゼラチンを水60mℓの中に浸して吸水させる.
② 分量の水, 牛乳, 砂糖を鍋に入れ50～60℃まで熱し, 吸水させたゼラチンを加えて溶かし, 火からおろして手早く卵黄を混ぜる.
③ 熱いうちにこしてバニラビーンズを入れ荒熱をとる.
④ 生クリームを泡立て, ③と混ぜて型に流し入れて冷やす.

（要　点）
1. マリネについて
2. ゼリーの応用

26

1 Mutton with cheese (マトン　ウィズ　チーズ)
マトンのチーズ焼き(セドロー)

マトン(ラム)	600 g	つけ込み油	
塩, こしょう		たまねぎ	50 g
ナチュラルチーズ	100 g	サラダ油	50 g
		ローズマリー	
サラダ油	40 g	ビネグレットソース	30 g
バター	50 g		
クレソン	30 g		
たまねぎ	100 g		

① マトンは2cmの厚さに切り, 横に切り込みを入れて, 塩, こしょうし, すりおろしたまねぎを入れた油につけ込む.
② サラダ油とバターで焼き, チーズをのせる.
③ たまねぎを薄く輪切りにして水にさらし, ビネグレットソースにつけ, クレソンとともにマトンに添える.

2 Potato salad(ポテト サラダ)

つぶしたじゃがいものロシア風サラダ

じゃがいも	300 g	きゅうりのピクルス	
マヨネーズ	60 g		30 g
塩	3 g	ヴィネグレットソース	
こしょう			40 g
にんじん	50 g	卵	150 g
さやいんげん	50 g	レタス	50 g
(グリンピース	20 g)	レモン	50 g
		パセリ	15 g

① じゃがいもはゆでてつぶし，塩，こしょうしマヨネーズで和える．
② 野菜はゆで，ピクルスとともに5mm角に切り，ヴィネグレットソースで和えて①の中へ混ぜ合わせる．
③ 卵は固ゆでにして，薄く輪切りにする．
④ レタスを敷き，②と③を配色よく盛り合わせ，レモン，パセリを添える．

3 Onion soup(オニオン スープ)

たまねぎのスープ

スープストック	1000 mℓ
たまねぎ	300 g
バター	15 g
塩	8 g
こしょう	
フランスパン	1/4本
バター	10 g
パセリ	5 g

① たまねぎはくし形に薄く切り，あめ色になるまでバターで炒めて，スープで煮込む．
② パンは2cmの輪切りにし，焼いてバターを塗る．
③ 器に調味したスープをはって②のパンをのせ，パセリのみじん切りを散らす．

(要 点)
1. ロシア料理について

27

1 Gnocchi sauce tomate(ニョッキ ソース トマト)

ニョッキのトマトソース

小麦粉	300 g	トマトソース	
バター	75 g	たまねぎ	100 g
水	500 mℓ	合びき肉	150 g
卵	200 g	サラダ油	15 g
粉チーズ	20 g	トマトピューレー	
塩	3 g		50 g
おろしチーズ	35 g	トマトケチャップ	
パセリ	5 g		50 g
タバスコ		ブイヨン	100 mℓ
		シェリー酒	20 g
		塩	5 g
		こしょう	

① 水，バターを火にかけ，沸騰したら小麦粉を入れて練る．
② 火を止め，卵，粉チーズ，塩を加えて再び練り合わせ，口金で熱湯の中に3cmの長さに落としてゆでる．
③ たまねぎをみじん切りにしてひき肉と炒め，ブイヨンと調味料を加えてソースを作る．
④ グラタン皿にニョッキを入れ，ソースをかけて，チーズ，パセリのみじん切り，タバスコをふりかけ天火で焼く．

2 Zuppa pavese (ズッパー パベッセ)
イタリアンチーズと卵入りスープ

ブイヨン	1000 ml	ドッグパン	1本
塩	10 g	バター	10 g
こしょう		パセリ	5 g
ポーチドエッグ		おろしチーズ	15 g
卵	250 g		
水	400 ml		
酢	12 g		
塩	4 g		

① 熱湯に酢, 塩を入れて, 卵を割り落としてゆでる (ポーチドエッグ).
② ドッグパンを輪切りにして焼き, バターを塗る.
③ 器に卵, パンを入れてブイヨンをそそぎ, チーズをふりかけて焼き, パセリを散らす.

要　点
1. イタリア料理について

28

1 Paëlla (パエリア)
スペイン風炊き込みご飯

米	320 g	たまねぎ	100 g
鶏肉(もも肉)	200 g	にんにく	3 g
塩, こしょう		トマトピューレー	15 g
えび(有頭)		オリーブ油	26 g
(4尾)	150 g	ブイヨン	350 ml
ムール貝 (4ケ)	50 g	サフラン(小さじ1)	
あさり	150 g		0.1 g
いか (1杯)	250 g	塩	10 g
トマトまたは水煮缶		レモン	1個
	200 g	ディル, 塩, こしょう	
ピーマン赤	20 g		適量
〃　緑	40 g		
マッシュルーム	50 g		

① 米は洗ってざるにとる.
② 鶏肉は塩, こしょうする. えびは背わたをとり, いかは腹わたをとって0.5cmの輪切りにする. あさりは砂をはかせ, 水洗いする.
③ ピーマンはヘタをとり, ひと口大 (四つ割り) に切る. マッシュルームは0.5cmにスライスする. トマトは湯むきし, 種をとってざく切りにする.
④ たまねぎ, にんにくはみじん切りにする.
⑤ フライパンに油1/3を入れ, 鶏肉の皮を焼いて取り出す.
⑥ 油2/3をたし, たまねぎ, にんにくを炒め, 米を加えて軽く炒める.
⑦ パエリアの鍋に移し, ブイヨンとサフラン, 調味料を加えて, ①の鶏肉, いか, あさり, えび, ムール貝, トマト, マッシュルーム, ピーマンをのせて炊く (12～13分).
⑧ 炊き上がったら, ディルとレモンのくし形切りを添えてすすめる.

2 Gazpacho (ガスパチョ)
スペインの冷スープ

完熟トマト	200 g	氷片	4～5個
赤ピーマン	100 g	オリーブ油	15 ml
トマトジュース	300 ml		

① トマトは皮, 種を除き, ピーマン, トマトジュース, にんにく, ビネガー, 食パン, コンソメを加えミキサーにかける.

II 西洋料理　161

にんにく	1かけ	浮き身		② ①にオリーブ油をていねいに混ぜ、塩、こしょうで調味し、氷片を加えさらに冷やして盛る．
ワインビネガー	15 mℓ	トマト	100 g	
食パン	60 g	ほうれんそう(生食用)	20 g	③ 浮き身は細かく切って②に浮かせる．タバスコは好みにより加える．
コンソメ	200 mℓ			
塩	3 g	エシャロット	10 g	
こしょう		タバスコ		

29

1 Pot au feu de bœuf (ポー　トー　フー　ドゥ　ブフ)
牛肉のポトフ

牛肉(肩肉)	400 g	ブーケガルニ		① 牛肉はかたまりのまま糸で縛る．
水	1500 mℓ	セロリー	60 g	② にんじんはシャトウに切り、かぶは皮をむき、キャベツ、たまねぎは大きくざく切りにする．
フランクフルトソーセージ(2本)	200 g	パセリ	10 g	
		にんじん	10 g	
		リーキまたはたまねぎ	30 g	③ 鍋に肉と水、塩を入れて煮立て、ブーケを入れる．アクをすくいながら40分ほど煮込み、野菜を入れる．
キャベツ	300 g			
にんじん	100 g	にんにく	5 g	
かぶ	200 g	ベイリーフ，丁子		④ 野菜がやわらかくなったら、中身を取り出し、皿に盛る．肉は切り分ける．
たまねぎ	200 g	麻糸	1 m	
塩，こしょう				⑤ スープをこしてカラメルを入れ、味をととのえて皿にそそぐ．
カラメル				

2 Salade (de) fruits (サラード　フリュイ)
フルーツサラダ

りんご	200 g	ソース		① フルーツは小さく切り分ける．
バナナ	120 g	くるみ	5 g	② くるみをきざみ、レモン汁、生クリームとマヨネーズに混ぜ、ソースを作る．
みかん(缶詰)	70 g	レモン汁	15 g	
干しぶどう	10 g	マヨネーズ	100 g	③ 器にレタスを敷き、フルーツを盛りつけ、ソースをかけ、パセリを添える．
レタス	80 g	生クリーム	20 mℓ	
		パセリ		

3 Choux à la crème (シュー　ア　ラ　クレーム)
シュークリーム

シューの皮		ⓐカスタードクリーム		① 熱湯にバターを入れ、火にかけながら小麦粉を入れて混ぜる．
沸騰水(100℃)	100 mℓ	卵黄	34 g	
バター	40 g	コーンスターチ	20 g	② 火からおろし、卵を混ぜる．
小麦粉(薄力粉)	60 g	牛乳	200 mℓ	③ 天板にタネを絞り出して、オーブンで焼く．
卵100 g＋卵白 28 g		砂糖	55 g	
バナナ	120 g	バニラエッセンス		④ バナナは斜めに切って色どめする．
		バター	10 g	⑤ ⓐは、卵黄に砂糖を加えてよく混ぜ、コーンスターチに牛乳を加えて、とろ火にかけ、

ⓑ生クリーム
　生クリーム　200mℓ
　砂　糖　　　40 g
　バニラエッセンス

（要　点）
1．ポトフについて
2．シューについて

とろみがでたらおろしてバター，バニラエッセンスを入れる．

⑥　ⓑは，生クリームをホイップして，砂糖，バニラエッセンスを入れる．

⑦　焼き上がったシューに切れめを入れ，ⓐ，ⓑを好みに合わせて詰め，バナナをはさむ．

30

1 Kichedi (キチエディ)
インド風カレー炊き込みご飯

米	400 g	スープストック	350 mℓ
バター	30 g	牛　乳	200 mℓ
レーズン	20 g	カレー粉	5 g
ピーナッツ	15 g	塩	8 g
くるみ	10 g	こしょう	

①　洗い米の表面が乾くまで30分以上おいてからバターで透明になるまで炒める．
②　ピーナッツ，くるみは粗くきざみ，レーズンとともに①に加える．
③　②にスープ，牛乳を入れ，カレー粉，塩，こしょうで調味して炊き上げる．

2 Grilled chicken (グリルド　チキン)
グリルドチキン

ひな鶏（もも肉）(4本)		ディヤブルソース	
	600 g	小麦粉	15 g
塩，こしょう		バター	15 g
シェリー酒	45 g	たまねぎ	30 g
サラダ油	45 g	バター	10 g
おろしチーズ	30 g	白ワイン	50 g
ペーパーフリル　5本		スープストック	
			200 mℓ
		塩，こしょう	

Potato chips (ポテトチップス)

じゃがいも	200 g	揚げ油	
塩，こしょう			
クレソン	15 g		

①　ひな鶏に塩，こしょうして，軽く皮を焼き，シェリー酒をふる．
②　①にサラダ油を塗り，チーズをふって，オーブンで焼く．足先をフリルで飾る．
③　じゃがいもを薄切りにして油で揚げる．
④　小麦粉をバターで炒め，ブラウンルーを作る．
⑤　たまねぎをみじん切りにし，バターで炒め，④と混ぜ，白ワインとスープを加えて煮込み，塩，こしょうで調味し，ソースを作る．
⑥　皿にひな鶏をのせ，じゃがいもとクレソンを添えてソースをかける．

3 Asparagus with mayonnaise (アスパラガス　ウィズ　マイヨネーズ)
アスパラサラダ　マヨネーズソース

ホワイトアスパラガス
　　　　　(10本) 150 g

①　ホワイトアスパラガスを缶から取り出す．
②　グリーンアスパラガスはゆでて切り揃え

Ⅱ　西洋料理　163

グリーンアスパラガス				
	（10本）200 g			
マヨネーズ	100 g			
マスタード	10 g			

　　　る．
③　マヨネーズにマスタードを練り合わせる．
④　器に2色のアスパラガスをよく冷やして盛り，マヨネーズソースを添える．

　要　点
　1．インド料理について
　2．アスパラガスについて

31

1 Cuisson des poissons à la sauce épinard
　　　（キュイッソン　デ　ポワッソン　ア　ラ　ソース　エピナール）
　蒸し煮魚のソースかけ

魚（白身魚）	500 g	バター	15 g
塩，こしょう		白ワイン	15 g
たまねぎ	300 g	ブイヨン	60 ml
にんじん	100 g	ベイリーフ	1枚

Sauce epinard（ソース　エピナール）

ホワイトソースA		ほうれんそう（青葉）	
	150 ml		60 g

Sauté（ソーテ）

スイートコーン（粒）		バター	30 g
	200 g	塩	3 g
グリンピース	80 g	こしょう	

①　魚は塩，こしょうする．
②　野菜は千切りにしてバターで炒める．
③　①に白ワイン，ブイヨンを入れ，野菜とベイリーフを加えて蒸し煮する．
④　ホワイトソースAを作り，ゆでたほうれんそうの裏ごしを加えて，魚にかける．
⑤　グリンピースはゆでて，スイートコーンとバターで炒め，魚に添えて盛る．

2 Consommé frappé（コンソメ　フラッペ）
　冷たいコンソメ

ブイヨン	600 ml	塩	5 g
牛すね肉	100 g	こしょう	
レモン	15 g	カラメル	
ミント		砂　糖	10 g
		水	10 ml

①　ブイヨンにすね肉を加え，調味してスープを作り，カラメルで着色し冷やす．
②　器にそそぎ，レモンの薄切りとミントを浮かべる．

3 Gelée porto（ジュレー　ポート）
　ワインゼリー

板ゼラチン	20 g	ホイップクリーム	
水	200 ml	生クリーム	100 ml
砂　糖	50 g	砂　糖	20 g
赤ワイン（甘味のある		バニラエッセンス	
もの）	100 g	いちご（4個）	60 g
		ミント（葉）	4枚

①　ゼラチンは水にしめらせ，やわらかくする．
②　分量の水に①のゼラチンを加えて煮溶かし，砂糖を加えて沸騰する前に火を止め，赤ワインを入れて冷やし固める．
③　生クリームをホイップして，型から抜いたゼリーに飾りつけ，いちごとミントを添える．

> 要　点
> 1．蒸し煮魚について
> 2．ソースの応用
> 3．冷たいスープ

32

1 Porc à la Hawaïenne（ポール　ア　ラワイエンヌ）
豚肉のハワイ風

豚肉(ロース)(4枚)	500 g	チェリーブランデー	30 g
塩，こしょう		酢	15 g
バター	15 g	黒砂糖	20 g
サラダ油	45 g	パインアップル	100 g
カシューナッツ	80 g		

Haricots verts à l'anglaise（アリコ　ヴェール　ア　ラングレーズ）さやいんげんのソテー

いんげん	150 g
バター	15 g
塩，こしょう	
トマト	150 g

① 豚肉に塩，こしょうする．カシューナッツは軽くいり，薄くきざむ．
② 鍋にバター，サラダ油を溶かし，肉を入れて焼き，チェリーブランデー，酢，砂糖で調味する．
③ 肉を取り出し，ジューにカシューナッツを加える．
④ 別鍋でパインアップルを焼きつける．
⑤ 皿に肉を盛り，③のソースをかけパインアップルをのせる．
⑥ いんげんをゆでて炒め，トマトを適当に切り，肉に添える．

2 Consommé aux macaronis（コンソメ　オー　マカロニ）
マカロニスープ

ブイヨン(鶏骨)	800 mℓ	パセリ	5 g
マカロニ	50 g	塩	8 g
ベーコン	30 g	こしょう	
たまねぎ	50 g		
セロリー	30 g		

① マカロニはゆでる．
② ベーコンは3 cmの長さに切り，軽く炒める．
③ たまねぎ，セロリーは薄切りにする．
④ ブイヨンに材料を入れ，煮立てて調味し，皿にそそいで，きざみパセリを浮かせる．

3 Salade (de) macédoine（サラード　マセドワーヌ）
マセドアンサラダ

きゅうり	100 g	ビネグレットソース	
トマト	100 g	ワインビネガー	60 g
レーズン	30 g	サラダ油	60 g
セロリー	100 g	粒がらし	5 g
レタス	100 g	たまねぎ	20 g
		塩	3 g
		こしょう	
		パプリカ	

① レタスは大きめにちぎり，そのほかの材料をマセドアン（あられ）に切る．
② たまねぎはすりおろし，ソースの材料と合わせ，野菜を和えて盛る．

要点
1. 豚肉調理上の基本
2. ソースの応用

33

1 Barbue en papillote（バルビュー アン パピヨット）
ひらめの包み焼き

ひらめ（4切れ）	320 g	レモンバター		
塩，こしょう		バター	50 g	
白ワイン	50 mℓ	レモン汁	10 mℓ	
たまねぎ	50 g	パセリ	5 g	
にんじん	30 g			
バター	10 g			
パラフィン紙	4枚			

① ひらめは塩，こしょうして，白ワインをふりかける．
② たまねぎ，にんじんは薄く千切りにする．
③ バターを練り，レモン汁とパセリのみじん切りを混ぜ，レモンバターを作る．
④ パラフィン紙をハート形に切り，片面にバターを塗って野菜を敷き，①をおいて③をのせる．
⑤ ④のパラフィン紙の端を折り曲げ，形をととのえる．
⑥ オーブンに入れ，強火で焼いて熱いうちに器に盛って供す．

2 Consommé à la brunoise（コンソメ ア ラ ブリュノワーズ）
ブルノワ風コンソメスープ

鶏肉ささみ	50 g	塩，こしょう		
にんじん	50 g	ローリエ	1枚	
たまねぎ	50 g			
生しいたけ	15 g			
セロリー	20 g			
バター	10 g			
ブイヨン	800 mℓ			

① しいたけは，石づきをとり，あられ切りにする．
② 鶏肉は熱湯にとおし，ほかの材料とともに5 mmのあられに切り揃える．
③ ①，②を軽くバターで炒め，ブイヨンを入れて煮込み，塩，こしょう，ローリエを加えて調味する．
④ ローリエを除いて盛りつける．

3 Cookie（クッキー）
焼き菓子

ⓐロックケーキ

薄力粉	200 g	レーズン	30 g	
B.P.	4 g	ドレンチェリー	2個	
バター	60 g	ピーナッツ	30 g	
砂糖	100 g	口金		
卵	50 g	サラダ油		
バニラエッセンス				
牛乳	15 mℓ			

① 薄力粉にB.P.を混ぜ，ふるいにかける．
② バターと砂糖を練り合わせ，卵，牛乳，小麦粉，エッセンスを混ぜ合わせ，レーズン，ドレンチェリー，ピーナッツをみじん切りにして，軽く撹拌する．
③ 天板にうすく油をひき，②を適当な形に絞り出し，オーブンで焼く．

ⓑ ミノワール

砂糖	70 g	薄力粉	210 g
バター	150 g	卵黄	17 g
卵黄	17 g	グラニュー糖	10 g
レモンの皮または 　バニラエッセンス		あんずジャム	50 g

① バター，砂糖をよく練り，卵黄，レモン皮，薄力粉を入れて混ぜ，のばして型で抜く．
② 中央をくぼませてジャムをのせ，まわりに卵黄を塗り，グラニュー糖をふりかけて，オーブンで焼く．

（要　点）
1. パピヨットの作り方
2. 干菓子について

34

1 Tortillas（トルテヤ）
メキシコ風焼きパン

コーンミール	300 g	サラダ油	30 g
塩	3 g	チーズ	75 g
ぬるま湯	100 mℓ		
小麦粉	150 g		
バター	75 g		

① ぬるま湯にバターを溶かし，コーンミール，小麦粉，塩を混ぜて練る．
② 鉄板に薄くのばして焼き，チーズをふりかける．

2 Chile con carne（チリ　コン　カーン）
うずら豆のとうがらし煮

赤いんげん（赤うずら）	150 g	スープストック	500 mℓ
		チリパウダー	0.3 g
たまねぎ	400 g	オレガノ	1 g
にんにく	5 g	塩	15 g
牛ひき肉	300 g	クミン（ホール）	
サラダ油	40 g		
トマト	500 g		

① いんげんは水に浸してやわらくする．
② たまねぎ，にんにくはみじん切りにし，ひき肉とサラダ油で炒める．
③ トマトはあられに切る．
④ スープストックに，②とトマトを入れて煮込み，クミン，チリパウダー，オレガノ，塩で調味する．

3 Mexican salad（メキシカン　サラダ）
メキシコ風サラダ

焼き豚	75 g	マヨネーズ	100 g
ハム	150 g	トマトケチャップ	30 g
キャベツ	200 g	チリソース	1 g
レタス	80 g	グリンペッパー	3 g
りんご	150 g	レッドペッパー	3 g
		セロリー	5 g

① 焼き豚，ハム，キャベツは 2 cm の色紙に切る．
② りんごは六つ割りにして芯をとり，薄く切る．
③ 器にレタスを敷き，材料を盛り合わせる．
④ マヨネーズに香辛野菜のみじん切りと調味料を混ぜ，③にかける．

（要　点）
1. メキシコ料理について

35

1 Roast pork (ロースト ポーク)
豚肉蒸し焼き

豚ロース肉	700 g	グレービーソース	
塩, こしょう		バター	10 g
麻糸またはたこ糸		小麦粉	8 g
サラダ油	45 g	ブイヨン	250 mℓ
にんじん	50 g	グレービー	
たまねぎ	100 g	ケチャップ	50 g
セロリー	80 g	塩, こしょう	

Mashed potatoes (マッシュド ポテトズ)
じゃがいも裏ごし

じゃがいも	400 g	塩, こしょう	
バター	30 g	ナツメグ	
牛　乳	50 mℓ		

Sauté (ソテー)

さやいんげん	200 g	塩, こしょう	
バター	20 g		
クレソン	40 g		

① 豚ロース肉は塩, こしょうして巻き込み, 糸でくくり, 形をととのえる.
② 野菜を薄切りにして天板に並べ, 上に肉をのせ, サラダ油をかけてオーブンで焼く.
③ バター, 小麦粉でブラウンルウを作り, 焼き汁, ケチャップを入れてブイヨンでのばし, 調味してソースを作る.
④ じゃがいもをゆでて裏ごしして, バター, 牛乳, 調味料を加え, あたためてマッシュポテトを作る.
⑤ いんげんはゆでてバターで炒める.
⑥ 大皿に豚肉を切り分けて並べ, 野菜で飾りつけソースを添える.

2 Bouquet salad (ブーケ サラダ)
ブーケ風サラダ

だいこん	50 g	ラディッシュ(5個)	
にんじん	30 g		50 g
きゅうり	150 g	レタス	50 g
ハム(5枚)	70 g	マヨネーズ	100 g
レモン	60 g	パセリ	5 g
		ドレッシング	40 g

① だいこん, にんじん, きゅうりを3mm角の棒状に切り, 冷水にさらす.
② ハムは野菜の長さに切り揃える.
③ レモンを輪切りにして果肉を抜き, 野菜とハムを束ねて, レモン皮の輪に通し, ブーケを作り, ドレッシングで下味をつける.
④ ラディッシュは飾り切りにして水にさらす.
⑤ マヨネーズにパセリのみじん切りを加える.
⑥ 器にレタスを敷き, ブーケとラディッシュを飾り, ソースを添える.

要点
1. ローストについて

36

1 Steak minute à la provencale (ステック　ミニュット　ア　ラ　プロヴァンサル)
ミニッツステーキ　プロヴァンス風

牛ヒレ肉(10切れ)	400 g
塩，こしょう	
バター	
アンチョビー	5尾
ブラックオリーブ	5個
赤ワイン	250 mℓ
ブイヨン	500 mℓ
塩，こしょう	
プチトマト	10個
バター	20 g
塩，こしょう	
クレソン	

① 牛肉に塩，こしょうし，バターで焼いて焼き色をつけ取り出す．
② ①の焼き油を捨て，赤ワイン，ブイヨンを加え，1/2になるまで煮詰め，こす．
③ アンチョビーは裏ごしし，ピューレ状にする．ブラックオリーブは種をとり除き輪切りにする．これらを②のソースに混ぜ合わせ塩，こしょうで調味する．
④ プチトマトは1/2に切り，バターで炒めて塩，こしょうする．
⑤ 焼いた牛肉を皿に盛り，ソースをかけ，クレソン，トマトを添える．

2 Soupe à loignon gratinée (スープ　ア　ロニヨン　グラチィネ)
オニオングラタンスープ

たまねぎ	500 g
にんにく	1片
バター	40 g
ブイヨン	1000 mℓ
塩	3 g
こしょう	
フランスパン	60 g
グリュイエールチーズ	100 g

① たまねぎ，にんにくは薄切りにし，バターで焦がさないようにあめ色になるまで30〜40分炒める．
② ①にブイヨンを加え，煮立ったら弱火にしてアクを除く．2/3量まで煮詰め，塩，こしょうで調味する．
③ バゲットを人数分に切り，トーストする．
④ 耐熱容器に②をそそぎ，バゲット，チーズをのせ，オーブンで焼く．

3 Salade de carottes à l'orange et avocat (サラッド　ドゥ　キャロット　ア　ロランジュ　エ　アヴォカ)
にんじんのサラダ　オレンジとアボガド入り

にんじん	100 g
オレンジ	1個
アボガド	1個
レモン汁	1/2個分
ヴィネグレットソース	
サラダ油	60 g
果実酢	30 g
粒からし	5 g
塩，こしょう	
プリーツレタス	100 g

① にんじんは千切りにする．オレンジは皮を包丁で切りとり果肉を袋から取り出し，残った袋はしぼってジュースをとる．アボガドは皮をむいて5mm厚さに切り，さらに1口大に切り，レモン汁をかける．プリーツレタスはちぎる．
② ボールににんじん，アボガド，オレンジを入れ，ヴィネグレッドソースとオレンジのしぼり汁を混ぜ合わせる．
③ 器にプリーツレタスを敷き，②を盛りつける．

要点
1. 肉の焼き加減
2. たまねぎの炒め方

37

1 Stuffed chicken cutlet(スタッフド チキン カトレット)
　鶏肉の詰め揚げ

鶏もも肉	600 g	小麦粉	50 g
塩，こしょう		卵	50 g
ロースハム	70 g	パン粉	50 g
チーズ	60 g	揚げ油	
ピーマン	50 g	つまようじ	10本

Tartare sauce(タルタル　ソース)

マヨネーズ	100 g	卵	50 g
ピクルス	20 g	パセリ	2 g
たまねぎ	30 g	塩，こしょう	

Sauté(ソテー)

さやいんげん	200 g	塩，こしょう	
バター	20 g		
トマト	200 g		

① 鶏もも肉をひらき，たたいて塩，こしょうする．
② ロースハム，チーズ，ピーマンは細切りにして，鶏肉の上に並べ，芯にして巻き込み，つまようじでとめる．
③ 小麦粉，溶き卵，パン粉の順に衣をつけ，油で揚げる．
④ マヨネーズにゆで卵と野菜のみじん切りを加えて調味し，ソースを作って，切り分けた鶏肉にかける．
⑤ いんげんはゆでてバターで炒める．
⑥ トマトを花形切りにする．
⑦ いんげん，トマトを付け合わせにし，ソースを敷いて③の鶏肉を盛る．

2 Coffee pudding(コーヒー　プディング)
　コーヒープリン

牛乳	300 mℓ	コーヒー	3 g
卵	150 g	バター	5 g
砂糖	80 g	シロップ	100 mℓ

① 卵をほぐし，牛乳，砂糖，コーヒー（粉末）を混ぜ合わせる．
② プディング型にバターを塗り，①を流し入れ，オーブンで蒸して冷やす．
③型からはずしてシロップをかける．

要点
1. 冷菓の応用

38

1 Sole à la meunière(ソール ア ラ ムーニエル)
　舌びらめのムニエル

舌びらめ	500 g	サラダ油	15 g
塩，こしょう		シェリー酒	15 g
牛乳	15 mℓ	レモン汁	15 g
小麦粉	50 g	レモン	60 g
バター	20 g	トマト	200 g

① 舌びらめの皮をむき，腸を取り出して，ひれを切りとる．塩，こしょうして牛乳につけ，臭みを抜く．
② 魚に小麦粉をまぶし，バターとサラダ油で焼き，シェリー酒をふりかけ，蒸し焼きにし

Choux-fleurs sauté(シュー　フルール　ソーテ)

カリフラワー	150 g
バター	13 g
塩, こしょう	

Epinards sauté(エピナール　ソーテ)

ほうれんそう	250 g
バター	13 g
塩, こしょう	

③　レモンを薄切りにして魚に添える.
④　カリフラワーはゆでて小株に切り分け, バターで炒める.
⑤　ほうれんそうはゆでて切り揃え, バターで炒める.
⑥　トマトを切り, ほかの野菜と魚に飾りつける.

2 Choux au jus(シュー　オー　ジュ)
キャベツの煮込み

キャベツ	800 g	トマトピューレー	
ベーコン	80 g		100 g
ブイヨン	1200 mℓ	ローリエ	
		塩	10 g
		こしょう	

①　キャベツは芯をつけたままくし形に切る.
②　ベーコンは熱湯をかけて油ぬきし, キャベツの中へはさみ, ブイヨン, ローリエを加えて煮込む.
③　ローリエを取り出し, トマトピューレー, 塩, こしょうで調味する.

（要　点）
1. 舌びらめの扱い方

39

1 Ravioli(ラビオーリ)

皮		ソース	
強力粉	200 g	トマトケチャップ	
牛　乳	100 mℓ		150 g
塩	2 g	ブイヨン	300 mℓ
卵	50 g	塩	5 g
中　身		卵(²⁄₃)	26 g
ハ　ム	60 g	おろしチーズ	10 g
合びき肉	60 g	タバスコ	2〜3滴
干ししいたけ	10 g		
たまねぎ	60 g		
ほうれんそう			
(葉のみ)	60 g		
バター	30 g		
塩	2.5 g		
こしょう			
卵(¹⁄₃)	13 g		

①　牛乳, 塩, 卵を混ぜ, 小麦粉と練って, 皮2枚を作る.
②　もどしたしいたけ, ゆでたほうれんそう, ほかの材料をみじん切りにしてバターで炒め, 卵⅓を加えて調味する.
③　皮をひろげ, 中身を5cmの間隔におき, 周囲に溶き卵を塗って, ほかの1枚を重ねる. 5cmに切り取ってゆでる.
④　グラタン皿に並べ, ソースを入れて, チーズ, タバスコをふりかけ, オーブンで焼く.

Ⅱ 西洋料理

2 Minestrina di spinaci alla Modenese(ミネストリーナ ディ スピナッチ ア ラ モデネーゼ)
ほうれんそうと卵のスープ

ブイヨン	800mℓ	生クリーム	30mℓ
ほうれん草	50g		
卵	80g		
生パン粉	20g		
チーズ(エダム)	15g		
塩	9g		
こしょう			

① 卵を溶きほぐし,生パン粉,おろしチーズを混ぜる.
② ほうれんそうはゆで,2〜3cmに切る.
③ ブイヨンを調味して煮立て,②を入れ,合わせた卵を流し入れる.
④ 器に固まった卵をすくい入れ,スープをそそいで生クリームを浮かす.

要点
1. パスタについて

40

1 Beef steak(ビーフ ステイク)

牛肉(ロース)(4枚)	480g	レモンバター	
塩,こしょう		バター	40g
サラダ油	26g	レモン汁	15g
シェリー酒	40g	きざみパセリ	3g
グレービーソース		パラフィン紙	
小麦粉	10g	ガーリック	
バター	13g		
グレービー(＋スープストック)	150mℓ		
トマトピューレー	30g		
塩,こしょう			

Shiitake sauté(シイタケ ソテー)
生しいたけ	80g	塩,こしょう	
バター	20g		

Fried potatoes(フライド ポテト)
じゃがいも	200g	塩,こしょう	
揚げ油			
クレソン	20g		

① 牛肉(ロース)は筋切りをして軽くたたき,形をととのえ,塩,こしょうする.
② サラダ油で①を焼き,シェリー酒をかけ,フランベする.
③ バターで小麦粉を炒め,グレービーソースを作ってかける.
④ しいたけは石づきをとって,バターで炒め,塩,こしょうする.
⑤ じゃがいもは拍子木切りにし,油で揚げる.
⑥ 皿をあたため,②④⑤を盛り,好みでレモンバター,ガーリックを用いる.
⑦ レモンバターは,バターをクリーム状に練り,レモンとパセリを混ぜ,棒状にしてパラフィン紙で包み,冷やし固める.パラフィン紙をとり,小口から切る.

2 Cauliflower salad(カリフラワー サラダ)

カリフラワー	250g	ビネグレットソース	50g
卵	100g	マヨネーズソース	80g
ビーツ	60g		
酢	10g		

① カリフラワーは,ゆで,小枝に分ける.
② 卵は固ゆでにして皮をむき,輪切りにする.
③ ビーツは丸のままゆでて皮をむき,切って

| レタス | 60 g |
| パセリ | 10 g |

塩, こしょう

酢をふりかける.

④ レタスを敷き，材料を盛り合わせて，ビネグレットソースで下味をつけ，マヨネーズソースを添え，パセリを飾る.

(要点)
1. 肉の焼き加減
2. カリフラワーのゆで方

41

1 Chicken pie(チキン パイ)

皮
薄力粉	120 g
バター	70 g
水	35 mℓ

外部
| 卵黄 | 17 g |

ホワイトソース 200 mℓ
バター	10 g
小麦粉	10 g
牛乳	200 mℓ

中身
鶏肉	180 g
たまねぎ	80 g
マッシュルーム	40 g
にんじん	50 g
ベーコン	40 g
サラダ油	20 g
おろしチーズ	25 g

塩, こしょう

① 小麦粉をふるいにかけ，冷やしたバターを切りこんで，よく混ぜ合わせる.
② 水を加えてまとめ，しばらくねかせてからのばし，皮を作る.
③ 鶏肉は薄くそぎ切りにする.
④ マッシュルームは薄く切り，たまねぎ，にんじんは千切りにする.
⑤ ベーコンは2cmの平切りにする.
⑥ 鶏肉，野菜，ベーコンをサラダ油で炒め，ホワイトソースで和えて①のパイ皮に詰める.
⑦ ⑥の上におろしチーズをのせ残りの皮を⑤にかぶせて水溶き卵黄を塗り，オーブンで焼く.

2 Apple pie(アップル パイ)

| パイシート | 2枚 |

外部
| 卵黄 | 17 g |
| 水 | 15 g |

中身
りんご	600 g
砂糖	100 g
バター	20 g
水	15 mℓ
レモン汁	20 g

① パイシートを型に合わせて伸ばしパイ皿にのせ，切りととのえる.
② りんごの皮をむき，薄く切って，砂糖，バター，水，レモン汁を加えて煮る.
③ 蜜煮したりんごを①に詰め，上部と周囲に別の皮をのせ，水溶き卵黄を塗ってオーブンで焼く.

3 Lemon tea(レモン ティ)

紅茶	10 g
レモン	50 g
砂糖	30〜50 g

① 紅茶に熱湯をそそぎ1分浸出させる.
② ①をこして，砂糖，レモンスライスを添える.

(要点)
1. パイについて
2. 紅茶の入れ方

42

1 Borsch（ボルシチ）
ロシア風シチュー

スープストック1000mℓ		トマトピューレー	
水	4000mℓ		100 g
豚骨	足1本位	ケチャップ	100 g
ローリエ		塩	10 g
セロリー	50 g	こしょう	
トマトまたはホール		サワークリームまたは	
トマト(缶)	200 g	生クリーム	45mℓ
にんにく	2片		
豚バラ肉	300 g		
じゃがいも	200 g		
キャベツ	200 g		
にんじん	150 g		
たまねぎ	200 g		
ビーツ	60 g		
バター	10 g		

① 豚肉は3cm角に切り、塩、こしょうして炒め、スープで煮る．
② ビーツは丸ごとゆでて皮をむき、乱切りにする．
③ じゃがいも、にんじんは大きく乱切りにして面をとる．
④ キャベツはざく切りにし、たまねぎは大きめのくし切りにする．
⑤ じゃがいも、にんじんを炒め、①のスープに入れる．
⑥ 肉、野菜がやわらかくなったらキャベツと②のビーツを入れ、調味してしばらく煮込み、味をととのえる．
⑦ 皿に盛り、サワークリームを中央に入れて供す．

2 Piroshik（ピロシキ）
ロシア風揚げパン

皮		中　身	
強力粉	200 g	合びき肉	120 g
薄力粉	100 g	たまねぎ	150 g
ⓐ生イースト	10 g	バター	15 g
ぬるま湯	75mℓ	はるさめ	10 g
砂糖	3 g	卵	100 g
ⓑ牛　乳	50 g	塩，こしょう	
砂糖	10 g	揚げ油	
塩	4 g	洋がらし	3 g
バター	15 g	しょうゆ	60 g
卵	25 g		

① 小麦粉をふるいにかける．
② ぬるま湯に砂糖を混ぜ、生イーストを加えて発酵させる．
③ ⓑの材料を②の中に混ぜて、小麦粉に加え、よくこね、しばらくねかせる．
④ 中身用のたまねぎをみじん切りにして、バターでひき肉と炒める．
⑤ はるさめは湯でもどし、1cmの長さに切り、卵は固ゆでにしてみじん切りにし、④に混ぜて調味する．
⑥ ③が発酵したら、軽くこねてガスを抜き、棒状にして10等分にする．
⑦ ⑥を丸くのばして中身を包み、俵形にまとめてほどよく膨らませ（2次発酵）中温で揚げる．

3 Russian Tea（ロシアン　ティ）
ロシア風紅茶

紅茶	15 g
いちごジャム	60 g

① 紅茶を浸出させ、砂糖、ジャム、はちみつを入れて、ウオッカを少量落とす．

はちみつ　　　　20 g
ウオッカまたはブラン
　　ディー　　　　50 mℓ

（要　点）
　1．ロシア料理について

43
SPECIAL CHRISTMAS DINNER　(1)

1 **Hors-d'œuvre**（オール　ドーヴル）

ⓐ**Cold trout**（コールド　トラウト）ますの冷製

ます（5切れ）	400 g	さやえんどう	20 g
塩, こしょう		スタッフドオリーブ	
白ワイン	40 g		2個
クールブイヨン	300 mℓ	ショーフロワーソース	
水	500 mℓ		200 mℓ
ブーケガルニ		ブイヨン	200 mℓ
牛　乳	45 mℓ	ゼラチン（夏）	12 g
レモン（薄切り）	40 g	（冬）	6 g
ビネグレットソース		マヨネーズソース	
	40 g		50 g

① ますに塩，こしょうする．
② 白ワインとクールブイヨンで①を蒸し煮して，皿に並べ，ビネグレットソースをかけてさます．
③ ブイヨンにゼラチンを加え，さらにマヨネーズソースを加え調味してショーフロワーソースを作り，ますに塗る．
④ さやえんどうはゆで，オリーブ，レモンは薄切りにして③のますに飾り，冷やす．

ⓑ**Fritots d'huîtres**（フリトー　デュイトル）

かき（15個）	450 g	小麦粉	40 g
塩, こしょう		サラダ油	40 g
ベーコン（薄切り）	80 g	つまようじ	15本

① かきを塩水で洗い，塩，こしょうしてベーコンで巻き，つまようじでとめる．
② ①に小麦粉をふりかけてサラダ油で焼く．

ⓒ**Cornets de jambon**（コルネー　ドゥ　ジャンボン）

ハム（角または丸）		マヨネーズ	20 g
（5枚）	100 g	パセリ	5 g
卵	100 g	つまようじ	
塩, こしょう			

① 卵は固ゆでにしてみじん切りにし，塩，こしょうしてマヨネーズで和える．
② ハムをコルネ形に巻いてつまようじでとめ，①を詰めてパセリを飾る．

ⓓ**Canapés de salami**（カナッペ　ドゥ　サラミ）

食パン（薄切り）	2枚	からし	
バター	10 g	サラミソーセージ	30 g

① 食パンは好みの形を抜き，焼いて，からしバターを塗り，サラミソーセージをのせる．

ⓔ**Saumon fumé**（ソーモン　フュメ）

スモークサーモン		マリネソース	
（スライス）	80 g	サラダ油	26 g
たまねぎ	50 g	酢	15 g
ケッパー	10粒	塩, こしょう	
パセリ			

① たまねぎをスライスして水にさらしてから，マリネソースにつけておき，サーモンと合わせて盛り，ケッパーを添えてパセリでかざる．

以上のオードブルを一皿に盛る．

2 Egg Nog (エッグ　ノッグ)

牛乳	600 mℓ	砂糖	30 g
卵	150 g	スティックシナモン	5本

① 牛乳はあたためて卵黄と砂糖を混ぜる．卵白を泡立て撹拌し，①と混ぜ，スティックシナモンを添える．

要点
1. オードブルについて

44
SPECIAL CHRISTMAS DINNER　(2)

1 Roast turkey (ロースト　ターキー) (10人分)
七面鳥の丸焼き

七面鳥(ひな，1羽)	3 kg	塩，こしょう	
Stuffing(詰めもの)		バター	200 g
		スープ	200 mℓ
鶏ひき肉	300 g	香味野菜	
豚ひき肉	100 g	にんじん	200 g
セロリー	50 g	たまねぎ	200 g
たまねぎ	300 g	セロリー	150 g
食パン	50 g	キャベツ	300 g
牛乳		ホイル	
塩，こしょう		麻糸	
ナツメグ	1.5 g	マンシェット(紙飾り)	
白ワイン	50 g		

Fried potatoes (フライド　ポテト)
じゃがいも	300 g	塩，こしょう	
揚げ油			

Baked tomato (ベークド　トマト)
トマト　ペコロス			
(10個)	300 g		
クレソン	30 g		

クランベリー　ソース
(こけももの実の缶詰またはフローズン(冷菓)の粒の実をもどし，やわらかく砂糖で煮たもの)

① 七面鳥は内臓を取り出し，腹部を洗って，足先と首の骨を切り落とす．
② たまねぎ，セロリーはみじん切りにする．
③ ひき肉と②を炒め，食パンを牛乳に浸してしぼり，調味料，白ワインを加えて味をととのえる．
④ ①に③の中身を詰め，皮をとじつけて形をととのえる．
⑤ 天板にきざんだ香味野菜をおき，七面鳥をのせ，オーブンに入れて中火で焼く．長時間焼くため，銀紙で覆い，皮の焼きぐあいをよく調節する．
⑥ 焼きながら，バター，スープ，塩，こしょうを交互にかけて味をととのえる．
⑦ じゃがいもは拍子木切りに切って揚げる．
⑧ トマトはオーブンで軽く焼く．
⑨ ローストチキンの要領で，⑦，⑧を飾りつけ，皿に盛って，野菜，果物を添える．
⑩ 肉を切り分けてクランベリー　ソースをかけていただく．

2 Christmas pudding (クリスマス　プディング)

食パン	300 g	くるみ	30 g
ケンネ脂	60 g	サバイヨンソース	
シナモン	4 g	卵黄	34 g
卵	150 g	砂糖	70 g
赤砂糖	60 g	白ワイン	30 g

① 食パンはおろして細かくほぐす．
② ケンネ脂はみじん切りに細かくきざむ．
③ レモンピールは細かくきざんで，レーズンとともにラム酒をふりかけておく．
④ くるみは粗くきざむ．

牛乳	300 mℓ	ラム酒	30 g
レーズン	40 g	ヒイラギの葉	
レモンピール	50 g		
ラム酒	50 g		

⑤ ボールに材料を合わせ,砂糖,卵,シナモン,牛乳を入れてよく混ぜる.
⑥ 型に⑤の材料を詰め,きっちりふたをして糸でくくり,ゆせんにして蒸す.
⑦ 卵黄に砂糖を混ぜ,ゆせんにして泡立て,白ワインを加えてサバイヨンソースを作る.
⑧ 皿に⑥を取り出しラム酒をそそぎ,点火してサバイヨンソースを添える.
⑨ ヒイラギの葉を飾る.

(要 点)
1. ターキーの扱い方
2. クリスマスプディングについて

45
SPECIAL CHRISTMAS DINNER (3)

1 Plum cake (プラム ケイク)
プラムケーキ

小麦粉	130 g
卵	150 g
砂 糖	130 g
バター	100 g
アーモンド	30 g
くるみ	30 g
はちみつ	20 g
カラメル(砂糖,水)	30 mℓ
プラム	60 g
ブランデー	60 g

① プラムの種を抜き,きざんでブランデーに漬ける.
② アーモンド,くるみはみじん切りにし,①のプラムと合わせて小麦粉20 gをふりかけておく.
③ 残りの小麦粉をふるいにかける.
④ 砂糖と水でカラメルを作る.
⑤ 卵白を泡立てる.
⑥ バターに砂糖,卵黄,はちみつ,カラメルを加えてよく練り,卵白と合わせる.
⑦ ⑥に小麦粉と②を加え,さっくり混ぜて型に流し,オーブンで焼く.

2 Jelly in basket (ゼリー イン バスケット)
バスケットゼリー

ネーブル	4個
いちご	50 g
オレンジキュラソー	10 g
ゼラチン	12 g
砂 糖	80 g
水	200 mℓ

① ネーブルの皮に切れめを入れ,バスケット形にくり抜く.
② ゼラチンは吸水させておく.
③ いちごは細かく切る.
④ ゼラチンを煮とかし砂糖を加え,いちご,ネーブル果汁と果肉,オレンジキュラソーを加える.
⑤ バスケットの皮に入れて冷やし固める.

Ⅱ 西洋料理　177

③ Baked Alaska (ベイクド アラスカ)
焼きアイスクリーム

カスタードアイスクリーム	300 g
スポンジケーキ (直径15cm)	1個
卵白(メレンゲ)	56 g
砂　糖	40 g

① スポンジケーキを横に切り分け，2枚の台を作る．
② アイスクリームを台の上にのせて，もう1枚を重ねてはさむ．
③ 卵白を泡立て砂糖を加えてメレンゲを作り，②の上部と周囲に飾りつけてオーブンに入れ，強火で薄く焦げめをつける．

④ Royal Coffee (ロイヤル コーヒー)

コーヒー	20 g
角砂糖	40 g
ブランデー	40 g

① コーヒーを入れ，ブランデー，角砂糖を好みで加える．

（要　点）
1. ケーキの種類
2. コーヒーの入れ方

46

① Mérétrice grillée (メレトリス グリーエ)
はまぐりの焼き物

はまぐり(殻つき) (大5個)	200 g
バター	15 g
塩，こしょう	
レモン	25 g
パセリ	

① はまぐりの砂をはかせ，天板に並べてオーブンで焼く．
② 殻が開いたら，バター，塩，こしょうで調味し，レモンの薄切りとパセリで飾る．

② Huîtres à la florentine (ユイトル ア ラ フロランティーヌ)
フローレンス風カキグラタン

かき(殻つき) (5個)	200 g	モルネーソース	
塩，こしょう		ホワイトソースB	200 ml
白ワイン	30 g	ブイヨン	50 ml
ほうれんそう	50 g	エダムチーズ	10 g
バター		バター	15 g
塩，こしょう		塩，こしょう	
エダムチーズ(おろし)	5 g		
パセリ(みじん)	5 g		

① かきを殻からはずして軽くゆで，白ワインをふりかける．
② ほうれんそうも手早くゆでて3 cmに切り，バターで炒める．
③ ホワイトソースBにブイヨンを加え，火にかけてチーズ，バター，塩，こしょうで調味して，モルネーソースを作る．
④ 殻にほうれんそうを敷き，①のかきをのせてモルネーソースをかけ，チーズとパセリのみじん切りをふりかけて天火で焼く．

3 Salade (de) crabe(サラード　クラブ)
カニサラダ

かに(身)	150 g	マヨネーズソース	70 g
卵	50 g	ビネグレットソース	
キャベツ	50 g		30 g
セロリー	50 g	パプリカ	
にんじん	20 g		
レタス	50 g		

① かには，粗くほぐして軟骨を抜く．
② キャベツ，にんじんは細く千切りにし，水にさらす．
③ セロリーは皮をむき，斜め薄切りにし，水にさらす．
④ 卵は固ゆでにして輪切りにする．
⑤ 野菜にビネグレットソースで下味をつける．
⑥ レタスを敷き野菜を盛り，かに，卵をのせてマヨネーズを添え，パプリカをふる．

（要　点）
1．貝類の扱い方

47

1 Pain de bœuf(パン　ドゥ　ブフ)
パンドビーフ

合びき肉	200 g	ブリューヌソース	
たまねぎ	40 g	バター	15 g
食パン	25 g	小麦粉	20 g
牛乳	40 ml	ブイヨン／ジュー	400 ml
卵	25 g		
塩	1.5 g	たまねぎ	15 g
こしょう，ナツメグ		にんじん	15 g
牛肉(薄切り)(4枚)		赤ワイン	15 g
	250 g	トマトケチャップ	100 g
塩，こしょう			
小麦粉(打ち粉)	30 g	ウスターソース	15 g
サラダ油	30 g	塩，こしょう	
つまようじ	5本	ローリエ	1枚

Riz au gras(リ　オー　グラ) バターライス

米	160 g
バター	10 g
ブイヨン	240 ml
塩	4 g

Sauté(ソーテ)

さやいんげん	100 g
バター	15 g
塩，こしょう	

① たまねぎをみじん切りにして炒める．食パンは牛乳につけてほぐす．
② ①にひき肉と卵，塩，こしょう，ナツメグを混ぜる．
③ 牛肉に塩，こしょうして小麦粉をふりかけ，等分した②を包み，つまようじでとめる．
④ 小麦粉をバターで炒め，ブラウンルウを作り，ブイヨンとジューでのばす．
⑤ 野菜を薄くきざみ，④に加えて煮込み，赤ワイン，調味料で味をととのえソースを作る．
⑥ ③の肉を油で焼き，⑤のソースに入れて煮る．
⑦ 米を洗い，ざるに上げ，表面が乾いたらバターで炒め，ブイヨン，塩を加えて炊く．
⑧ さやいんげんをゆでて炒める．
⑨ 皿に肉を盛り，煮込みソースをかけて，バターライス，いんげんを添える．

Ⅱ 西洋料理

2 Salade d'épinard（サラード デピナール）
ほうれんそうサラダ

ほうれんそう	120 g	ドレッシング	
ベーコン	40 g	サラダ油	39 g
マッシュルーム	4個	ワインビネガー	25 g
トレヴィス	40 g	塩	1.5 g
黄ピーマン	25 g	こしょう	
レモン汁	12 g	粒がらし	4 g
プチトマト	8個		
エディヴルフラワー	4個		

① ほうれんそうは水洗いして，3 cm長さに切る．マッシュルームは薄切りにしてレモン汁をふりかける．黄ピーマンは薄切りにし，トレヴィスは手でちぎって水にさらす．野菜を混ぜ合わせ，器に盛る．
② スライスしたベーコンをサラダ油で焦げめがつくまで炒める．
③ 調味料を合わせ，②のベーコンに油とともに加えて，ドレッシングを作り野菜にかける．

要点
1．煮込み料理

48

1 Pollo al vino rosso（ポッロ アレ ヴィーノ ロッソ）
若鶏の赤ワイン煮

鶏もも肉	400 g	赤ワイン	300 g
塩，こしょう		ブイヨン	300 ml
小麦粉	40 g	バター	40 g
オリーブ油	40 g	トマトピューレ	30 g
ベーコン	50 g		
たまねぎ	50 g		

Brusseles sprouts saute（ブラッセルズ スプラウツ ソテー）

芽キャベツ	150 g
バター	15 g
塩，こしょう	

Carrots saute（キャロット ソテー）

にんじん	100 g
バター	10 g
塩，こしょう	

① 鶏肉は1口大に切り，塩，こしょうをふり小麦粉をまぶす．
② オリーブ油を熱し，鶏肉をきつね色に焼く．
③ ベーコンは5 mm幅に切り，たまねぎは薄切りにする．
④ バターで③を炒め，鶏肉と合わせ，ブイヨン，赤ワイン，トマトピューレを加え，20分程煮込む．
⑤ 芽キャベツは固めにゆでてから½に切り，バターで炒め，塩，こしょうする．
⑥ にんじんは5 mm角に切り，ゆでてからバターで炒め，塩，こしょうする．
⑦ つけ合わせの芽キャベツを円形に盛り，中心ににんじんをのせ，花びらのように盛り，クレソンを添える．
⑧ 鶏肉を盛り，煮込みソースをかける．

2 Insalata di mare（インサラータ ディ マーレ）
海の幸サラダ

いか	300 g	ムール貝	5個
いんげん	100 g	白ワイン	30 g
トマト	300 g	レモン	60 g
えび	10尾	たまねぎ	50 g

① いかは皮をむき，ゆでて輪切りにし，ビネグレットソース少量で下味をつける．えびは塩ゆでし，殻をむく．ムール貝はワイン蒸しする．

オリーブ	10粒	ソース	
レタス	50 g	ビネグレットソース	
ルッコラ	30 g		150 mℓ
塩,こしょう		アンチョビー	5 g
		粒がらし	7 g
		塩,こしょう	

② いんげんは筋をとってゆでる.
③ トマトは皮をむき,大きくさいのめに切る.
④ レモンは薄切りにし,たまねぎは薄い輪切りにして水にさらす.
⑤ レタスを器に敷き,材料を盛り,塩,こしょうする.
⑥ ビネグレットソースにアンチョビー,粒がらしを混ぜ,⑤にかけてオリーブ,ルッコラを飾る.

要 点
1.ワインの使い方
2.ルッコラについて

III 中国料理 ほか

献立目次

1. 1 黄花湯 2 紅茶滷蛋 3 青椒炒肉絲（卵のスープ，茶玉子の前菜，ピーマンと肉の炒め物） ………………………………………………………………… 183
2. 1 芦筍炒肉 2 滑肉魚羹（豚肉とアスパラガスの炒め物，白身魚のスープ） ………… 183
3. 1 溜丸子 2 川粉条（肉団子のあんかけ，はるさめ入りスープ） …………………… 184
4. 1 芙蓉蟹 2 四宝鮮湯（かに入り卵焼き，あわびのスープ） ……………………… 185
5. 1 炒飯 2 八宝菜（焼き飯，五目炒め煮） ……………………………………………… 186
6. 1 乾炸子鶏 2 蛤蜊湯 3 牛奶腐（鶏のから揚げ，はまぐりのスープ，牛乳の寄せ物） …… 186
7. 1 涼拌麺 2 藩茄凍（冷やしラーメン，トマトの寄せ物） …………………………… 187
8. 1 炸茄盒 2 拌三絲（なすのはさみ揚げ，三色和え） ………………………………… 188
9. 1 燉南瓜 2 叉焼肉（かぼちゃの詰め蒸し，焼き豚） ………………………………… 188
10. 1 古老肉 2 鶏蓉玉米（酢豚，とうもろこしのスープ） ……………………………… 189
11. 1 鍋貼餃子 2 涼拌墨魚 3 豆腐湯（蒸し焼きぎょうざ，いかの酢の物，豆腐入りスープ） …………………………………………………………………………………………… 190
12. 1 芝麻煎肝片 2 西湖松菌（レバーのごまいり，まつたけ入りスープ） …………… 191
13. 1 乾焼茄子 2 牛肉蘿蔔絲湯 3 炸麻花（なすの油焼き煮込み，牛肉とだいこんのスープ，揚げビスケット） …………………………………………………………………… 192
14. 1 虎皮鶏蛋 2 雲呑（うずら卵の炒め物，わんたん） ……………………………… 192
15. 1 芋子煨菜 2 棒々鶏 3 蝦仁清湯（小いもの煮込み，鶏肉の和え物，えび入りスープ） …………………………………………………………………………………………… 193
16. 韓国料理 1 ナムル3種 2 ビビンバ 3 ミョック 4 スジョンクァ …………… 194
17. 1 高麗対蝦 2 生蠣鶏粥（えびの琥白揚げ，鶏とかきのかゆ） ……………………… 196
18. 1 藩汁肉片 2 冬瓜肉片湯（豚肉のケチャップあんかけ，とうがんのスープ） …… 196
19. 1 核桃鶏丁 2 包子 3 清湯銀魚（くるみと鶏の炒め物，まんじゅう，しらうおのスープ） …………………………………………………………………………………… 197
20. 1 炸肉蓮藕 2 搾菜肉片湯 3 雪花杏仁糕（れんこんのはさみ揚げ，ザーサイ入りスープ，米の粉の蒸し菓子） ………………………………………………………… 198
21. 1 烤長牛肉捲 2 麻婆豆腐 3 五絲清湯（牛肉の巻き焼き，豆腐のひき肉炒め，五目糸切りスープ） ………………………………………………………………………… 199
22. 1 貴妃鶏翅 2 白菜滑肉捲 3 蟹肉奶湯（鶏の手羽先しょうゆ煮，はくさいと豚肉の巻き蒸し，かに入りスープ） ………………………………………………………… 200
23. 1 天津麺 2 涼拌豆菜（かに玉入り中華そば，もやしの和え物） …………………… 201
24. 1 蒸醋鶏捲 2 湯米粉（鶏の巻き蒸し，ビーフンのスープ） ………………………… 202
25. 1 炸魚捲 2 菠菜肉絲湯（魚の巻き揚げ，豚肉とほうれんそうのスープ） ………… 202

26. ①鶏塊花菇湯 ②醋溜生貝 ③高麗香蕉（鶏と花しいたけのスープ，ほたてがいのあんかけ，バナナの泡雪揚げ）……………………………………………………… 203
27. ①白片肉 ②太古肉餅 ③青梗火腿湯（豚肉の白煮和え，豚肉とれんこんのふかしもち，チンゲン菜と中国ハムのスープ）……………………………………… 204
28. ①糖醋鯉魚 ②醃辣黄瓜 ③杏仁豆腐（こいの丸揚げ甘酢あんかけ，きゅうりの辛味漬け，杏仁の寄せ物）…………………………………………………… 205
29. ①紅紋冬筍 ②魚丸子湯 ③海蜇冷盆（たけのこと豚肉の煮込み，魚団子のスープ，くらげの酢の物）……………………………………………………………… 206
30. ①高麗魚条 ②燴竜須条 ③醤鶏肝（魚の琥白揚げ，アスパラガスのくず煮，鶏のレバーのしょうゆ煮）……………………………………………………………… 207
31. タイ料理 ①ヤム ヌア ②トート マン プラー ③トム ヤム クン……………… 207
32. ①東坡肉 ②白菜清湯 ③煎南瓜（豚肉の角煮，はくさいと貝柱のスープ，かぼちゃの焼き物）………………………………………………………………… 208
33. ①焼売 ②炒腰花 ③藩茄蛋花湯（しゅうまい，豚腎臓の炒め物，トマト入りかき玉汁）………………………………………………………………………… 209
34. ①蝦仁春捲 ②炒墨魚 ③香芹拌菜（えび入り春巻き，いかの炒め物，セロリーの和え物）… 210
35. ①炸魚塊 ②双竜伴月 ③橙子羮（魚の揚げ物，うずら卵のスープ，みかんの飲み物）………………………………………………………………………… 211
36. ①炸生蠣 ②紅燜牛肉 ③凉拌毛豆（かきの衣揚げ，牛肉の煮込み，えだまめの和え物）…… 212
37. ①炸蝦球 ②生菌蛋羮 ③冬瓜湯（えび団子の揚げ物，かにとまつたけの卵蒸し，とうがんのスープ）………………………………………………………… 213
38. ①搾菜炒肉絲 ②清燉白菜 ③抜絲地瓜（ザーサイと肉の炒め物，はくさいの煮込み，さつまいもの飴だき）………………………………………………… 214
39. ①京醤肉片 ②八宝飯 ③醃菜（肉のみそ炒め，もち米蒸し菓子，漬け物）………… 214
40. ①清蒸鯛魚 ②什錦米粉 ③火腿白菜（たいの酒蒸し，ビーフンの五目炒め，ハムとはくさいのスープ）………………………………………………………… 215
41. ①油淋鶏 ②会湯魚翅 ③凉糕（鶏の油揚げ，ふかのひれのスープ，寄せ物）……… 216
42. ①炸干層魚 ②拌蝦芥蘭 ③燴汁景絲（魚の重ね揚げ，えびとブロッコリーの酢油和え，野菜とろみスープ）……………………………………………… 217
43. ①糯米紙包蝦 ②拌魚粉条 ③蛋糕（えびの紙包み揚げ，魚とはるさめの和え物，蒸しカステラ）………………………………………………………………… 218
44. ①鶏蛋飯 ②蒸香菇蝦仁 ③酸蘿蔔捲（鶏の卵とじご飯，しいたけのつぶしえびぬり蒸し，干しがきのだいこん巻き漬け）……………………………………… 218
45. ①成吉斯汗烤羊肉 ②水果（ジンギスカン鍋，果物）………………………… 219
46. ①什景火鍋 ②水果（寄せ鍋，果物）………………………………………… 220
47. ①銀杏鶏丁 ②凉拌鮮 ③白菜丸子湯（ぎんなんと鶏肉のうま煮，きゅうりといかの酢の物，はくさいと肉団子のスープ）…………………………………… 221
48. ①什錦小拼 ②蝴蝶拼盤（数種取り合わせ前菜，ちょう模様の前菜）……………… 222

1

1 黄花湯(オウホワタン) 〔湯菜―会湯〕
卵のスープ

卵	100 g	湯(鶏骨,しょうが,	
ねぎ	20 g	ねぎ)	800 mℓ
ハム	20 g	塩	7 g
		酒	15 g
		かたくり粉	10 g
		ごま油	3 g

① ハム,ねぎは千切りにする.
② 湯を調味し,ハム,ねぎを加え,水溶きかたくり粉を入れる.
③ 溶き卵を穴じゃくしをとおして流し入れ,ごま油を落とし,火を止め器に盛る.

2 紅茶滷蛋(ホンチャールータン) 〔前菜〕
茶玉子の前菜

卵	200 g	ラード	30 g
紅茶湯	200 mℓ	しょうゆ	50 g
(ティーバッグ1袋)		塩	2 g
ねぎ	30 g	酒	30 g
しょうが	10 g	砂糖	20 g
五香粉(混合香辛料)		パセリ	5 g

① 卵は卵黄が中心になるようにゆでる.
② 1/2量の卵の殻をむき,紅茶湯の中へ10分間つけておく.
③ 中華鍋にラードを熱し,ぶつ切りのねぎ,しょうが,卵を入れて炒め,調味料と紅茶湯,混合香辛料を入れ煮つめる.
④ ③の卵をくし形に切り,放射状に盛り,パセリを中央におく.

3 青椒炒肉絲(チンジャオチャオロースー) 〔炒菜〕
ピーマンと肉の炒め物

ピーマン	200 g	ⓑしょうゆ	36 g
黄ピーマン	100 g	塩	2 g
赤ピーマン	100 g	砂糖	6 g
牛肉(平切り)	250 g	ねぎ	20 g
ⓐ酒	5 g	にんにく	5 g
しょうゆ	9 g	サラダ油	40 g
かたくり粉	10 g		

① 材料を千切りにする.にんにくは砕(ツイ)にする.
② 牛肉をⓐに浸し,かたくり粉をまぶす.
③ 鍋にサラダ油を熱し,にんにく,ねぎを炒めて牛肉を加え,ピーマンも炒めてⓑで調味する.

〔要点〕
1. 湯のとり方と湯の種類
2. 前菜について
3. 牛肉の部位について

2

1 芦筍炒肉(ルウスンチャオロー) 〔炒菜〕
豚肉とアスパラガスの炒め物

豚肉(背肉)	400 g	たけのこ	100 g
アスパラガス(緑)		にんじん	80 g
	150 g	にんにく	3 g

① 豚肉は角切り,アスパラガスは根元を取り去り,ゆでて3～4 cmに切る.
② にんじんは兎耳,たけのこは馬耳,にんに

ラード	20 g	ⓐしょうゆ	45 g	くは砕にする.
		酒	30 g	③ 野菜は色よくゆでておく.
		砂　糖	10 g	④ 鍋にラードを熱し, にんにくを炒め, つぎに材料を入れて炒める.
		塩	1 g	⑤ ⓐの調味料を加え, 味つけする.

2 滑肉魚羹(ファヨウギーガン)〔湯菜—羹湯〕
白身魚のスープ

ひらめ(切り身)	150 g	湯	800 mℓ	① はるさめは熱湯でもどし, 4～5 cmに切る.
酒	10 g	塩	8 g	② ひらめはそぎ切りにし, 塩と酒で下味をつける.
塩	1.5 g	酒	15 g	③ ねぎ, ハムは千切りにする.
はるさめ	10 g	しょうが(汁)	10 g	④ 湯を熱して調味し, はるさめ以外の材料を入れ, 水溶きかたくり粉でとろみをつけ, 火を止めて器に盛り, しょうが汁を加え, はるさめを浮かす.
ねぎ	20 g	かたくり粉	30 g	
ハム	20 g			

（要　点）
1. 炒菜について
2. 豚肉の部位について
3. グリーンアスパラガスの扱い方
4. 羹湯について

3

1 溜丸子(リュウワンズ)〔溜菜〕
肉団子のあんかけ

豚ひき肉	300 g	湯	300 mℓ	① 干ししいたけはもどしてみじん切り, ねぎ, しょうがもみじん切りにする. ひき肉そのほかの材料にⓐの調味料を合わせて団子を作り, 油で揚げる.
卵	50 g	ⓑしょうゆ	50 g	② 湯をⓑの調味料で調味し, 沸騰したら肉団子, グリンピースを加える.
干ししいたけ	6 g	砂　糖	40 g	③ 皿に盛り, 紅しょうがを散らす.
ねぎ	50 g	酒	23 g	
しょうが	8 g	ごま油	4 g	
ⓐ塩	5 g	かたくり粉	12 g	
酒	10 g	グリンピース	30 g	
ごま油	4 g	紅しょうが	20 g	
こしょう				
かたくり粉	30 g			
揚げ油				

2 川粉条(チュワンフェンジャウ) 〔湯菜—川湯〕
はるさめ入りスープ

はるさめ	15 g	湯	800 mℓ
えのきたけ	100 g	酒	15 g
豚肉	100 g	塩	7 g
青ねぎ	5 g	薄口しょうゆ	18 g
		ごま油	3 g

① はるさめはもどして5 cm長さに切る.
② えのきたけは根元を2～3 cm切り落とし,洗って5 cm位に切る.
③ 豚肉は千切りにし,湯に入れて加熱し調味する.
④ 青ねぎの千切りを加えてごま油を落とす.

(要点)
1. 溜菜について
2. 川湯について

4

1 芙蓉蟹(フウヨウハイ) 〔炒菜〕
かに入り卵焼き

卵	400 g	かけあん	
かに(身)	200 g	湯	200 mℓ
干ししいたけ	4 g	しょうゆ	36 g
たけのこ	80 g	かたくり粉	6 g
ねぎ	25 g	砂糖	10 g
塩	4 g	ごま油	4 g
砂糖	10 g	グリンピース(冷凍)	
酒	10 g		20 g
サラダ油	50 g		
ほうれんそう	300 g		
ラード	15 g		
塩	3 g		
こしょう			

① 干ししいたけ,そのほかの野菜は千切りにし,かにはほぐしておく.
② 溶き卵と材料を合わせて調味する.
③ 中華鍋にサラダ油を敷き,1個ずつふんわりと焼く.
④ かけあんを作る.
⑤ ほうれんそうは,ゆでて4～5 cmに切り,ラードで炒め,塩,こしょうで味つけする.
⑥ 皿に,ほうれんそうとかに玉を盛り,あんをかけ,もどして熱湯をかけたグリンピースを散らす.

2 四宝鮮湯(シーホウシェンタン) 〔湯菜—清湯〕
あわびのスープ

あわび(缶詰)	100 g	ⓑ酒	15 g
鶏肉(手羽)	80 g	しょうゆ	18 g
ⓐ塩	2 g	塩	6 g
酒	5 g	ごま油	4 g
ハム	30 g		
ねぎ	20 g		
湯	800 mℓ		

① 鶏肉は,そぎ切りにし,ⓐの塩,酒で下味をつける.
② あわびはそぎ切り,ねぎは斜め切りにする.
③ ハムは片に切る.
④ 湯を沸騰させ,鶏肉,あわび,ねぎの白色部を加え,ⓑで調味し,ハムとねぎの緑色部を加える.ごま油を落とす.

(要点)
1. 芙蓉蟹について

5

① 炒飯(チャオファン) 〔点心〕
焼き飯

米	360 g	ラード	40 g	① 材料の野菜を粗めのみじん切りにし，かには軟骨をとりほぐしておく．
かに(身)	120 g	酒	15 g	② 材料を½量のラードで炒め調味する．
干ししいたけ	6 g	塩	7 g	③ 飯を残りのラードで炒め，②の材料といり卵を加えて，さらによく炒めて調味する．
たけのこ	30 g	しょうゆ	18 g	
ねぎ	50 g	こしょう		
卵	100 g	グリンピース	30 g	④ グリンピースを塩ゆでにし，焼き飯の上に飾る．

② 八宝菜(パァポウツァイ) 〔炒菜〕
五目炒め煮

いか	150 g	にんじん	50 g	① いかは仏手切りにし，酒に浸しておく．
酒	5 g	たけのこ	80 g	② 豚肉はⓐに浸す．
豚肉	200 g	きくらげ	8 g	③ にんじんは花形切りにし，ゆでる．
ⓐ酒	5 g	たまねぎ	200 g	④ はくさい，たけのこ，たまねぎは適当に切る．
しょうが汁	5 g	はくさい	300 g	
ⓑ湯	300 ml	さやえんどう	30 g	⑤ きくらげはもどし，さやえんどうはゆでておく．
塩	5 g	にんにく	3 g	
ごま油	6 g	しょうが	15 g	⑥ にんにく，しょうがは砕にする．
酒	15 g	ラード	26 g	⑦ 鍋にラードを熱し，にんにく，しょうがを炒め，つぎに材料を入れて炒め，ⓑの合わせ調味料を加え，水溶きかたくり粉であん状にする．
こしょう				
薄口しょうゆ	18 g			
かたくり粉	18 g			

（要 点）
1. 点心について
2. いかの処理および切り方について
3. きくらげについて

6

① 乾炸子鶏(カンジャージーチー) 〔炸菜〕
鶏のから揚げ

鶏肉(もも)	500 g	ⓐしょうゆ	54 g	① しょうが，にんにくはすりおろす．
しょうが	10 g	酒	15 g	② 鶏肉は①とⓐの中に浸し，かたくり粉をまぶして油で揚げる．
にんにく	3 g	揚げ油		
かたくり粉	50 g			③ 鶏を盛りつけ，サラダ菜とトマトを付け合わせる．
サラダ菜	75 g			
トマト	150 g			

2 蛤蜊湯（コーリータン）〔湯菜—会湯〕
はまぐりのスープ

はまぐり(むき身)		湯	900 ml
	150 g	塩	7 g
ね ぎ	25 g	しょうゆ	18 g
にんじん	50 g	酒	10 g
サラダ油	13 g	かたくり粉	10 g
		しょうが汁	10 g

① はまぐりは塩水でさっと洗う．
② ねぎ，にんじんは千切りにする．
③ サラダ油で野菜を炒め，湯を加えてはまぐりを入れて調味し，水溶きかたくり粉でとろみをつけ，しょうが汁を落とす．

3 牛奶腐（ニュウナイフウ）〔点心〕
牛乳の寄せ物

寒 天	5 g	干しあんず	4 ケ
水	400 ml	ⓐ水	200 ml
牛 乳	200 ml	砂 糖	30 g
砂 糖	60 g	シロップ	
パインアップル	100 g	水	200 ml
チェリー	4 個	砂 糖	60 g
キーウィフルーツ	100 g	グレナデンシロップ	10 g

① 寒天をもどして水とともに加熱し，砂糖を加え，こして牛乳を加えて器に流し，冷やし固める．
② 干しあんずはもどして，ⓐで加熱する．
③ シロップは，水に砂糖を加えて煮つめ，グレナデンシロップを加える．
④ ①は，ひし形に切り込みを入れ，シロップを加え，フルーツを盛り合わせる．

（要 点）
1．炸菜について
2．寒天の扱い方

7

1 凉拌麵（リャンパンミェン）〔点心〕
冷やしラーメン

中華めん(生)	400 g	紅しょうが	20 g
ごま油	20 g	かけ汁	
きゅうり	100 g	湯	200 ml
ハ ム	70 g	砂 糖	60 g
卵	150 g	塩	1 g
砂 糖	15 g	しょうゆ	120 g
塩	1 g	酢	100 g
サラダ油	13 g	ラー油	2 g
叉 焼	100 g	練りがらし	

① 中華めんをゆでて，ごま油を混ぜておく．
② きゅうり，ハム，叉焼は千切りにする．
③ 卵は調味し，薄焼きにして錦糸卵にする．
④ 湯に砂糖，塩，しょうゆを加えて加熱した後，火からおろして酢，ラー油を加え，冷やして，かけ汁とする．
⑤ 中華めんを盛り，材料を美しく盛りつけ，かけ汁をかけ，紅しょうがを散らし，練りがらしを添える．

2 藩茄凍（ファンケイトン）〔前菜〕
トマトの寄せ物

寒 天	7 g	ⓐ砂 糖	20 g
湯	500 ml	酒	15 g
		塩	3 g

① 寒天をもどして湯で煮溶かし，ⓐで調味してこす．
② トマト，きゅうりは，薄く輪切りにする．

トマト(小)	200 g	つけ汁	
きゅうり	100 g	ⓑ酢	45 g
洋がらし	2 g	しょうゆ	18 g
パセリ	10 g	塩	3 g
		砂糖	20 g

③ ②を器に形よく並べて寒天液の粗熱をとって流し,冷やし固める.
④ 型から出して,つけ汁ⓑをかける.
⑤ 練りがらし,パセリを添える.

〔要 点〕
1. 中華めんの扱い方
2. ラー油について
3. 寄せ物について

8

① 炸茄盒 (ジャーチェホ) 〔炸菜〕
なすのはさみ揚げ

なす	中4個	ⓐ酒	5 g
豚ひき肉	150 g	塩	2.5 g
ねぎ	15 g	つけ汁	
しょうが汁	5 g	ⓑケチャップ	30 g
衣		しょうゆ	18 g
小麦粉	50 g	揚げ油	
卵	50 g	パセリ	10 g
水	80 mℓ		

① なすのがくをとり,ヘタを残して縦に2等分し,さらに半分に切れ目を入れ,水につけてアク抜きする.
② ひき肉に,みじん切りにしたねぎ,しょうが汁,ⓐを混ぜて,なすにはさむ.
③ 衣をつけて,油で揚げる.
④ パセリとⓑのつけ汁を添える.

② 拌三絲 (バンサンスー) 〔拌菜〕
三色和え

きゅうり	200 g	酢	30 g
ハム	100 g	砂糖	20 g
糸寒天	8 g	塩	5 g
洋がらし	2 g	しょうゆ	27 g
パセリ	5 g	ごま油	4 g

① きゅうり,ハムは,4〜5 cmの千切りにする.
② 糸寒天は,水に30分つけてもどし,4〜5 cmに切る.
③ 三色に盛りつけ,調味料を合わせてかける.
④ 練りがらしとパセリを添える.

〔要 点〕
1. なすの扱い方
2. 糸寒天の扱い方

9

① 燉南瓜 (トウナンクワ) 〔蒸菜〕
かぼちゃの詰め蒸し

かぼちゃ(中1個)	800 g
豚ひき肉	200 g

① かぼちゃをくり抜いて洗い,水気をよくとる.

III 中国料理　189

むきえび	150 g	ⓑ湯＋蒸し汁	400 ml	
塩	2 g	塩	5 g	
こしょう		酒	15 g	
しょうが	5 g	砂糖	5 g	
干ししいたけ	6 g	かたくり粉	15 g	
ⓐ砂糖	10 g	しょうゆ	9 g	
塩	3 g			
酒	15 g			
しょうゆ	9 g			
こしょう				

② むきえびは塩，こしょうする．しいたけはもどしてみじん切りにし，しょうがもみじん切りにして，ひき肉とⓐの調味料を合わせ，①のかぼちゃに詰めて，形をととのえ蒸す（40〜50分）．
③ ⓑの調味料でかけあんを作り，②を皿に盛ってかける．

② 叉焼肉（チャーシュウロウ）〔煨菜〕
焼き豚

豚もも肉（かたまり）		ⓐ酒	45 g	
	400 g	湯	500 ml	
ねぎ	30 g	黄ザラメ	40 g	
しょうが	30 g	しょうゆ	90 g	
ラード	30 g	八角		
サラダ菜（4枚）	30 g	麻糸		

① ねぎはぶつ切り，しょうがは砕にする．
② 豚肉は，かたまりのまま，麻糸で形をととのえる．
③ 鍋にラードを熱し，ねぎ，しょうが，豚肉を入れて炒める．
④ 調味料ⓐを③に入れ，汁がなくなるまで煮る．
⑤ サラダ菜を皿に敷き，焼き豚を切って盛りつける．

（要　点）
1．蒸菜について
2．煨菜について

10

① 古老肉（クーラオロウ）〔溜菜〕
酢　豚

豚バラ肉（かたまり）		ⓑ湯	150 ml	
	400 g	砂糖	100 g	
ⓐ酒	8 g	塩	2 g	
しょうゆ	36 g	しょうゆ	72 g	
しょうが汁	5 g	酢	90 g	
かたくり粉	30 g	ごま油	5 g	
揚げ油		かたくり粉	10 g	
たけのこ	100 g	きゅうり	100 g	
たまねぎ	200 g	パインアップル	60 g	
にんじん	80 g			
きくらげ	8 g			
ラード	26 g			

① 豚肉を乱切りにし，ⓐの調味液に浸し，かたくり粉をまぶして油で揚げる（180℃）．
② 野菜類，そのほかの材料は，豚肉に合わせ大きさを揃えて乱切りにする．きくらげはもどし，いちょう切りにする．
③ 鍋にラードを熱し，たけのこ，たまねぎ，にんじん，きくらげを炒め，①の豚肉を加えて，野菜がやわらかくなるまで加熱する．
④ 合わせ調味料ⓑで調味し，パインアップル，きゅうりを加える．

② **鶏蓉玉米**(チーロンユイミイ)〔湯菜―羹湯〕
とうもろこしのスープ

とうもろこし(缶詰)		湯	1000 mℓ
	250 g	塩	8 g
鶏ささみ	80 g	酒	15 g
卵白(2個分)	56 g	薄口しょうゆ	9 g
貝柱(生)	80 g	かたくり粉	20 g
ハム	20 g	青ねぎ	20 g
干ししいたけ	4 g		

(要　点)
1．羹湯について

① ささみをすりつぶし，卵白を加える．
② 貝柱はそぎ切り，しいたけはもどして絲に切り，ハムも絲に切る．
③ 湯に②を加えて加熱し，アクを除き，①ととうもろこしを加え調味し，小口切りにした青ねぎを散らす．

II

① **鍋貼餃子**(クオティチャオズ)〔点心〕
蒸し焼きぎょうざ

皮	40枚	ⓒ酒	15 g
ⓐ強力粉	300 g	塩	5 g
ラード	12 g	ごま油	4 g
熱湯	150 mℓ	砂糖	5 g
豚ひき肉	250 g	つけ汁	
ⓑね　ぎ	25 g	酢	30 g
干ししいたけ	6 g	しょうゆ	36 g
はくさい	100 g	ごま油	6 g
しょうが	3 g	塩	1 g
にんにく	5 g	練りがらし	5 g
サラダ油	40 g	サラダ菜(4枚)	30 g

① ⓐでぎょうざの皮を作る．
② ⓑの野菜，材料をみじん切りにして，豚ひき肉と調味料ⓒを混ぜて等分し，皮に包み，サラダ油で焦げめをつけ，水を入れて水分のなくなるまで蒸し焼きにする．
③ サラダ菜を敷き，ぎょうざをその上にのせ，つけ汁，練りがらしを添える．

② **涼拌墨魚**(リャンパンモウユイ)〔拌菜〕
いかの酢の物

いか(正味)	250 g	酢	45 g
きゅうり	100 g	塩	7.5 g
にんじん	50 g	砂糖	30 g
しょうが(汁)	10 g	溶きがらし	2 g

① いかをおろし，仏手に切り，にんじんは花形に切り，ゆでる．
② きゅうりは短冊に切る．
③ 調味料としょうが汁を合わせて和える．

③ **豆腐湯**(トウフウタン)〔湯菜―会湯〕
豆腐入りスープ

豚肉(バラ肉)	100 g	ラード	10 g
塩	2.5 g	豆腐	200 g
かたくり粉	3 g		
たまねぎ	80 g		
さやえんどう	15 g		

① 豚肉はそぎ切りにして塩をふり，かたくり粉をまぶす．
② さやえんどうは塩ゆでし，千切りにする．
③ 豆腐はそぎ切りにする．
④ 鍋にラードを熱し，千切りにしたたまねぎ

III 中国料理　191

湯	700 mℓ
薄口しょうゆ	12 g
塩	5 g
酒	15 g
ごま油	4 g
しょうが	15 g
かたくり粉	10 g

　　と肉を炒める.
⑤　湯に調味料を加え④に入れ,最後にかたくり粉でとろみをつけ,火を止める.
⑥　器に盛り,さやえんどうを浮かす.

（要　点）
　1．ぎょうざの皮の作り方
　2．拌菜について

12

1 芝麻煎肝片 (チーマーチェンカンピェン) 〔煎菜〕
レバーのごまいり

豚肝臓	300 g	ⓑ砂　糖	10 g
ⓐしょうゆ	36 g	しょうゆ	36 g
酒	30 g	ごま油	13 g
しょうが(汁)	5 g	白ごま	20 g
かたくり粉	30 g	ラディッシュ(10個)	
ね　ぎ	20 g		100 g
しょうが	10 g	サラダ菜(4枚)	30 g
にんにく	5 g		
赤とうがらし	2 g		
ラード	20 g		

①　豚肝臓は,血ぬきをした後,薄切りにしてⓐに浸し,かたくり粉をつける.
②　鍋にラードを熱し,しょうが,にんにくのみじん切りと,ねぎ,赤とうがらしの小口切りを加えた後,豚肝臓を両面炒め,ⓑの調味料でいりつける.
③　白ごまをふり,ラディッシュ,サラダ菜をつけ合わせる.

2 西湖松菌 (シーフーツォンキン) 〔湯菜〕
まつたけ入りスープ

まつたけ	50 g	湯	1000 mℓ
むきえび	60 g	ⓑ塩	7 g
鶏ささみ	50 g	酒	15 g
ⓐ塩	1.5 g	しょうゆ	9 g
酒	5 g	かたくり粉	10 g
しょうが汁	10 g		
卵白(1個分)	28 g		

①　えびは身を縦半分に切り背わたを除き細かく切り,まな板の上ですり身にする.ささみも筋を除き細かく切り,すり身にする.
②　えび,ささみのすり身を混ぜ,ⓐの調味料を加える.
③　まつたけは3cmの長さの千切り,卵白は泡立てる.
④　湯を沸騰させ,ⓑで調味し,②を手早く加え,水溶きかたくり粉を加えて③の卵白を入れ,まつたけを浮かす.

（要　点）
　1．豚肝臓の処理
　2．まつたけの扱い方

13

① 乾焼茄子（カンジャオチィエツ）〔炒菜〕
なすの油焼き煮

な　す	500 g	湯	50 mℓ
サラダ油	40 g	酒	30 g
ね　ぎ	50 g	砂　糖	10 g
しょうが	15 g	しょうゆ	72 g
にんにく	5 g		
豚ひき肉	150 g		
赤とうがらし	1本		
えだまめ	200 g		

① なすはヘタをとり，縦六つ割に切り，油30 gで炒めて取り出す．
② 赤とうがらしは種子を出す．
③ にんにく，ねぎ，しょうがはみじん切りにする．えだまめはゆでて実を取り出す．
④ ①の鍋に油を加え，とうがらし，にんにく，しょうが，ねぎ，ひき肉の順に入れて炒め，なすとえだまめを入れて炒める．
⑤ 調味料を加えて，よく混ぜ合わせ2～3分煮る．

② 牛肉蘿蔔絲湯（ニュウロウロブスウタン）〔湯菜—清湯〕
牛肉とだいこんのスープ

牛肉（薄切り）	250 g	塩	8 g
だいこん	200 g	酒	15 g
サラダ油	26 g	薄口しょうゆ	9 g
湯（水）	1000 mℓ	ごま油	6 g

① 牛肉，だいこんは千切りにする．
② 牛肉とだいこんを油で炒め，湯を加え，アクをとって調味する．
③ ごま油を落とす．

③ 炸麻花（ジャアマホワ）〔点心〕
揚げビスケット

薄力粉	100 g	シナモン	1.5 g
ラード	20 g	粉砂糖	20 g
砂　糖	30 g	揚げ油	
塩	2 g		
卵（½個）	25 g		
温　湯	25 mℓ		
黒ごま	2 g		

① 薄力粉にラード，砂糖，塩を入れてもみ込む．さらに卵と温湯を加え，黒ごまをふり入れてこね，ねかせる．
② 粉砂糖とシナモンを合わせる．
③ タネをのばし，手綱，仏手，くつわなどにし油で揚げ，熱いうちに②をまぶす．

（要　点）
1．揚げ菓子について

14

① 虎皮鶉蛋（フウピーチュワンタン）〔炒菜〕
うずら卵の炒め物

うずら卵	200 g	ⓑ湯	150 mℓ
しょうゆ	27 g	酒	30 g
大正えび	250 g	砂　糖	30 g
鶏　肉	200 g	塩	1 g

① うずら卵は固ゆでにして殻をむき，しょうゆにつけ，10分後ラードで炒める．
② 大正えび，鶏肉はⓐの調味料に浸し，かたくり粉をまぶしてラードで炒める．

III 中国料理

ⓐ酒	15 g	しょうゆ	54 g
塩	3 g	さやえんどう(五月豆)	
しょうが(汁)	5 g		80 g
かたくり粉	40 g	ゆでたけのこ	100 g
ラード	26 g	きくらげ	5 g
		しょうが	10 g
		サラダ油	13 g
		かたくり粉	10 g
		ごま油	4 g

③ さやえんどうは，さっと塩ゆでする．
④ たけのこはいちょう切り，きくらげはもどして千切り，しょうがも千切りにし，ともにサラダ油で炒める．
⑤ ⓑで材料を調味して，えび，うずら卵，肉を入れ，水溶きかたくり粉を加え，さやえんどうを入れてごま油を落とす．

2 雲呑(ワンタン) 〔点心〕
わんたん

皮	48枚	湯	1000 ml
ⓐ強力粉	150 g	ⓓ塩	8 g
ラード	7 g	酒	30 g
熱湯	75 ml	しょうゆ	36 g
ⓑ豚ひき肉	100 g	ねぎ	50 g
ねぎ	30 g	しょうが(汁)	10 g
しょうが	5 g	ごま油	4 g
干ししいたけ	4 g	こしょう	
ⓒ塩	2 g		
しょうゆ	3 g		
砂糖	3 g		
ごま油	4 g		

① ⓐでわんたんの皮を作る．
② ⓑを細かく切り，ⓒの調味料を加え，①の皮で包む．
③ ねぎは絲に切り，しょうがは汁にする．
④ 湯を加熱してⓓで調味し，②を入れてねぎを散らし，しょうが汁とごま油を落とす．こしょうは好みで用いる．

要点
1. 雲呑について

15

1 芋子煨菜(ユツウェイツァイ) 〔煨菜〕
小いもの煮込み

さといも(皮つき)		湯	500 ml
	800 g	酒	45 g
しょうが	10 g	砂糖	25 g
ねぎ	1本	しょうゆ	54 g
さやいんげん	70 g	塩	2.5 g
干ししいたけ	15 g	ごま油	4 g
にんじん	50 g		
ラード	40 g		

① さといもは皮をむいてゆでておく．
② さやいんげんは塩ゆでして斜め切り，しいたけはもどしていちょう切り，にんじんは小さめの乱切りにする．
③ ねぎはぶつ切り，しょうがは砕にしてラードで炒めて取り出し，さらにさといも，しいたけ，にんじんを炒めて湯を加え，調味料を加えて煮る．
④ さやいんげんを加えひと煮立ちさせ，ごま油を落とす．

2 棒々鶏（バンバンヂー）〔拌菜〕
鶏肉の和え物

鶏手羽肉	150 g	青ねぎ	10 g
酒	10 g	にんにく	3 g
塩	2 g	しょうが	5 g
湯	300 g	ⓐみ　そ	10 g
ごま油	4 g	しょうゆ	12 g
きゅうり	100 g	酢	45 g
焼き豚	100 g	砂　糖	20 g
はるさめ	50 g	ごまペースト	10 g
酢	5 g	豆板醤	5 g
卵	100 g		
砂糖	10 g		
塩	1 g		
サラダ油	13 g		

① 鶏肉に下味をつけてゆでた後，ごま油を塗って細かくさく.
② きゅうり，焼き豚は絲に切る.
③ はるさめはもどし4～5cmに切り，酢をふりかける.
④ 卵を調味して薄焼き卵を作り絲に切る.
⑤ 青ねぎは小口切りにしてさらす．にんにく，しょうがは汁にする.
⑥ 材料を色どりよく盛りつけ，ⓐの調味料を合わせて⑤を加えかける.

3 蝦仁清湯（シャーレンチンタン）〔湯菜〕
えび入りスープ

えび	80 g	湯	800 ml
きくらげ	3 g	酒	10 g
ねぎ	15 g	塩	7 g
		しょうゆ	6 g
		しょうが(汁)	10 g

① えびは塩水でよく洗う.
② きくらげはもどして千切り，ねぎも千切りにする.
③ 湯を加熱し，えび，きくらげを入れ調味する．ねぎを入れて火を止め，しょうが（汁）を加える.

〔要　点〕
1. さといものゆで方
2. 棒々鶏について

16

■ 韓国料理 ■

1 ナムル3種
ほうれんそうナムル

ほうれんそう	200 g	おろしにんにく	2 g
ごま油	3 g	すりごま	3 g
塩	2.5 g		

① ほうれんそうは塩ゆでして5cmくらいに切り調味料で和える.

にんじんナムル

にんじん	100 g	おろしにんにく	1 g
ごま油	6 g	すりごま	5 g
塩	1 g		

① にんじんは5cmくらいの長さの千切りにし，ごま油で炒め，調味料で和えて，すりごまをふる.

だいこんナムル

だいこん	200 g	砂　糖	2 g
ごま油	13 g	塩	1 g
とうがらし粉	1 g	すりごま	3 g

① だいこんは5cm長さの千切りにし，塩もみ後水で洗い，調味料を加えよく混ぜ，すりごまをふる．

2 ビビンバ

ナムル3種（上記）		キムチ	150 g
ご　飯	600 g	コチュジャン	10 g
牛もも肉薄切り	200 g	韓国のり	2 g
しょうゆ	30 g		
砂　糖	10 g		
みりん	10 g		
ごま油	6 g		
一味とうがらし			

① 牛肉は細切りにしてごま油で炒め，調味し，一味とうがらしをふっておく．
② 器にご飯を盛り，①とナムルを盛ってキムチ，コチュジャン，のりを添える．

3 ミョック

スープ	700 ml
塩	6 g
酒	10 g
こしょう	
生わかめ	10 g
ごま油	13 g
白ねぎ	10 g
ごま	3 g

① スープに調味しておく．
② わかめは一口大に切る．
③ ①に②を加え，ごま油で風味をつける．
④ 盛りつけるときに小口切りにした白ねぎとごまを加える．

4 スジョンクァ
干しがきのデザート

干しがき	小10個
水	2000 ml
しょうが	50 g
粒こしょう	2個
はちみつ	30 g
砂　糖	30 g
シナモン	
松の実	10個

① しょうがは皮をむいて薄切りにする．
② 鍋に分量の水としょうが，松の実を入れて強火で加熱する．
③ 煮立ったら弱火にして10分ほど煮る．しょうがと粒こしょうの香りが出てシロップが色づいてきたら，こす．
④ ③をさらに火にかけ，砂糖とはちみつを加え，溶けたらシナモンを加え，粗熱をとる．干しがきを加えてゆっくりつけ込み味を染み込ませ，十分に液を含んだら盛りつけ，松の実を散らす．

要　点
1．韓国料理について

17

1 高麗対蝦（コウリィトィシャ）〔炸菜〕
えびの琥白揚げ

えび(大8尾)	300 g	ブロッコリー	250 g
塩	5 g	サラダ油	26 g
酒	30 g	塩	2 g
しょうが(汁)	10 g	こしょう	
かたくり粉	20 g	花椒盐	
衣		塩	10 g
卵白	28 g	花椒末	1 g
塩	0.8 g	（粉ざんしょう）	
かたくり粉	10 g		
小麦粉	10 g		
揚げ油			

① えびは尾を残して殻をとり，背わたを除き剣を切り揃える．腹側に深く2〜3ヵ所切り込みを入れ調味料に浸した後，水気をとり，かたくり粉をつける．
② 衣は卵白を泡立て，かたくり粉，小麦粉，塩を加え，かるく混ぜる．
③ ①に②の衣をつけて165〜170℃くらいで色づかないように揚げる．
④ ブロッコリーは下ゆで後，サラダ油で炒め，塩，こしょうで調味する．
⑤ 花椒盐（さんしょうの粉と塩を合わせたもの）を添える．

2 生蠣鶏粥（ションハオチーチョウ）〔点心〕
鶏とかきのかゆ

米	160 g
鶏肉	200 g
かき(小)	150 g
湯	1500 mℓ
生しいたけ	50 g
さやえんどう	20 g
ねぎ	75 g
酒	30 g
塩	10 g
卵黄	34 g

① 米を洗い，水気をきっておく．
② 鶏肉はそぎ切り，かきは塩水でふり洗いをし水気をきっておく．さやえんどうは青ゆでにして斜め切りにする．
③ ねぎは斜め切り，生しいたけは千切りにする．
④ 米に湯を加えて加熱し，米が煮えたところへしいたけ，鶏肉を加え調味し，かき，ねぎを加える．
⑤ 卵黄をよく溶きほぐし④の上にとじ，さやえんどうを散らす．

（要点）
1. 高麗について
2. ブロッコリーのゆで方
3. かゆについて
4. かきの用い方

18

1 藩汁肉片（ファヌチーロウペン）〔溜菜〕
豚肉のケチャップあんかけ

豚肉(かたまり)	400 g	ⓑトマトケチャップ	
ⓐ塩	3 g		100 g

① 豚肉を大きめのそぎ切りにし，ⓐの調味液に浸し，かたくり粉をつけて油で揚げる．

III 中国料理

酒	15 g	かたくり粉	10 g
かたくり粉	30 g	湯	100 mℓ
揚げ油		塩，こしょう	
たまねぎ	200 g		
干ししいたけ	4 g		
たけのこ(ゆでたもの)			
	100 g		
サラダ油	13 g		

② たまねぎはくし型切り，干ししいたけは水にもどし，たけのこともに，いちょう型に切る．
③ 油を熱し，切った野菜を炒め，ⓑの調味液を加え，あんを作り，①の材料にかける．

② **冬瓜肉片湯**(トウァロウペンタン)〔湯菜―川湯〕
とうがんのスープ

とうがん(皮つき)		湯	800 mℓ
	400 g	塩	8 g
豚バラ肉(かたまり)		こしょう	
	100 g	酒	5 g
ねぎ(½本)	25 g	しょうゆ	6 g
しょうが	10 g	ごま油	4 g
干ししいたけ	4 g		
ごま油	20 g		

① とうがんは皮をむき，方に切る．豚肉は薄切りにする．しょうがは砕にする．干ししいたけはもどしていちょう切りにする．
② 油でしょうがをよく炒め，取り出して豚肉としいたけを炒める．湯を加え，とうがんを入れやわらかくなるまで加熱する．
③ 浮いたアクを除き，調味し，千切りにしたねぎを加え，ごま油で香りをつける．

〔要　点〕
1．溜菜（藩汁）について
2．とうがんについて

19

① **核桃鶏丁**(ホタオチーティン)〔炒菜〕
くるみと鶏の炒め物

鶏手羽肉	300 g	ⓐ卵　白	28 g
酒	5 g	かたくり粉	12 g
しょうが(汁)	5 g	揚げ油	
カリフラワー	300 g	ⓑしょうゆ	36 g
ぎんなん	40 g	酒	15 g
くるみ(殻なし)	40 g	砂　糖	15 g
サラダ油	26 g	塩	1 g
さやえんどう	20 g		

① 鶏肉はそぎ切りにし，酒としょうが汁をふりかけて10分おく．ⓐの衣をつけて油でカラッと揚げる．
② カリフラワーはゆでて小枝にわけておく．ぎんなんはゆでて薄皮を除く．くるみは2～3片に切る．さやえんどうは青ゆでにする．
③ サラダ油を熱し，カリフラワー，ぎんなん，くるみを炒めⓑの合わせ調味料を加え，①の鶏肉を入れて軽く混ぜ合わせ，さやえんどうを散らす．

② **包子**(パオズ)〔点心〕
まんじゅう

皮		**内饅頭**(ロウマントウ)	
強力粉	200 g	肉入りまんじゅう	

① 強力粉，薄力粉を合わせてふるいにかけ，ラードと塩を加える．

薄力粉	200 g	豚ひき肉	150 g	
ラード	20 g	ねぎ	20 g	
塩	4 g	干ししいたけ	4 g	
ⓐ生イースト	10 g	たけのこ	50 g	
砂糖	20 g	はくさい	100 g	
温湯	220 mℓ	古しょうが	10 g	
豆沙饅頭(トウシャマントウ)		ⓒ酒	15 g	
		しょうゆ	18 g	
あん入りまんじゅう		塩	5 g	
粒あん	250 g	砂糖	7 g	
ⓑラード	13 g	からしじょうゆ		
黒ごま	4 g	しょうゆ	54 g	
		洋がらし	2 g	

② ⓐの生イースト，砂糖，温湯を加え10分くらい予備発酵させる．
③ ①と②をよくこね合わせドウを作り，30℃くらいで一次発酵させる（30～60分）．
④ 脱気して，10等分する．
⑤ 豚ひき肉にみじん切りの野菜とⓒの調味料を加え，肉あんを作り5等分する．
⑥ 練りあんにⓑを加え，加熱し5等分する．
⑦ ④の皮で⑤⑥を包み，10分くらい二次発酵させ，蒸気の上がった蒸籠で20～25分蒸す．
⑧ からしじょうゆを添える．

③ 清湯銀魚(チンタンインユイ) 〔湯菜〕
しらうおのスープ

しらうお	100 g	湯	800 mℓ	
かたくり粉	10 g	塩	8 g	
にんじん	30 g	酒	15 g	
ターツァイ	50 g	薄口しょうゆ	6 g	
		しょうが(汁)	5 g	
		こしょう		

① しらうおを塩水で洗い水気をきり，かたくり粉をまぶす．
② にんじんは千切り，ターツァイは湯通しする．
③ 湯を沸騰させ，にんじんを加え，やわらかくなったら調味して①のしらうおを加え，ターツァイを散らす．しょうが汁を加え，器にそそいでこしょうを入れる．

（要　点）
1. ぎんなん，くるみの使用法
2. カリフラワーのゆで方
3. 包子の作り方（あん，小麦粉について）
4. イーストについて（膨化剤）

20

① 炸肉蓮藕(ヂャロウレンオウ) 〔炸菜〕
れんこんのはさみ揚げ

れんこん	400 g	衣		
かたくり粉	15 g	ⓑかたくり粉	20 g	
豚ひき肉	200 g	小麦粉	30 g	
ねぎ	50 g	水	15 mℓ	
しょうが	10 g	卵	50 g	
かたくり粉	20 g	揚げ油		
ⓐしょうゆ	15 g	つけ汁		
酒	15 g	しょうゆ	36 g	

① れんこんは皮をむき，酢水につけアク抜きする．0.5～0.8cmの薄切りにし，かたくり粉をまぶす．
② ねぎ，しょうがをみじん切りにし，豚ひき肉と混ぜてⓐで調味し，れんこんにはさみ，かたくり粉をまぶす．
③ ⓑの衣をつけ，油で揚げる（160～180℃）．
④ 半分に切ってパセリを添えて盛りつけ，練

III 中国料理　199

こしょう		酢	15 g	りがらしとつけ汁を添える．
		練りがらし	1.3 g	
		パセリ	10 g	

2 搾菜肉片湯(ザーツァイロウペンタン)〔湯菜〕
ザーサイ入りスープ

ザーサイ	30 g	たけのこ	50 g
豚肉(赤身，平切り)		さやえんどう	30 g
	100 g	干ししいたけ	4 g
酒	15 g	湯	800 ml
かたくり粉	7 g	塩	7 g

① 豚肉は薄切りにし，酒に浸してかたくり粉をまぶす．沸騰した湯に豚肉を加えて加熱する．
② 野菜，ザーサイは薄切りにし，①の湯に加え調味する．

3 雪花杏仁糕(シェホワシンレンカウ)〔点心〕
米の粉の蒸し菓子

卵白(4個)	110 g	アンジェリカ	20 g
上新粉	100 g	ラード	10 g
砂糖	100 g		
杏仁水	1 g		
干しぶどう	30 g		
ドレンチェリー	30 g		

① 卵白を泡立てて，砂糖を加え，粒子がなくなるまでよく混ぜる．上新粉を混ぜドレンチェリー，アンジェリカを適当に切り，干しぶどうとともにさっくりと混ぜ，杏仁水を加え，流し箱にラードを塗り，入れて蒸す．適当に切る．

（要　点）
1. ザーサイについて
2. 蒸し菓子について

21

1 烤長牛肉捲(カオチョウニュウロウチェン)〔烤菜〕
牛肉の巻き焼き

ピーマン	100 g	ねぎ	100 g
赤ピーマン	100 g	ごま油	13 g
ごま油	13 g	つけ汁	
塩，こしょう		酢	45 g
牛肉(平切り)	300 g	しょうゆ	54 g
酒	15 g	ごま油	4 g
しょうが(汁)	5 g	竹串	
しょうゆ	12 g		
ごま油	4 g		
ねぎみじん切り			
(緑色部)	20 g		

① 牛肉を，ねぎのみじん切りと調味液を合わせ浸す．
② 5 cmに切ったねぎを牛肉で巻き，竹串にしてごま油で焼く．
③ ピーマンの千切りをごま油で炒め，塩，こしょうする．
④ 皿に②をのせピーマンを添え，つけ汁も添える．

2 麻婆豆腐(マーボートウフウ) 〔炒菜〕
豆腐のひき肉炒め

豆腐(1½丁)	600 g	ⓐ酒	45 g
豚ひき肉	250 g	み そ	20 g
ねぎ(1本)	50 g	しょうゆ	60 g
しょうが	10 g	砂 糖	30 g
にんにく	5 g	湯	100 mℓ
サラダ油	39 g	かたくり粉	10 g
		豆板醤	10 g
		ごま油	3 g

① 豆腐は角切り,ほかの材料はみじん切りにする.
② サラダ油を熱し,しょうが,にんにく,ねぎを炒め,豚ひき肉を加え,豆腐を入れる.
③ ⓐの合わせ調味料で調味し,豆板醤とごま油を加える.

3 五絲清湯(ウースーチンタン) 〔湯菜〕
五目糸切りスープ

ゆでたけのこ	80 g	湯	800 mℓ
干ししいたけ	2枚	酒	15 g
はくさい	100 g	塩	8 g
もやし	50 g	薄口しょうゆ	10 g
にんじん	30 g	こしょう	
ごま油	13 g		

① 材料はすべて干切りにする.
② ごま油を熱してにんじん,もやし,はくさいを炒める.およそ火がとおったら干ししいたけ,たけのこを加え,湯と調味料を加えてはくさいが透明になるまで加熱して仕上げる.

(要 点)
1. 烤菜について
2. 豆腐の扱い方

22

1 貴妃鶏翅(グィフェイヂツー) 〔煨菜〕
鶏の手羽先しょうゆ煮

鶏の手羽先	20個	湯	250 mℓ
たけのこ	250 g	砂 糖	20 g
ねぎ(2本)	100 g	塩	1 g
干ししいたけ(大2枚)		酒	15 g
	10 g	しょうゆ	72 g
しょうが	10 g		
サラダ油	40 g		

① 手羽先を下処理して,サラダ油で炒める.
② たけのこはいちょう切り,干ししいたけは水にもどして千切り,しょうがも千切りにして,ねぎは斜めに細く切る.
③ ①にたけのこ,しいたけ,しょうがを入れ,さらに炒め,湯と調味料を入れて煮込む.最後にねぎを入れる.

2 白菜滑肉捲(パーツァイニィロウチェン) 〔蒸菜〕
はくさいと豚肉の巻き蒸し

はくさい(10枚)	300 g	ⓐ塩	3 g
豚ひき肉	250 g	しょうゆ	6 g
ね ぎ	25 g	ごま油	4 g
しょうが	5 g	かたくり粉	7 g
ハ ム	20 g	酒	15 g

① はくさいを下ゆでする.
② ひき肉,ねぎ,しょうがのみじん切りをⓐの調味料と混ぜ,はくさいで包んで蒸し,半分に切る.
③ ⓑでかけあんを作り,ハム,さやえんどう

III 中国料理

さやえんどう	50 g	かたくり粉	2 g
ⓑ湯	300 ml		
しょうゆ	6 g		

の千切りを入れ，②にかける．

3 蟹肉奶湯(シェロウナイタン) 〔湯菜―奶湯〕
かに入りスープ

かに(缶詰)	110 g	湯	800 ml
たまねぎ	150 g	塩	8 g
きくらげ	4 g	牛乳	50 ml
さやいんげん	15 g	ごま油	8 g

① かには軟骨を除きほぐす．きくらげはもどし千切りにする．たまねぎは薄切り，さやいんげんは青ゆでにし，斜め切りにする．
② 湯を沸騰させ，たまねぎ，きくらげを加熱し調味する．
③ かにと牛乳を加え，さやいんげんを散らし，ごま油で香りをつける．

要点
1. 鶏翅の扱い方
2. 奶湯について

23

1 天津麵(テンシンミェン) 〔点心〕
かに玉入り中華そば

中華めん(生)	4玉	湯	1200 ml
かに(身)	70 g	ⓑ塩	7 g
ゆでたけのこ	50 g	しょうゆ	80 g
きくらげ	4 g	酒	30 g
青ねぎ	50 g	ごま油	4 g
卵	200 g	こしょう	
ⓐ塩	3 g	かけあん	
砂糖	5 g	ⓒ湯	200 ml
酒	10 g	塩	2 g
サラダ油	50 g	しょうゆ	18 g
		砂糖	10 g
		かたくり粉	10 g

① 中華めんをゆでる．
② かには身をほぐし，きくらげはもどして絲に切り，たけのこ，ねぎも絲に切る．
③ 卵に②を加えてⓐで調味し，かに玉を作る．
④ 湯を加熱してⓑで調味する．
⑤ ⓒの調味料を合わせ，かけあんを作る．
⑥ 器にめんを盛り，かに玉をのせて④をそそぎ，かけあんをかける．

2 涼拌豆菜(リャンパントウツァイ) 〔拌菜〕
もやしの和え物

豆もやし	200 g	しょうゆ	36 g
ほうれんそう	150 g	酢	30 g
ハム	50 g	ラー油	4 g
		塩	5 g
		砂糖	20 g

① もやしをゆで，ゆでたほうれんそうは3cmに切り，ハムは千切りにして，調味液で和える．

要 点
1. 天津麺について
2. もやしの扱い方

24

1 蒸醋鶏捲(チョンツーチーチェン)〔蒸菜〕
鶏の巻き蒸し

中 身		外	
マッシュルーム(8個)	50g	鶏もも肉(2枚)	400g
たまねぎ(½個)	100g	酒	30g
にんじん	30g	塩	3g
にんにく	1片	かけあん	
牛ひき肉	150g	湯	100mℓ
卵	25g	酢	30g
サラダ油	13g	トマトケチャップ	½カップ
塩	4g	コーンスターチ	6g
こしょう		砂糖	5g
		塩	2g

① 中身の材料を細かく切り、ひき肉とともに油で炒め、塩、こしょうして卵でとじる.
② 鶏肉の形をととのえ、酒、塩をして①を芯に巻いてようじでとめ、15〜20分蒸す、粗熱がとれたら輪切りにする.
③ かけあんの材料を加熱し、あんを作り、②の上にかける.

2 湯米粉(タンミーフェン)〔湯菜〕
ビーフンのスープ

ビーフン	50g	湯	900mℓ
豚肉(平切り)	50g	塩	5g
たけのこ	80g	しょうゆ	36g
ねぎ	50g	酒	15g
サラダ油	13g	ごま油	13g
しょうが(汁)	5g	こしょう	

① 豚肉は千切りにする.
② たけのこ、ねぎも千切りにする.
③ ビーフンはゆで、5〜6cmの長さに切る.
④ 豚肉、たけのこ、ねぎを油で炒める.
⑤ 湯を加え調味し、ビーフンを加え、しょうが汁を落とす.

要 点
1. ビーフンについて

25

1 炸魚捲(ザァユイチェン)〔炸菜〕
魚の巻き揚げ

白身魚(ひらめ)	300g	ハム(2枚)	20g
ⓐ塩	2g	卵白(2個分)	55g
酒	5g	塩	1g
しょうが汁	5g	かたくり粉	20g

① 白身魚は観音開きにしⓐに浸す.
② くるみ、ハムは細かく切り、①にはさむ.
③ 卵白を泡立て、かたくり粉、塩を加え、衣を作る.

III 中国料理

くるみ	3個	小麦粉	30 g
揚げ油		つけ汁	
パセリ	10 g	しょうゆ	36 g
		洋がらし	2 g

④ ②に小麦粉をつけ，③の衣をつけて油で揚げる．盛りつけてパセリを飾り，つけ汁を添える．

2 菠菜肉絲湯(ポウツァイロウスータン) 〔湯菜—清湯〕
豚肉とほうれんそうのスープ

豚　肉	100 g	ほうれんそう	100 g
ⓐ酒	15 g	はるさめ	30 g
しょうゆ	6 g	湯	800 ml
サラダ油	26 g	塩	7 g
卵	50 g	しょうゆ	6 g
塩	0.4 g	こしょう	
油	5 g	ごま油	

① 豚肉を千切りにし，ⓐに浸し油で炒める．
② 卵は塩を加えて薄焼きにし，千切りにする．ほうれんそうはゆでて3 cmの長さに切る．はるさめは熱湯でもどし4～5 cmに切る．
③ ①に湯と調味料を入れ，はるさめ，錦糸卵，ほうれんそうを加える．

要　点
1. 白身魚の扱い方
2. はるさめについて

26

1 鶏塊花菇湯(チークァイホアグタン) 〔湯菜—清湯〕
鶏と花しいたけのスープ

鶏骨つき(ぶつ切り)		酒	30 g
	400 g	塩	8 g
ね　ぎ	½本	しょうゆ	9 g
しょうが	10 g		
水	1600 ml		
干ししいたけ(大5枚)			
	20 g		
にんじん	50 g		

① 鶏肉はひと口くらいに切り，ねぎはぶつ切り，しょうがは砕にし，水を加えて加熱する．
② しいたけはもどして飾り切り，にんじんは花型にしてゆでる．
③ ①の浮いたアクをとり調味料を加え，しいたけを加え煮る．
④ 器に盛り花型にんじんを浮かす．

2 醋溜生貝(ツウリュウションペイ) 〔溜菜〕
ほたてがいのあんかけ

ほたてがい	400 g	ⓑ湯	100 ml
のり(2枚)	4 g	砂糖	20 g
小麦粉	30 g	塩	3 g
ⓐ卵	50 g	しょうゆ	18 g
水	30 ml	酢	15 g
小麦粉	25 g	かたくり粉	4 g
かたくり粉	20 g		
サラダ油	50 g		

① ほたてがいに，のりを細長く切って巻いて，小麦粉をつけ，ⓐの衣をつけて焼く．
② ⓑの湯に調味料を合わせ，弱火で加熱し甘酢あんを作り①にかける．

③ 高麗香蕉（コウリーシャンヂャオ）〔点心〕
バナナの泡雪揚げ

バナナ	3本	衣	
練りあん	100 g	卵白	56 g
かたくり粉	20 g	かたくり粉	50 g
揚げ油		粉砂糖	20 g

① バナナの皮をむき1cmの斜め切りにする．
② バナナにあんをはさみ，かたくり粉をまぶし，卵白を泡立てた衣をつけて揚げる．
③ 揚げたてに粉砂糖をまぶし，皿に盛る．

〈要 点〉
1．骨付き肉のスープのとり方
2．ほたてがいの扱い方

27

① 白片肉（パイピェンロウ）〔前菜〕
豚肉の白煮和え

豚バラ肉(かたまり)	400 g	糸寒天	12 g
湯	1000 ml	きゅうり	200 g
		かけ汁	
ⓐ酒	50 g	ⓑしょうゆ	54 g
塩	5 g	砂糖	15 g
ねぎ	20 g	酢	30 g
しょうが	5 g	ラー油	5 g
		洋がらし	2 g

① 豚バラ肉を，ⓐの調味料とぶつ切りのねぎ，しょうがの薄切りとともに湯の中で約90分煮て，さまして薄切りにする．
② 糸寒天は吸水し，5～6cmに切る．
③ きゅうりを千切りにする．
④ 材料を皿に盛り，ⓑのかけ汁をかける．

② 太古肉餅（ターコーロウピェン）〔蒸菜〕
豚肉とれんこんのふかしもち

豚ひき肉	400 g	ⓐ塩	5 g
れんこん	350 g	酒	15 g
卵	25 g	かたくり粉	10 g
ハム	30 g	油(器に塗るもの)	13 g
しょうが	10 g	からしじょうゆ	
グリンピース	15 g	洋がらし	2 g
		しょうゆ	36 g

① れんこんは皮をむき，酢水に漬けておく．
② ハムはみじん切り，しょうがはおろす．
③ れんこんをおろし金でおろし，ほかの材料とともに混ぜて，ⓐの調味料で味つけする．
④ 器にサラダ油を塗り，③を入れて，グリンピースを飾り，蒸す．
⑤ 型からはずし，からしじょうゆを添える．

③ 青梗火腿湯（チンゲンホウトイタン）〔湯菜〕
チンゲン菜と中国ハムのスープ

チンゲン菜(2株)	200 g	湯	800 ml
		塩	7 g
中国ハム	40 g	酒	15 g
ごま油		こしょう	
		かたくり粉	15 g

① チンゲン菜は根元から切り目を入れて4個に分けておく．
② 中国ハムは千切りにする．
③ ごま油を熱し，①，②を炒め，湯を加えて加熱する．火がとおったら調味料を加え，水溶きかたくり粉でとろみをつける．

要点
1. ふかしもちについて

28

1 糖醋鯉魚（タンツーリィユィ）〔溜菜〕
こいの丸揚げ甘酢あんかけ

こい（1尾）	800 g	湯	400 mℓ	
しょうが	60 g	ⓒ砂　糖	30 g	
ⓐしょうゆ	36 g	酒	30 g	
酒	15 g	しょうゆ	54 g	
かたくり粉	40 g	酢	60 g	
揚げ油		かたくり粉	20 g	
ⓑ豚肉（赤身平切り）		グリンピース	20 g	
	80 g	紅しょうが	30 g	
ゆでたけのこ	40 g			
たまねぎ	80 g			
干ししいたけ	4 g			
サラダ油	15 g			

① こいを下処理して，しょうが汁とⓐに20分くらい浸す．
② かたくり粉をまぶし，油で2度揚げする（40分）．
③ ⓑの材料を千切りにし，サラダ油で炒め，湯を加えⓒを合わせて調味し，グリンピースを加える．揚げたてのこいにかけて紅しょうがを散らす．

2 醃辣黄瓜（イェンラーフォンクワ）〔醃菜〕
きゅうりの辛味漬け

きゅうり（塩2 g）240 g		ⓑ赤とうがらし1本		
ⓐキャベツ（塩1 g）		砂糖（グラニュー糖）		
	50 g		15 g	
青じその葉（2枚）		しょうゆ	36 g	
	5 g			
しょうが（汁）	10 g			
にんにく	5 g			
こんぶ	10 g			
にんじん	5 g			

① きゅうりの芯をくり抜く．
② ⓐの材料をみじん切りにして①に詰め，5 cm程度の長さに切る．
③ 赤とうがらしは種をとり小口切りにしⓑの液を作り，つけ込む．
④ ③を二つ切りにして鉢に盛りつける．

3 杏仁豆腐（シンレントウフウ）〔点心〕
杏仁の寄せ物

寒　天	1本	ⓐ水	300 mℓ	
牛　乳	200 mℓ	砂　糖	50 g	
アーモンドエッセンス		ⓑ水	200 mℓ	
	10 g	砂　糖	75 g	
果　物	300 g			

① 寒天は吸水させしぼる．
② 寒天にⓐの水を加えて加熱し，溶けたら砂糖を入れ加熱し，火からおろして牛乳を加え，アーモンドエッセンスを入れる．
③ ②を型に入れて冷やし固めて，ひし形に切り，ⓑでシロップを作り加えて，フルーツを浮かす．

> 要 点
> 1．こいの扱い方
> 2．醃菜について
> 3．杏仁について

29

1 紅紋冬筍（フォンマントンスン）〔煨菜〕
たけのこと豚肉の煮込み

たけのこ皮つき	600 g	ふくろたけ(缶)	50 g
（米ぬか，赤とうがらし）		くわい(水煮)	80 g
豚バラ肉	250 g	さやえんどう	40 g
湯	700 mL	ラード	20 g
ⓐしょうゆ	54 g		
酒	45 g		
砂糖	20 g		
酢	5 g		
かたくり粉	15 g		

① たけのこはゆでてアク抜きし，乱切りにする．さやえんどうは青ゆでにする．
② 肉，ふくろたけ，くわいを乱切りにして，たけのことともにラードで炒め，湯を加えて10分くらい煮る．
③ ⓐの合わせ調味料を加え弱火で煮込み，さやえんどうを入れる．

2 魚丸子湯（ユイワンズタン）〔湯菜〕
魚団子のスープ

白身魚	100 g	湯	800 mL
ⓐ塩	1 g	ⓑ塩	8 g
酒	5 g	酒	15 g
卵白	14 g	しょうゆ	6 g
かたくり粉	18 g	しょうが	10 g
干ししいたけ	6 g		
チンゲン菜	50 g		

① 白身魚をよくすりつぶし，ⓐを加える．
② チンゲン菜を3 cmに切り，しいたけはもどして千切りにする．しょうがは砕にする．
③ 湯をⓑで調味し，しょうがを加え，①で団子を作りながら入れて加熱する．
④ しいたけ，チンゲン菜を加え，火からおろし，しょうがを取り出し器に盛る．

3 海蜇冷盆（ホイチーロンペン）〔前菜〕
くらげの酢の物

塩くらげ	70 g	酢	60 g
きゅうり	150 g	砂糖	30 g
ハム	50 g	しょうゆ	18 g
はるさめ	15 g	ラー油	1 g
		白ごま	8 g

① くらげは塩出ししておき，熱湯をかけ，その後冷水にさらす．
② はるさめは熱湯でもどし，4〜5 cmの長さに切る．
③ きゅうり，ハムは千切りにし，調味液で材料全部を和えてごまをふる．

> 要 点
> 1．たけのこのアク抜きについて（米ぬか30 g，赤とうがらし1本）
> 2．塩くらげの扱い方
> 3．ふくろたけについて

30

1 高麗魚条(コウリーユイジャウ) 〔炸菜〕
魚の琥白揚げ

ひらめ	300 g	卵白	56 g	
ⓐ酒	15 g	水	10 ml	
塩	3 g	上新粉	30 g	
かたくり粉	30 g	かたくり粉	30 g	
		揚げ油		
		キャベツ	100 g	
		花椒塩		
		ケチャップ	50 g	

① ひらめは太めの千切りにし，ⓐの調味液につけた後，かたくり粉をまぶす．
② 衣は卵白を泡立て上新粉，かたくり粉，水を加えて作る．
③ ①を②の衣につけて揚げる．
④ キャベツの千切りをつけ合わせ，花椒塩，ケチャップを添える．

2 燴竜須条(ホエヤンシュウジャウ) 〔煨菜〕
アスパラガスのくず煮

アスパラガス(緑)		ⓐ湯	250 ml	
	350 g	塩	3 g	
ハ　ム	80 g	砂糖	4 g	
ごま油	30 g	酒	15 g	
		かたくり粉	10 g	

① アスパラガスは根のかたい部分を切り，ゆでてアク抜きをする．
② ごま油を熱し，アスパラガスを炒め，ハムを細長く切り加え，ⓐの調味料でくず煮にする．

3 醬鶏肝(ジャンチーカン) 〔前菜〕
鶏のレバーのしょうゆ煮

鶏肝臓	100 g	しょうゆ	54 g	
鶏砂肝	100 g	酒	30 g	
しょうが	10 g	砂　糖	10 g	
ね　ぎ	30 g	ごま油	26 g	
八　角	2個	花椒末	2 g	

① 鶏肝臓，砂肝は塩水に浸し，数回水を取りかえて血ぬきをし，薄切りにする．
② 鍋にごま油を熱し，①を炒め，香味野菜，香辛料を加え調味料で煮込み，香味野菜，香辛料を取り出し盛りつけ，花椒末をかける．

要　点
1．アスパラガスについて
2．鶏肝臓，砂肝について

31

■ タイ料理 ■
1 ヤム ヌア
牛肉のサラダ

牛もも肉(ステーキ用)	
	250 g
サラダ油	6 g
きゅうり	100 g
たまねぎ	150 g

① 牛肉はサラダ油をひいたフライパンで表面だけをすばやく焼き，2枚にそいで千切りにする．
② きゅうり，たまねぎは薄切りにして水にさらし，トマトは半分に切ってから薄切りにする．

トマト	200 g
レタス	150 g
とうがらし	1 本
レモン	1 個
コエンドロ	2 本
魚醬(ナンプラー)	10 g

③ ボールに①の牛肉と②のたまねぎを入れレモン汁，とうがらしのみじん切りを加えてよく混ぜる．
④ 皿にトマト，レタス，きゅうりを盛って③の肉を盛り，コエンドロの葉を添え，魚醬をかける．

2 トート マン プラー
魚の風味揚げ

白身魚のすり身	250 g	揚げ油	
さやいんげん	50 g	ピーナッツバター	10 g
カレー粉	3 g	酢	30 g
小麦粉	30 g	砂糖	10 g
酒	20 g	にんにく	3 g
塩	2 g	一味とうがらし	少々
こしょう		きゅうり	100 g

① さやいんげんは粗くみじん切りにし，白身魚のすり身に混ぜてカレー粉と調味料を加え，まるめて少し平らにして揚げる．
② ピーナッツバターと調味料を加えてたれを作る．
③ きゅうりを斜め薄切りにして皿に敷き，①を盛り，たれをかける．

3 トム ヤム クン
えびの酸味スープ

タイガーえび	15尾	ライム	2個
ふくろたけ	15個	とうがらし	2本
レモングラス	10 g		
コエンドロ	10 g		
熱湯	1000 mℓ		
魚醬	15 g		

① レモングラスとコエンドロはすり鉢ですりつぶし，熱湯を加えて5分ほど煮込む．
② えびのむき身とふくろたけを①に加えて，魚醬で塩味をつける．
③ ②にとうがらしのみじん切りを散らしライムを絞る．

要 点
1．タイ料理について
2．コエンドロについて

32

1 東坡肉(トンポウロウ) 〔煨菜〕
豚肉の角煮

豚バラ肉(かたまり)	600 g	ⓑごま油	13 g
		砂糖	35 g
ⓐしょうゆ	36 g	湯	300 mℓ
酒	15 g	しょうゆ	54 g
塩	2 g	かたくり粉	10 g
サラダ油	26 g	チンゲン菜	300 g
ねぎ	80 g		
しょうが	10 g		
湯(ゆで汁)	1000 mℓ		

① 豚肉は，かたまりのままサッとゆでて取り出し，ⓐの調味液に浸して，サラダ油でこんがりと焼く．
② 豚肉の形をととのえて，ねぎのぶつ切り，しょうがのそぎ切りとともに1時間くらい煮る．1口大に切る．
③ 器にⓑの調味液と②を入れ，さらに30分蒸す．残りの汁はかたくり粉を加えて，かけあんにする．

④ チンゲン菜は青ゆでにして，4～5cmに切る．
⑤ 皿にチンゲン菜を敷き，豚肉を盛り，あんをかける．

② 白菜清湯（パーツァイチンタン）〔湯菜—清湯〕
はくさいと貝柱のスープ

貝柱	80 g	ラード	20 g
はくさい	200 g	湯	800 mℓ
干ししいたけ	5 g	塩	8 g
ハム	20 g	しょうゆ	9 g
さやいんげん	15 g	ごま油	8 g
しょうが	10 g		

① 貝柱，はくさいは薄切りにし，干ししいたけはもどし，いちょう切りにする．しょうがは砕にする．ハムは3cm長さの短冊切りにする．
② さやいんげんはゆでて斜め切りにする．
③ ①の材料をラードで炒め，湯を加えて調味する．②のさやいんげんを散らす．
④ しょうがは取り出す．

③ 煎南瓜（チェンナンクワ）〔煎菜〕
かぼちゃの焼き物

かぼちゃ	300 g
塩	2.5 g
こしょう	
小麦粉	36 g
サラダ油	60 g
ケチャップ	40 g
練りがらし	2 g

① かぼちゃは0.8cm厚さのくし形に切り，塩，こしょうをして小麦粉をまぶし，油で焼く．
② ケチャップ，練りがらしを添える．

(要 点)
1. 東坡肉について

33

① 焼売（シャオマイ）〔点心〕
しゅうまい

焼売皮	40枚	ⓒ酒	15 g
小麦粉（強力粉）	200 g	しょうゆ	9 g
ⓐ塩	2 g	砂糖	3 g
ごま油	7 g	塩	1 g
熱湯	110 mℓ	かたくり粉	10 g
ⓑ豚ひき肉	300 g	ごま油	6 g
たまねぎ	200 g	からしじょうゆ	
干ししいたけ	4 g	ⓓしょうゆ	54 g
グリンピース	20 g	洋がらし	2 g

① 小麦粉にⓐを入れ，しゅうまいの皮を作る．
② ⓑの材料をみじん切りにし，ⓒで調味して皮で包み，グリンピースをのせて，せいろうで蒸す．
③ ⓓのからしじょうゆを添える．

② 炒腰花（チャオヤンホワ）〔炒菜〕

豚腎臓の炒め物

豚腎臓	400 g	ⓑ酒	30 g
ⓐ酒	15 g	しょうゆ	54 g
塩	2.5 g	酢	5 g
かたくり粉	25 g	砂糖	10 g
揚げ油			
セロリー	100 g		
にら	50 g		
にんにくの茎	50 g		
しょうが	10 g		
ラード	20 g		

① 豚腎臓は縦二つに割り，内部の白い部分を取り去り，かのこに切れ目を入れる．3 cmくらいの大きさに切り，水の中につけてもみ，濁水を幾度か取りかえる．つぎに熱湯をとおして血ぬきをする．
② ①にⓐをふりかけ，かたくり粉をまぶし，油で揚げる．
③ セロリーは薄切り，しょうがは千切り，にんにくの茎，にらは3 cmの長さに切り，ラードで軽く炒め，豚腎臓とⓑの調味液を加え加熱する．

③ 藩茄蛋花湯（ファンチェタンホワタン）〔湯菜〕

トマト入りかき玉汁

トマト	200 g	湯	800 mℓ
ねぎ	30 g	卵	100 g
ごま油	26 g	かたくり粉	10 g
ⓐ塩	8 g	こしょう	
薄口しょうゆ	9 g	酒	15 g

① トマトの半月切りをごま油で炒める．
② ①に湯を入れてⓐで調味し，水溶きかたくり粉でとろみをつけ，卵を流し入れ，ねぎの斜め切りを散らす．

〔要　点〕
1．しゅうまいの皮について
2．豚腎臓について

34

① 蝦仁春捲（シャーレンシュンチェン）〔炸菜〕

えび入り春巻き

卵	50 g	サラダ油	13 g
牛乳(水)	200 mℓ	ⓑ酒	15 g
小麦粉	80 g	しょうゆ	18 g
ごま油	13 g	砂糖	4 g
春巻きの皮(市販品)		塩	1 g
	4枚	小麦粉(のり用)	20 g
ⓐむきえび	80 g	水(のり用)	20 g
豚肉	200 g	揚げ油	
たけのこ	50 g	花椒塩	
干ししいたけ	4 g	塩	4 g
ピーマン	50 g	花椒末	1 g
もやし	50 g	パセリ	10 g
しょうが	5 g		

① 卵，牛乳，小麦粉，ごま油を混ぜ，サラダ油で薄い皮を焼く（両方で8枚分）．
② 材料ⓐを千切りにし，サラダ油で炒め，ⓑで調味し，8等分して①と市販品の皮合わせて8枚で包んで，包みめにのりををつけてとじ，油で揚げる．
③ 花椒塩を添えて，パセリを飾る．

Ⅲ 中国料理

② 炒墨魚(チャオモウユイ) 〔炒菜〕
いかの炒め物

やりいか	400 g	ラード	40 g
ⓐ酒	5 g	ⓑ湯	50 mℓ
しょうが(汁)	5 g	酒	15 g
きくらげ	8 g	塩	8 g
にんじん	80 g	かたくり粉	10 g
たまねぎ	150 g	さやえんどう	30 g
にんにく	5 g		

① やりいかは下ごしらえして,皮をはぎ,仏手切りにし,ⓐに浸す.さやえんどうを青ゆでにする.きくらげは水につけてもどす.
② 材料を適当に切ってラードで炒め,ⓑの合わせ調味料で調味し,いかを加え,さやえんどうを散らす.

③ 香芹拌菜(シャンカンパンツァイ) 〔拌菜〕
セロリーの和え物

セロリー	150 g	しょうゆ	54 g
トマト	200 g	酢	30 g
サラダ菜	30 g	ラー油	1 g
		砂糖	30 g
		塩	1 g

① セロリーは薄切りにし,塩水につけてアクを抜き,調味液につけ込む.
② トマトは湯むきにし,輪切りにする.
③ 皿にサラダ菜を敷いて材料をのせ,①のつけ汁をかける.

要 点
1. 春巻きの皮について
2. いかの切り方

35

① 炸魚塊(ザァユイクヮイ) 〔炸菜〕
魚の揚げ物

すずき(切り身)	300 g	衣	
むきえび	150 g	卵	50 g
しょうゆ	10 g	かたくり粉	30 g
酒	10 g	白ごま	4 g
かたくり粉	30 g	さやいんげん	100 g
揚げ油		からしじょうゆ	
		洋がらし	2 g
		しょうゆ	54 g

① すずきはそぎ切り,むきえびは背わたをとって切り開き,たたいてすり身状にし,ⓐの調味液を加える.
② ①のすずきにかたくり粉をまぶして,すり身をのせ,衣をつけて揚げる.
③ さやいんげんは,ゆでてつけ合わせる.
④ 皿に②と③を盛りつけ,からしじょうゆを添える.

② 双竜伴月(スワンロンバンユエ) 〔湯菜〕
うずら卵のスープ

うずら卵	8個	湯	800 mℓ
ハム	25 g	酒	15 g
きくらげ	5 g	塩	8 g
えび	8尾	しょうが(汁)	10 g
ねぎ	10 g	こしょう	
きゅうり	50 g	パセリ	2 g

① えびは背わたをとって塩ゆでし,尾を残して皮をむき,油を塗った丸い器に入れる.
② ①にうずら卵を割り入れ,ハム,パセリのみじん切りをふり,3分間蒸す.
③ 湯を煮立て,塩,酒で味つけし,ねぎの斜め切り,きくらげの千切り,きゅうりの輪切

りを入れ，しょうが汁を入れる．
④ ①を器からはずしてスープ皿に盛り，②のスープを野菜とともにそそぐ．

③ 橙子羹(ツンズーカン) 〔点心〕
みかんの飲み物

みかん(生)	200 g	シロップ	
みかん(缶詰)	100 g	ⓐ砂 糖	80 g
白玉粉	50 g	水	300 mℓ
さくらんぼ	75 g	かたくり粉	6 g

① 白玉粉に水を加え，耳たぶくらいの硬さに練って団子を作り，ゆでておく．
② みかんは皮をむき，しぼる．
③ ⓐの材料を加熱してシロップを作り，さまして②と合わせる．
④ ③に①と缶詰のみかん，さくらんぼを加える．

（要 点）
1．うずら卵の扱い方
2．点心について

36

① 炸生蠣(ザァーションハオ) 〔炸菜〕
かきの衣揚げ

か き	400 g	小麦粉	80 g
かたくり粉	20 g	B. P.	1 g
揚げ油		水	100 mℓ
パセリ	10 g	塩	2 g
		ごま油	13 g
		花椒盐	
		塩	10 g
		花椒末	1 g

① かきを下処理し，かたくり粉をつけておく．
② 小麦粉にB. P.をよく混ぜ，水と塩，ごま油で溶き，衣を作る．
③ かきに衣をつけ，油で揚げる．
④ 花椒盐とパセリを添える．

② 紅煨牛肉(フォンウェイニュウロウ) 〔煨菜〕
牛肉の煮込み

牛バラ肉	400 g	ラード	24 g
だいこん	800 g	湯	300 mℓ
ね ぎ	60 g	酒	45 g
しょうが	10 g	砂 糖	35 g
にんにく	2 g	塩	3 g
		しょうゆ	90 g
		こしょう	

① だいこんは皮をむき，2 cmくらいの輪切りにしてゆでる．
② 牛肉は3 cmくらいの角切りにする．
③ しょうが，にんにくは砕にし，ねぎはぶつ切りにする．
④ ラードを熱し③の材料を炒めて取り除き，だいこんと牛肉を炒め，湯を入れ煮込む．調味してよく煮込む．

Ⅲ 中 国 料 理

③ 涼拌毛豆(リャンパンモウトウ) 〔拌菜〕
えだまめの和え物

えだまめ(さやつき)		ⓐ酢	45 g
	300 g	塩	2 g
糸寒天	10 g	砂糖	25 g
ハム	70 g	ごま油	6 g

① えだまめは塩ゆでし,さやから出す.
② 糸寒天は水でもどし,5 cmの長さに切り,ハムもその長さに合わせて切る.
③ ⓐで合わせ酢を作り,材料を和える.

要 点
1. 変り衣について

37

① 炸蝦球(ザァーシャーカウ) 〔炸菜〕
えび団子の揚げ物

え び	500 g	塩	5 g
豚背脂	40 g	かたくり粉	50 g
れんこん(酢)	300 g	揚げ油	
酒	5 g	洋がらし	3 g
しょうが(汁)	10 g	しょうゆ	36 g

① 皮をむいてアク抜きしたれんこんをすりおろす.皮をむき下処理したえびをよく洗い,豚背脂とともに包丁の背でたたき,すり身にする.
② ①の材料に酒,塩,しょうが汁,かたくり粉を混ぜて団子にして油で揚げる.
③ からしじょうゆを添える.

② 生菌蛋羹(ションキンタンカン) 〔前菜〕
かにとまつたけの卵蒸し

豚ひき肉	150 g	ⓐかたくり粉	25 g
かに(身)	90 g	しょうゆ	9 g
まつたけ	40 g	酒	10 g
にんじん	20 g	砂糖	10 g
落花生	20 g	塩	3 g
卵	300 g	ごま油	6 g
		パセリ	10 g

① 材料をそれぞれ下処理して細かく切る.
② 卵と①の材料,ⓐの調味料を合わせて,半熟になるまで加熱し,型に流し入れて蒸す.
③ 型から出して適当に切り,皿に盛り,パセリを添える.

③ 冬瓜湯(トンクワタン) 〔湯菜―川湯〕
とうがんのスープ

とうがん	250 g	湯	1000 mℓ
生しいたけ	40 g	塩	8 g
ほうれんそう	80 g	しょうゆ	6 g
豚肉(平切り)	100 g	かたくり粉	15 g
		ごま油	6 g

① とうがんは皮をむき,3 cm角に切る.
② ほうれんそうは塩ゆでし,豚肉とともに適当に切り,生しいたけは下処理して半月に切る.
③ 湯にとうがんを入れて煮,生しいたけ,豚肉を加えて調味し,水溶きかたくり粉とごま油を入れ,ほうれんそうを加える.

要 点
1. 卵の蒸し物について

38

1 搾菜炒肉絲 (ザーツァイチャオロウスー) 〔炒菜〕
ザーサイと肉の炒め物

豚　肉	200 g	サラダ油	40 g
ⓐしょうが(汁)	5 g	ⓑ砂　糖	5 g
酒	5 g	酒	15 g
しょうゆ	6 g	しょうゆ	18 g
ザーサイ	120 g	かたくり粉	5 g
たけのこ	150 g		
ね　ぎ	25 g		

① 豚肉を千切りにし，ⓐの調味液につける．
② ザーサイ，ねぎ，たけのこも千切りにし，①とともに油で炒め，ⓑの合わせ調味料で調味する．

2 清燉白菜 (チントンパーツァイ) 〔煨菜〕
はくさいの煮込み

はくさい	500 g	湯	700 mℓ
ベーコン	100 g	塩	8 g
たけのこ	100 g	こしょう	
赤とうがらし	1 g	薄口しょうゆ	18 g

① はくさいはざく切り，ベーコン，たけのこもはくさいに合わせて切り，赤とうがらしは種をとり5mmの小口切りにして鍋に重ねて入れ，湯を加え調味液を入れて煮込む．

3 抜絲地瓜 (パースーチークヮ) 〔点心〕
さつまいもの飴だき

さつまいも	250 g	砂　糖	100 g
焼みょうばん	5 g	酢	5 g
揚げ油		ラード	13 g

① さつまいもを馬耳に切り，0.5％のみょうばん水につけ，水気をきり素揚げする．
② 鍋にラードと砂糖を熱し，酢を加え，飴となる寸前のところへ①を熱いうちに入れてからませる．
③ 器に油を塗り，熱いうちに移して供する．小鉢に水を添える．

〔要　点〕
1．ザーサイについて
2．抜絲について

39

1 京醬肉片 (ピンジャンロウピェン) 〔炒菜〕
肉のみそ炒め

豚　肉	400 g	サラダ油	39 g
ⓐしょうが(汁)	10 g	ⓑだし汁	20 mℓ
酒	15 g	しょうゆ	36 g
かたくり粉	5 g	赤みそ	40 g
ね　ぎ	50 g	砂　糖	20 g
にんにく	2 g		

① 豚肉は薄切りにし，調味液ⓐに浸した後，かたくり粉をまぶす．
② ねぎはぶつ切り，にんにくは砕にして，油で炒めて取り出し，①を入れて炒め，ⓑの調味料を加えて味をととのえる．

2 八宝飯(パーポウファン) 〔点心〕
もち米蒸し菓子

もち米	320 g	ⓐカシューナッツ	15 g
ラード	4 g	アンジェリカ	15 g
砂糖	30 g	みかん(缶詰)	80 g
こしあん(甘味つき)	200 g	ドレンチェリー	25 g
		びわ	50 g
黒ごま	10 g	干しぶどう	30 g
		ⓑ水	100 ml
		砂糖	30 g
		かたくり粉	2 g

① もち米を十分に吸水させて蒸し,軽くつぶした後,ラード,砂糖を加える.
② こしあんに切りごまを混ぜる.
③ 器にラードを塗り,ⓐの材料で美しく飾り①のもち米の½量を入れ軽くおさえる.つぎにあんを入れ,残りの½量のもち米を加えて蒸す.
④ 器からはずし,ⓑの材料でシロップを作り,塗ってつやをだす.

3 醃菜(イェンツァイ)
漬け物

> 要　点
> 1. もち米の処理について
> 2. カシューナッツの用い方

40

1 清蒸鯛魚(チンチョンチョウユイ) 〔蒸菜〕
たいの酒蒸し

たい	800 g	ⓒ湯	300 ml
豚ひき肉	100 g	酒	60 g
ⓐ干ししいたけ	10 g	塩	10 g
たけのこ	100 g	練りがらし	2 g
にんじん	30 g		
ⓑね ぎ	50 g		
しょうが	10 g		

① たいは背開きにする.
② ⓐの材料をみじん切りにし,豚ひき肉と混ぜ,①のたいに詰める.ⓑをたたき切りにする.
③ 器に材料を並べ,たいの上下にⓑをおき,ⓒをかけて蒸す.
④ ねぎとしょうがは除き器に盛り,練りがらしを添える.

2 什錦米粉(シーヂヌミーフェン) 〔炒菜〕
ビーフンの五目炒め

ビーフン	100 g	ⓐ湯	300 ml
貝柱(缶)	30 g	酒	15 g
豚肉	150 g	塩	5 g
しょうが(汁)	10 g	しょうゆ	18 g
生しいたけ	80 g	かき油	15 g
さやいんげん	30 g	かたくり粉	10 g
サラダ油	65 g		

① ビーフンをゆでる.さやいんげんは,ゆでて斜め切りにする.
② 豚肉を千切りにして,しょうが汁に浸し,貝柱と千切りにした生しいたけとともに,サラダ油で炒め,ⓐの調味料で調味してビーフン,さやいんげんを加える.

3 火腿白菜(ホードイパーツァイ) 〔湯菜〕
ハムとはくさいのスープ

はくさい	400 g	湯	800 mℓ
ロースハム	80 g	塩	8 g
ねぎ	30 g	しょうゆ	9 g
ラード	30 g	酒	15 g
		しょうが(汁)	10 g

① ハムは短冊切り，白菜は3cmのざく切り，ねぎは斜め切りにし，ラードで炒めて湯を加える．

② 塩，酒，しょうゆで調味し，しょうがのしぼり汁を加える．

〔要点〕
1．魚の蒸し方

41

1 油淋鶏(ヨウリンチィ) 〔炸菜〕
鶏の油揚げ

ひな鶏	800 g	つけ汁	
ⓐしょうゆ	60 g	ⓑしょうゆ	54 g
酒	45 g	酢	20 g
ねぎ	30 g	ごま油	12 g
しょうが	10 g	砂糖	3 g
揚げ油			

① ひな鶏を下処理して，ⓐにつけ込み，よく火がとおるように油をかけながら2度揚げする．

② 適当な大きさに切る．

③ ⓑの材料でつけ汁を作り添える．

2 会湯魚翅(ホイタンユイナー) 〔湯菜〕
ふかのひれのスープ

ふかのひれ	50 g	鶏ささみ	60 g
湯	200 mℓ	酒	0.6 g
しょうが	5 g	塩	3 g
ⓐ湯	1000 mℓ	干ししいたけ	4 g
塩	8 g	ゆでたけのこ	50 g
酒	15 g	焼き豚	50 g
薄口しょうゆ	6 g	かたくり粉	15 g
さやえんどう	20 g	ごま油	3 g

① 下処理をしたふかのひれに，湯，しょうがを加え弱火で煮込み，ⓐの湯と調味料を加える．

② さやえんどうはゆでて千切りにする．

③ 鶏のささみは千切りにし，酒，塩をする．干ししいたけはもどして千切り，たけのこ，焼き豚も千切りにする．

④ ①を沸騰させ，③のささみをほかの材料とともに加え加熱し，さやえんどうを加えて，水溶きかたくり粉でとろみをつける．ごま油を入れる．

3 凉糕(リャンカオ) 〔点心〕
寄せ物

寒天	7 g
水	300 mℓ
砂糖	80 g
牛乳	200 mℓ
黄桃(缶詰)	100 g
りんご	150 g

① 寒天を水でもどした後，分量の水で加熱し，溶けたら砂糖を加え，火からおろして牛乳を加え，黄桃とりんごを細かく切って混ぜ，型に入れて冷やし固める．

② 型から出して適当に切って供する．

要点
1. 魚翅の扱いについて
2. 寄せ物について

42

1 炸干層魚（チャーカンスュィ）〔炸菜〕
魚の重ね揚げ

食パン	4枚	衣	
れんこん	150 g	小麦粉	50 g
すり身		ごま油	13 g
白身魚（ひらめ）		卵	50 g
	100 g	水	30 ml
かたくり粉	15 g	黒ごま	3 g
鶏手羽（ひき肉）		揚げ油	
	100 g		
ハ ム	2枚		
ⓐ塩	3 g		
酒	15 g		
しょうゆ	18 g		

① れんこんは薄切りにし，アク抜きをして水気をきっておく．
② 白身魚はすり身とし，ハムのみじん切り，ひき肉と混ぜて，かたくり粉，ⓐの調味料で調味する．
③ 食パンを6等分し，すり身，れんこんを色どりよく重ね，衣をつけて揚げる．

2 拌蝦芥蘭（パンシャーチェーラン）〔拌菜〕
えびとブロッコリーの酢油和え

ブロッコリー	250 g	酢	60 g
え び	200 g	ごま油	39 g
糸寒天	12 g	砂 糖	10 g
		塩	5 g

① ブロッコリーは塩ゆで，えびは下処理してゆでる．糸寒天はもどして5 cmに切る．
② 調味料を合わせ，①を和える．

3 燴汁景絲（ホェイチーテンスー）
野菜とろみスープ

ねぎ	50 g	ごま油	13 g
きくらげ	5 g	湯	800 ml
ゆでたけのこ	50 g	しょうゆ	6 g
もやし	50 g	塩	7 g
にんじん	30 g	かたくり粉	10 g

① ねぎは斜め切り，きくらげはもどして千切り，たけのこ，にんじんも千切り，もやしは根をとっておく．
② ごま油を熱し野菜を炒める．
③ ②に湯を加えてもやしが透明になるまで加熱し，調味してかたくり粉でとろみをつける．

要点
1. 炸菜について
2. 拌菜のいろいろについて

43

1 糯米紙包蝦(ノオミイチーパオシャ) 〔炸菜〕
えびの紙包み揚げ

えび(大)	10尾	ⓐ塩	3g
ハ　ム	100g	しょうゆ	18g
しいたけ(生)	100g	酒	15g
ね　ぎ	30g	こしょう	
しょうが	30g	ごま油	13g
豚背脂	30g	硫酸紙(糯米紙)	
揚げ油		(15cm角)	15枚

① えびは下処理してそぎ切り，豚背脂は千切りにし，ⓐの調味液につけておく．
② しいたけ，ハム，ねぎ，しょうがは斜め細切りにする．
③ 硫酸紙にごま油をひき，材料を入れ，三角に包んで170℃の油で揚げる．

2 拌魚粉条(バンユイフェンジャウ) 〔拌菜〕
魚とはるさめの和え物

さば(正身)	200g	ⓐ酢	100g
塩	5g	砂糖	20g
はるさめ	20g	塩	4g
きくらげ	5g	薄口しょうゆ	18g
きゅうり	100g	しょうが汁	5g
もやし	100g		
にんじん	30g		
サラダ油	13g		

① さばは3枚におろし，塩をふる．
② 薄皮をはぎ，角切りにしてサラダ油で炒め焼きする．
③ はるさめは熱湯でもどし，5cm切りにする．
④ きくらげはもどして千切り，きゅうりは斜め切り，もやし，にんじんは塩ゆでにする．
⑤ 材料全部を器に盛り，ⓐをかける．

3 蛋糕(タンカオ) 〔点心〕
蒸しカステラ

卵	200g	砂　糖	160g
上新粉	160g	香　料	
豚背脂	20g	ラード	10g
砂　糖	10g		
干しぶどう	25g		
小麦粉	5g		

① 豚背脂をきざみ，砂糖をまぶし，干しぶどうに小麦粉をまぶす．
② 卵黄，卵白を泡立てて，砂糖を入れ，上新粉と香料，①を入れ，紙にラードを塗って型に敷き，蒸す．
③ 型からはずして盛る．

〔要　点〕
1．豚背脂について

44

1 鶏蛋飯(チータンフェン) 〔点心〕
鶏の卵とじご飯

ご　飯	どんぶり4杯	湯	350mℓ
卵	300g	塩	4g
鶏　肉	150g	砂糖	20g
ゆでたけのこ	90g	酒	60g

① 鶏肉はそぎ切りにする．
② たけのこは短冊切り，ねぎは斜め切り，しいたけは水にもどして千切り，さやえんどうはゆでておく．

III 中国料理　219

ねぎ	10 g	ごま油	3 g
干ししいたけ	8 g	しょうゆ	54 g
さやえんどう	40 g		

③ 鍋に湯と調味液を入れ，材料を入れて煮立て，卵を入れてとじ，どんぶりに温かいご飯をとり，具と汁をかける．

② 蒸香菇蝦仁（チョンシャンシャーレン）〔蒸菜〕
しいたけのつぶしえびぬり蒸し

生しいたけ（8枚）		かけあん	
	150 g	ⓑ湯	200 mℓ
小えび	300 g	酒	15 g
豚背脂	60 g	塩	2 g
ⓐ卵白	15 g	砂糖	3 g
かたくり粉	25 g	しょうが（汁）	10 g
		かたくり粉	10 g

① えびは背わたをとり，豚背脂とともにⓐを入れ，すり身にする．
② しいたけの内側にかたくり粉をふりかけ，①を塗る．
③ 蒸し器で蒸す．
④ ⓑの材料でかけあんを作り，しいたけの上にかける．

③ 酸蘿蔔捲（シュンローブーチェン）〔醃菜〕
干しがきのだいこん巻き漬け

だいこん	500 g	ⓐ塩	10 g
干しがき	500 g	酢	200 g
だしこんぶ	50 g	砂糖	100 g
練りがらし	10 g		
とうがらし	2本		

① だいこんは2 mmの輪切りにし，塩をふり，日に干す．
② 干しがきは太めの千切りにする．
③ こんぶは5 mm幅，12 cmの長さに切る．
④ とうがらしは種を抜き輪切りにする．
⑤ だいこんの上に干しがき，練りがらしを入れ，端から巻いてこんぶで結び，ⓐの甘酢につけてとうがらしを散らし，しばらくつけてから盛る．

要　点
1. 点心について

45

① 成吉斯汗烤羊肉（ジンギスカンカオヤンロウ）〔烤菜〕
ジンギスカン鍋

羊肉	800 g	つけ汁	
浸し汁		ⓑみりん	30 g
ⓐ酒	45 g	しょうゆ	90 g
しょうゆ	90 g	りんご酢	30 g
ねぎ	25 g	薬味	
にんにく	5 g	ⓒだいこん	150 g
豚の背脂	50 g	しょうが	10 g
たまねぎ（2個分）		ねぎ	25 g
	300 g	のり	0.5 g
		ごま	5 g

① 羊肉をⓐの浸し汁に漬ける．
② たまねぎはくし形切り，生しいたけはかざり包丁を入れ，たけのこはいちょう切り，糸こんにゃくは湯どおしして適当にむすぶ．しゅんぎく，ねぎは洗って下ごしらえする．
③ ⓑ材料でつけ汁を作る．
④ ⓒ材料で薬味を作る．
⑤ ジンギスカン鍋を熱し，豚の背脂を全体に塗りつけ，材料を焼きながら，薬味，つけ汁をつけて供す．

220

生しいたけ(10枚)	100 g
しゅんぎく(2わ)	60 g
ゆでたけのこ	100 g
ね ぎ	150 g
糸こんにゃく	200 g

② 水果(ソイクワ)

果 物

季節の果物　400 g

① 季節の果物を盛り合わせる．

要　点
1．羊肉について
2．ジンギスカン鍋について

46

① 什景火鍋(チージーホークォウ) 〔鍋子〕

寄せ鍋

鶏 肉	200 g	ⓑ湯	600 mℓ
え び	100 g	塩	3 g
豚ひき肉	150 g	しょうゆ	54 g
ね ぎ	30 g	酒	30 g
しょうが	5 g	酢じょうゆ	
ⓐ卵	30 g	ⓒ酢	30 g
かたくり粉	10 g	しょうゆ	54 g
塩	2 g	ⓓね　ぎ	25 g
揚げ油		しょうが	10 g
生しいたけ	100 g		
はるさめ	80 g		
はくさい	600 g		
にんじん	60 g		
たけのこ	100 g		
ほうれんそう	150 g		

① 豚ひき肉に，ねぎ，しょうがのみじん切りを加え，ⓐを合わせて団子を作り，油で揚げる．ほかの材料は下処理する．
② 鍋にⓑの調味液を入れて，材料を加熱しながら，ⓒのつけ汁とⓓの薬味を添える．

② 水果(ソイクワ)

果 物

季節の果物　400 g

要　点
1．鍋子について

47

1 銀杏鶏丁（インシンチーティン）〔煨菜〕
ぎんなんと鶏肉のうま煮

ぎんなん	500 g	ⓐ卵白	28 g
鶏手羽肉	300 g	かたくり粉	20 g
たけのこ	80 g	塩	1 g
ねぎ	15 g	湯	400 ml
干ししいたけ	10 g	ⓑ酒	30 g
さやえんどう	30 g	しょうゆ	36 g
ラード	40 g	こしょう	
		ごま油	5 g

① ぎんなんはゆでて皮をむく．
② 鶏肉はそぎ切りにする．
③ たけのこは角切り，ねぎはぶつ切り，しいたけはもどしていちょう切りにし，さやえんどうはゆでる．
④ 卵白を泡立て，ⓐの衣を②の鶏肉にまぶしてラードで炒め，③を入れ，湯を加えてⓑで味つけする．ごま油を加えて香りをつける．

2 涼拌鮮（リャンバンシェン）〔拌菜〕
きゅうりといかの酢の物

もんごういか	350 g	塩	3 g
卵	100 g	からし酢じょうゆ	
きゅうり	150 g	練りがらし	3 g
トマト	100 g	酢	15 g
パセリ	10 g	しょうゆ	27 g
		砂糖	3 g
		ごま油	3 g

① いかを下処理し，皮をはぎ，横に 5 mm 幅の切り込みを入れ，ひと口大に切り離し，塩ゆでする．
② きゅうりは斜め切り，ゆで卵は輪切り，トマトは湯むきして輪切りにし，材料を重ねて盛り，パセリを飾り，からし酢じょうゆを添える．

3 白菜丸子湯（パーツァイワンズータン）
はくさいと肉団子のスープ

はくさい	300 g	湯	800 ml
チンゲン菜	100 g	塩	8 g
はるさめ	10 g	薄口しょうゆ	6 g
豚ひき肉	200 g	こしょう	
塩	2 g	酒	15 g
酒	15 g		
しょうが	5 g		
ねぎ	10 g		
かたくり粉	10 g		

① 豚ひき肉は調味料とねぎ，しょうがのみじん切り，かたくり粉を加え，2 cm くらいに丸めておく．
② はくさいは 2 cm 幅に切り，はるさめはもどして 3 cm に切る．
③ チンゲンツァイは 3 cm のぶつ切りにしておく．
④ 湯に調味し①の丸子を入れてゆっくり20分ほど加熱し，アクをとる．ほぼ火がとおったら野菜をすべて加え，はくさいの芯が透明になったら味をととのえる．
⑤ はるさめはあらかじめ各自の碗に入れておくと均等に盛りつけることができる．

〔要　点〕
　1．煨菜について

48

1 什錦小拼（シヂヌシャオビヌ）〔前菜〕
数種取り合わせ前菜

さけくん製	100 g	くらげ	100 g
あわび(味つき)	100 g	ⓒ酢	45 g
アスパラガス	80 g	塩	2 g
しいたけ	20 g	しょうゆ	18 g
ⓐ湯	100 mℓ	砂糖	10 g
しょうゆ	27 g	ごま油	10 g
砂糖	10 g	ⓓ酢	45 g
酒	15 g	しょうゆ	36 g
サラダ油	10 g	砂糖	20 g
ごま油	4 g	からし	4 g
きゅうり	150 g	ごま油	5 g
はくさい	150 g		
ⓑ酢	30 g		
砂糖	15 g		
塩	2 g		

① あわびは薄切りにし，アスパラガスは横半分に切る．
② しいたけはもどして油炒めし，ⓐの調味料で味つけし，ごま油を落とす．
③ さけくん製は薄切りにする．
④ きゅうり，はくさいは短冊切りにし，塩もみしてⓑの調味料で下味をつける．
⑤ くらげは水につけ，塩出しして，熱湯と冷水をくぐらせ，ⓒの調味液に浸す．
⑥ ①～⑤を図のように盛り，ⓓのたれを添える．

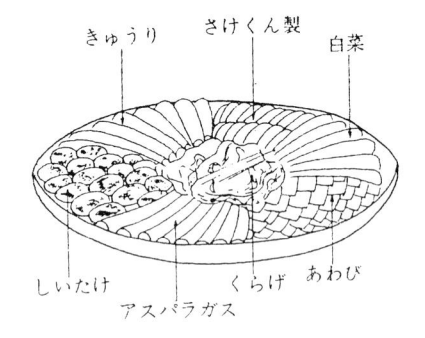

2 蝴蝶拼盤（ホウディエビヌバヌ）〔前菜〕
ちょう模様の前菜

触角		干ししいたけ(5枚)	
きゅうり	200 g		10 g
塩	3 g	ⓒ砂糖	15 g
目		しょうゆ	27 g
チェリー	1コ	酒	8 g
グリンピース	1コ	もどし汁	100 g
羽		ごま油	2 g
角ハム	200 g		

① 触角は，きゅうりの皮を濃い塩水につけ，細く切る．ほかは斜め薄切りにしておく．
② 目はチェリーをリングに切り，真ん中に二つ割りのグリンピースを入れる．
③ 卵黄は，ⓐの調味液に少量の水を加えて，かたくり粉を混ぜ，卵焼きを作る．
④ ささみは，ⓑの調味液で10分間蒸す．
⑤ しいたけは，ⓒの調味液で煮，ごま油を落とす．

III 中国料理

卵黄（2個分）	36 g	ⓓしょうゆ	54 g
ⓐ塩	2 g	砂 糖	20 g
酒	5 g	湯	50 ml
かたくり粉	10 g	ごま油	10 g
ささみ	200 g	にんにく	10 g
ⓑ塩，こしょう			
しょうが	10 g		
ね ぎ	5 g		
酒	5 g		

⑥ 実物大の上羽，下羽の型紙を皿に敷き，ハム，卵黄，しいたけ，きゅうりを型紙に合わせて並べる．

⑦ 胴はささみ1枚分をあて，尾になるところに包丁目を入れ，しいたけ少々をそぎ切りにしてはさむ．

⑧ 皿に触角，腹，胴を図のように盛り，上羽，下羽の調整をはかる．

⑨ ⓓでたれを作り，食す前にかける．

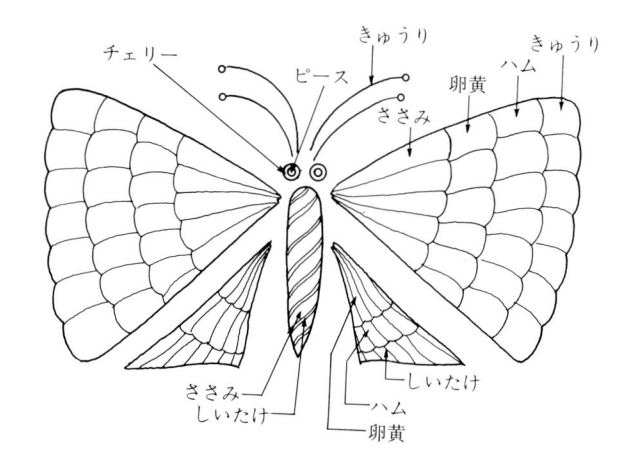

（要 点）

1. 拼盤について

IV 重詰（正月）料理

献立目次

雑　煮
1. ① 関東風　② 関西風　③ 北海道風　④ 韓国風 …………………………………… 226

和　風
2. 口取り(1)　① かずのこ　② 黒豆　③ 田作り　④ 扇子かまぼこ（紅・白）　⑤ くりきんとん　⑥ 梅花寒天 …………………… 227
3. 口取り(2)　① 早わらび焼き　② 川えびの甘露煮　③ かまぼこのうに焼き　④ 花きんかんの甘煮　⑤ 二色卵　⑥ 日の出かん …………… 228
4. 煮物(1)　① 富貴寄せ煮　② わかさぎの揚げ煮　③ こんぶ巻き …………… 229
5. 煮物(2)　① 牛肉の八幡巻き　② 姫たけのこの含め煮　③ 花くわい　④ 梅花にんじん ‥ 230
6. 酢の物(1)　① 炒めなます　② 菊花かぶ ………………………………………… 231
7. 酢の物(2)　① ゆず釜　② 紅白なます　③ れんこんの梅肉和え ……………… 231
8. 焼き物(1)　① 鬼殻焼き　② さわらの幽庵焼き …………………………………… 232
9. 焼き物(2)　① 鶏松風焼き　② 白身魚の山吹焼き ………………………………… 232

洋　風
10. ① Rosbif　② Carpaccio di mare　③ Tortino di gambero　④ Coxinha de frango　⑤ Galantine de vollaille à la gelée　⑥ Terrine à la barbue　⑦ Crépinettes de porc …… 235

中華風
11. 前菜　① 涼拌海蜇　② 紅油拌魷魚　③ 辣白菜　④ 酸辣野菜（くらげの和え物，花切りいかの四川ソースかけ，はくさいの甘酢漬け，野菜の甘酢漬け） …………… 239
12. 大菜(1)　① 如意捲　② 清炸糯米鶏腿　③ 乾煎猪肉（卵巻き蒸し，鶏もも肉の白玉揚げ，豚肉のいり煮） …………………………… 240
13. 大菜(2)　① 鉄扒鮮蠔　② 干焼明蝦　③ 魚香鮮貝（かきの衣焼きケチャップかけ，えびチリソース，ほたてがいの辛味炒め四川風） ……… 241
14. 大菜(3)　① 炸蝦托　② 糖醋魚塊　③ 紅焼海参（えびのすり身パン揚げ，白身魚の甘酢あんかけ，きんこの煮物） …………………… 242
15. 点心　① 珍珠丸子　② 蕨球　③ 栗子猪肉粽（くりの包み蒸し，中華風白玉団子，栗と肉の粽） ……………………………………… 244

■雑　煮■

I

1 関東風

鶏肉(胸)	200 g	もち(角)	400 g
酒	15 g	だし汁	1000 mℓ
八つ頭	100 g	酒	15 g
(さといも)		みりん	15 g
にんじん	50 g	塩	3 g
干ししいたけ	10 g	薄口しょうゆ	50 g
かまぼこ	100 g	ゆず(皮)	少量
みつば	30 g		

① もちは焼いて，熱湯をとおす．八つ頭は切ってゆでる．にんじんは花形に切ってゆでる．鶏肉はそぎ切りにして酒をふる．
② だし汁を煮立て，鶏肉，しいたけを入れ下煮をしてから，かまぼこ，八つ頭，にんじんを加え，調味してみつばを入れ，火を止め，もちを盛り，具とともに汁をはり，ゆずの皮を加える．

2 関西風

さといも	150 g
だいこん	100 g
金時にんじん	80 g
干ししいたけ	15 g
鶏肉(ささみ)	100 g
京菜(みず菜)	30 g
かまぼこ	100 g
もち(丸)	400 g
だし汁	1200 mℓ
白みそ	120 g

① もちは熱湯につけてやわらかくしておく．
② さといもは輪切り，だいこん，にんじんはいちょう切り，鶏肉はそぎ切り，しいたけはもどして形をととのえる．
③ 京菜は3 cm長さに切る．
④ だし汁で②の材料を下煮する．アクをとり白みそを加え，かまぼこ，京菜も入れる．
⑤ もちをわんに入れて具を色どりよく入れ，汁をはる．

3 北海道風

甘塩さけ(上身)	200 g
じゃがいも	100 g
にんじん	50 g
ごぼう	50 g
長ねぎ	15 g
もち(角)	400 g
だし汁	1300 mℓ
塩	7 g
薄口しょうゆ	12 g
酒	30 g

① 塩さけは1人1切れのそぎ切りにしてざるに上げ，熱湯をかけて霜降りにする．
② じゃがいもは皮をむき大きめの乱切りにして面をとる．
③ にんじんは輪切りにする．ごぼうは斜め薄切りにして水にさらす．ねぎは斜め切りにする．
④ だし汁にじゃがいも，にんじん，ごぼうを入れ，やわらかくなるまで煮る．
⑤ さけを加えて煮，アクをとり調味料を加える．ねぎを加えてひと煮立ちさせる．
⑥ もちは熱湯につけてやわらかくする．
⑦ わんにもちと具を盛り，熱い汁をはる．

Ⅳ 重詰料理

④ 韓国風(トックッ)

韓国もち(棒もち)	400 g	しょうゆ	50 g
鶏もも肉	200 g	だし汁	1200 mℓ
にんじん	50 g	おろしにんにく	3 g
干ししいたけ	3枚	塩	0.5 g
卵	50 g	酒	15 g
砂 糖	2 g	きざみのり	1 g
油	3 g		
みつば	20 g		

① 棒もちは3 mm厚さの輪切りにする.
② 鶏肉は2 cm角,にんじんは斜め薄切り,しいたけはもどして薄切りにする.
③ 卵は砂糖を加え薄焼きにして錦糸に切る.
④ みつばは2 cmくらいに切る.
⑤ 鍋にしょうゆを入れて,鶏肉を入れて炒めるように味を含ませて火をとおす.
⑥ ⑤にだし汁を加え,煮立ったらアクをとり,おろしにんにくと塩で味をととのえる.野菜ともちを加え,火がとおったら盛りつけて③,④ときざみのりを飾る.

■和　風■

2

⟨ 口取り (1) ⟩

① かずのこ

かずのこ	30 g
だし汁	35 mℓ
しょうゆ	35 g
みりん	15 g
糸かつお	1 g

① かずのこは塩出しして形をととのえる.
② だし汁と調味料を合わせた中につけ,盛って糸かつおをかける.

② 黒 豆

黒だいず	200 g
じゅうそう	1 g
古くぎ	
水	1000 mℓ
砂 糖	170 g
塩	3 g
しょうゆ	30 g

① 黒だいずは洗って水分をきる.分量の水に調味料,じゅうそう,豆を加え,5時間つける.
② 古くぎを入れてそのまま加熱し,アクをていねいにとりながら差し水をする.
③ 弱火で7～8時間煮る.煮上がったら,そのまま一昼夜おいて味をよく含ませる.

③ 田作り

田作り	15 g	しょうゆ	18 g
砂 糖	10 g	みりん	17 g

① 田作りは煎り,調味料を合わせてひと煮立ちさせ,田作りにからめる.

④ 扇子かまぼこ(紅・白)

かまぼこ(白)	100 g
かまぼこ(赤)	100 g

① かまぼこは白,赤各々扇形に切る.
② 白と赤を一組にして盛る.

①～④を形よく盛り合わせる.

5 くりきんとん

くり(甘露煮)	40 g	砂　糖	80 g
さつまいも	400 g	みりん	45 g
焼きみょうばん	7 g		
くちなしの実	1個		

① さつまいもは皮をむき，みょうばん水につけておき，くちなしの実を浸した水でやわらかくゆでる．
② 熱いうちに裏ごしして砂糖を加え，加熱してよく練り，みりんを加えつやがでるまでよく練り上げる．
③ くりを包むように茶きん絞りにする．

6 梅花寒天

棒寒天	1本	濃縮グレープジュース	
水	250 ml		45 ml
砂　糖	30 g		
水あめ	30 g		
赤ワイン	70 g		

① 寒天は分量の水で煮溶かし，砂糖を加え火からおろしてこす．
② 寒天液に水あめを加え，粗熱をとってジュース，赤ワインを加える．
③ 流し箱に入れて冷やし固め，梅型で抜く．

5，6を形よく盛り合わせる．

3

〈 口取り (2) 〉

1 早わらび焼き

むきいか	150 g	青のり	0.5 g
卵　黄	17 g	塩	2 g
みりん	5 g		

① いかは水気をとり，わらび型にして串を打ち，薄塩をして焼き，みりんを加えた卵黄を塗る．
② さめたら細かく切って青のりをふる．

2 川えびの甘露煮

川えび	50 g	みりん	5 g
水	45 ml	砂　糖	30 g
		塩	2 g

① 川えびはひげを切り揃えて塩水でよく洗う．
② 調味料を合わせ，沸騰したら川えびを入れてからませる．

3 かまぼこのうに焼き

かまぼこ(大)	100 g
うに(練り)	10 g
みりん	5 g

① かまぼこは，厚さ1 cmの結びかまぼこにする．
② 練りうにをみりんで溶き，かまぼこに2～3度塗って，火であぶりながら乾かす．

1～3を形よく盛り合わせる．

④ 花きんかんの甘煮

きんかん（10個）	100 g
砂糖	40 g
水	150 mℓ

① きんかんは，胴にたて筋の包丁目を数条切り込み，ゆでて水にさらして苦味をぬく．再びゆで，上下を軽くおさえ種を抜き，形をととのえる．
② 砂糖に水を加えて，きんかんを気長く含め煮する．

⑤ 二色卵

卵	500 g
砂糖	120 g

① 卵は固ゆでにする．卵白は細かくみじんに切ってふきんに包んでしぼり，水分をよくきる．卵黄は裏ごしにしておく．
② 砂糖はふるいにかけ，卵白に50 g，卵黄に70 g軽く混ぜる．
③ 巻きずしを巻く要領で卵黄を広げ，卵白は棒状にまとめ芯にして巻き，10分間蒸して，さめてから1.5cmの厚さに切る．

⑥ 日の出かん

みかん	150 g
寒天	7 g
水	400 mℓ
砂糖	150 g
みかん汁	40 mℓ

① みかんは横0.5cmの輪切りにして形をこわさないように皮をとり，残りは絞って汁をとっておく．
② 寒天はよく吸水させて煮溶かし，砂糖を加えてこす．
③ 粗熱をとり，みかん汁を加えて流し箱に入れ，輪切りのみかんを上にのせ，冷やして固め，切る．

④〜⑥を形よく盛り合わせる．

4

〈 煮物 (1) 〉

① 富貴寄せ煮

鶏肉	150 g	だし汁	400 mℓ
れんこん	100 g	砂糖	35 g
にんじん	60 g	白しょうゆ	53 g
ごぼう	100 g	みりん	5 g
たけのこ	100 g	かたくり粉	10 g
きぬさや	30 g		

① にんじんとれんこんは花形に切り，ごぼう，たけのこも形よく切って下ゆでをする．
② だし汁を調味して，1 cmにそぎ切りにした鶏肉を加えて①とともに煮る．水溶きかたくり粉を加えてくず引きにし，ゆでたさやえんどうを散らす．

2 わかさぎの揚げ煮

わかさぎ(15尾)	300 g	酒	15 g
かたくり粉	30 g	砂　糖	15 g
揚げ油		しょうゆ	45 g

① わかさぎはかたくり粉を薄くつけ，油でかからりと揚げる．
② 調味料を煮立て，揚げたわかさぎを加え，強火で味をからめる．

3 こんぶ巻き

こんぶ	100 g	水	400 mℓ
焼きわかさぎ(はぜ)		砂　糖	30 g
	200 g	しょうゆ	34 g
かんぴょう	10 g	油	15 g

① こんぶは，ぬれぶきんで汚れをとって切り揃え，焼きわかさぎを芯にして巻き，もどしたかんぴょうで結ぶ．
② 十分に下煮して調味料を加え，弱火で煮上げる．

5

〈 煮物 (2) 〉

1 牛肉の八幡巻き

牛　肉	300 g	ごぼう	150 g
酒	30 g	酒	15 g
しょうゆ	18 g	砂　糖	10 g
つまようじ	10本	しょうゆ	54 g
サラダ油	15 g	みりん	30 g
みりん	30 g	だし汁	100 mℓ
しょうゆ	25 g		

① 牛肉は酒としょうゆで下味をつけ，ごぼうは長さを揃えて切り，酢水につけゆでる．
② ゆでたごぼうは，調味料を合わせ含め煮にする．
③ ごぼうを牛肉で巻き，つまようじでとめ，油で炒めてみりん，しょうゆをからめる．
④ 2 cm幅に切り，切り口を上にして盛る．

2 姫たけのこの含め煮

姫たけのこ		だし汁	200 mℓ
(ゆでたもの)	200 g	砂　糖	15 g
		塩	1 g
		しょうゆ	15 g

① 姫たけのこは切り揃えて形をととのえ，調味料で含め煮にする．

3 花くわい

花くわい	300 g	だし汁	200 mℓ
米ぬか		砂　糖	20 g
		塩	1.5 g
		白しょうゆ	18 g
		みりん	15 g

① くわいは皮をむき，面取りして米ぬかでゆで，アク抜きをする．
② だし汁に調味料を加え，やわらかく煮含める．

4 梅花にんじん

金時にんじん	100 g	だし汁	200 mℓ
		みりん	15 g
		砂　糖	15 g
		塩	2 g

① にんじんはねじり梅に切る．
② だし汁で5〜6分煮て，みりん，砂糖，塩を加え，弱火で4〜5分煮る．

6

〈 酢の物 (1) 〉

1 炒めなます

だいこん	80 g	三杯酢	
にんじん	30 g	酢	60 mℓ
れんこん	80 g	砂　糖	30 g
干ししいたけ	3 g	塩	3 g
油揚げ	25 g	薄口しょうゆ	10 g
サラダ油	20 g		
ゆず(皮)	10 g		

① だいこん，にんじんは短冊切り，しいたけはもどして千切り，れんこんは皮をむいて薄切りにして酢水にさらし，油揚げは油ぬきして千切りにする．
② 水気をきった材料をサラダ油で炒め，強火で八分通り火がとおったら三杯酢を加えてひと煮立ちさせ，火からおろしてゆずの皮の千切りを混ぜる．

2 菊花かぶ

か　ぶ	200 g
赤とうがらし	1 本
菊の葉	5 枚
酢	50 g
砂　糖	30 g
塩	6 g

① かぶは菊花に切って塩水につける．赤とうがらしは種をとり小口切りにする．
② 塩気を落として三杯酢につけ，形を整えて菊の葉をあしらって盛りつける．

7

〈 酢の物 (2) 〉

1 ゆず釜

ゆず(5個)	350 g	うの花(上)	150 g
いわし(生)	2 尾	だし汁	15 mℓ
みつば	5 g	卵　黄	1 個分
		薄口しょうゆ	10 g
		みりん	10 g
		砂　糖	30 g
		塩	3 g
		酢(ゆずのしぼり汁)	
			30 g
		いくら	20 g

① ゆずは七分と三分に切り，中身を取り除く．
② いわしは中骨と皮をとり，べた塩でしめ10分間おき，細切りにして酢洗いする．みつばは青くゆでて1 cmに切る．
③ うの花はすり鉢でよくすり，調味料と卵黄を加え，汁気のなくなるまで煮てさます．
④ いわし，うの花，みつばを合わせ，ゆず汁を加えて，ゆずの中へ詰める．
⑤ いくらを飾る．

2 紅白なます

だいこん	300 g	酢	45 g
にんじん	30 g	砂　糖	30 g
干しがき	50 g	塩	5 g

① だいこん，にんじんは千切りにして塩をふっておく．かきも千切りにする．
② だいこん，にんじんを水洗いして水分をきり，かきとともに甘酢で和える．

③ れんこんの梅肉和え

れんこん	200 g	梅肉酢	
貝柱	100 g	梅干し(大)	100 g
		だし汁	15 mℓ
		酒	15 g
		砂糖	30 g
		塩	2 g

① れんこんは薄切りにし，酢水につけてゆで，貝柱は塩水で洗って薄くそぐ．
② 梅干しは種をとり，裏ごしにして，だし汁と調味料を加え梅肉酢を作り，れんこんと貝柱を和える．

8

〈 焼き物 (1) 〉

① 鬼殻焼き

くるまえび	400 g	しょうゆ	54 g
砂糖	10 g	みりん	30 g
酒	15 g	竹串	10本

① くるまえびに竹串を刺して形をととのえ，殻つきのまま調味料につけ込み，焦がさないように焼き，熱いうちに串を抜く．

② さわらの幽庵焼き

さわら(5切れ)	500 g	矢羽根れんこん	
酒	30 g	れんこん	150 g
みりん	45 g	酢	30 g
濃口しょうゆ	75 g	砂糖	36 g
ゆず(皮)	30 g	塩	1 g

① さわらは調味料につけて下味をよくつけ，串を打ってこんがりと焼き上げる．
② れんこんは皮をむき酢水につけてゆで，矢羽根に切って三杯酢につける．
③ 前盛りに矢羽根れんこん，ゆずの皮を添える．

9

〈 焼き物 (2) 〉

① 鶏松風焼き

鶏ひき肉	150 g	赤みそ	10 g
たまねぎ	30 g	砂糖	5 g
卵	200 g	みりん	15 g
砂糖	10 g	けしの実	5 g
しょうゆ	10 g		
サラダ油	13 g		

① サラダ油を熱して，たまねぎのみじん切りとひき肉を炒め，溶き卵と砂糖，しょうゆを加えて半熟にする．
② パウンド型に油を塗ってひき肉をのばし，オーブン(180℃)で7～8分焼く．
③ みそを調味して火にかけて練り，ひき肉の表面に塗り，けしの実をふって切り分ける．

② 白身魚の山吹焼き

白身魚	200 g	卵黄	17 g
酒	15 g	みりん	15 g
塩	6 g		

① 白身魚は酒，塩をして形をととのえ串を打ち，卵黄とみりんを混ぜてつけながら山吹色に焼き上げる．

①, ②に南天の葉など季節の葉を添える．

IV 重詰料理 233

重詰の例

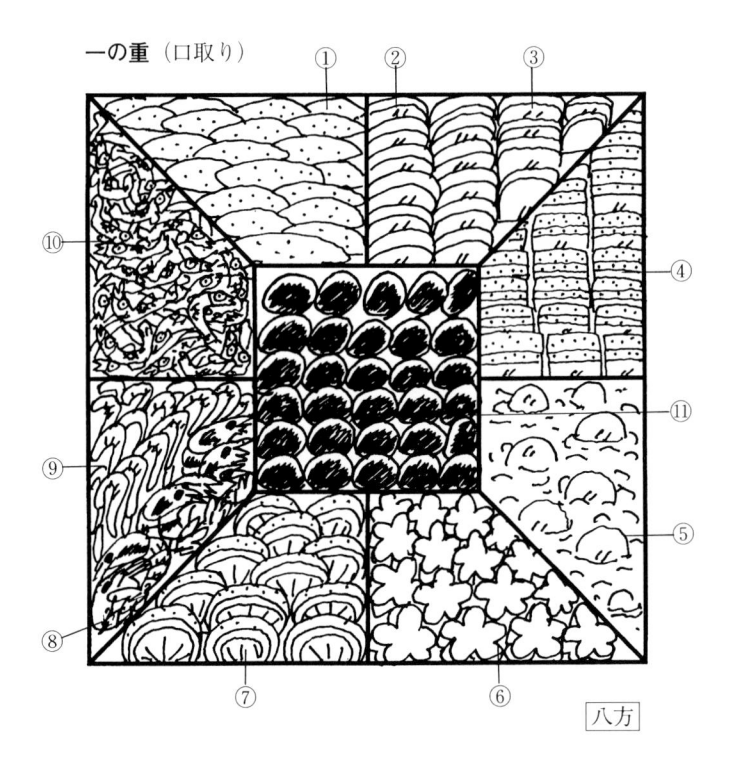

一の重（口取り）

① かずのこ
② かまぼこのうに焼き
③ 扇子かまぼこ
④ 二色卵
⑤ くりきんとん
⑥ 梅花寒天
⑦ 日の出かん
⑧ 川えびの甘露煮
⑨ 早わらび焼き
⑩ 田作り
⑪ 黒豆

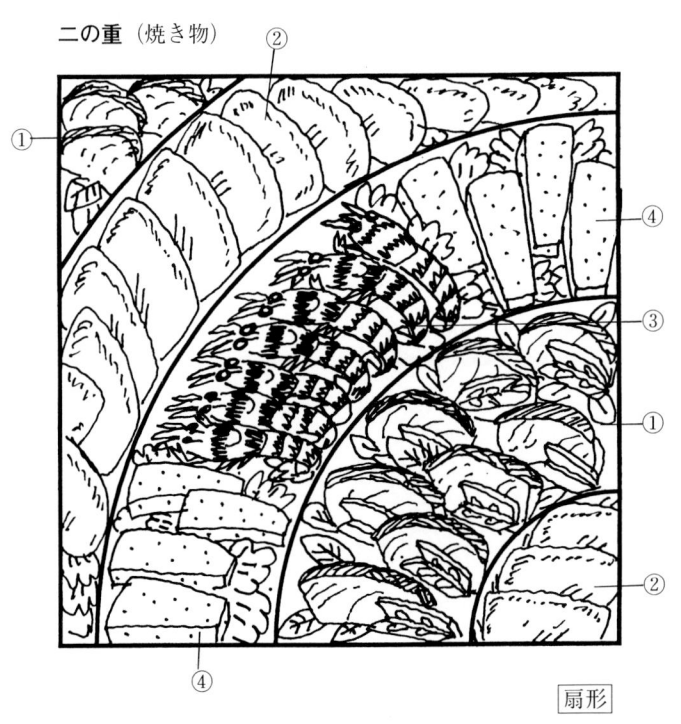

八方

二の重（焼き物）

① さわらの幽庵焼き
② 白身魚の山吹焼き
③ 鬼殻焼き
④ 鶏松風焼き

扇形

三の重（煮物）

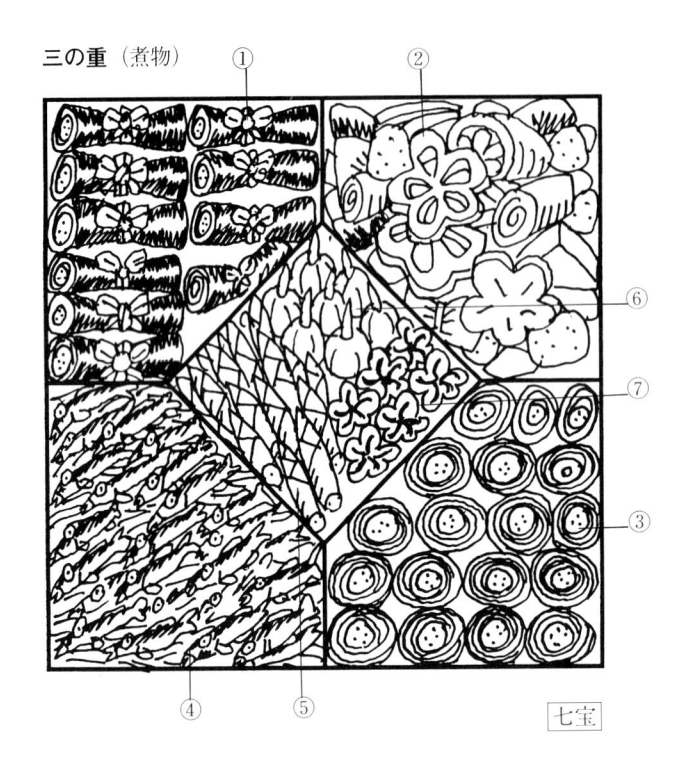

① こんぶ巻き
② 富貴寄せ煮
③ 牛肉の八幡巻き
④ わかさぎの揚げ煮
⑤ 姫たけのこの含め煮
⑥ 花くわい
⑦ 梅花にんじん

七宝

与の重（酢の物）

① 紅白なます
② れんこんの梅肉和え
③ ゆず釜
④ 炒めなます
⑤ 菊花かぶ

枡詰

IV 重詰料理

■ 洋 風 ■

10

1 Rosbif(ロスビフ)
ロースト ビーフ

牛ロース肉(またはもも肉)	1 kg
にんじん	150 g
たまねぎ	150 g
セロリー	50 g
にんにく	10 g
サラダ油	15 g
塩,こしょう	
たこ糸	
グレービーソース	
肉の焼汁	
白ぶどう酒	100 g
スープ	200 g
ホースラディッシュ	50 g
レモン汁	15 g
クレソン	25 g

① 牛ロース肉は塩,こしょうをふり,たこ糸で形をととのえる.
② にんじん,たまねぎ,セロリーは薄切りにする.
③ フライパンにサラダ油を入れ熱し,①を入れ全体に焼き色をつける.
④ オーブンの天板に②の野菜とにんにくを敷き,その上に③の肉をのせ,220℃で20～30分,ときどき焼き汁をかけながら焼く.
⑤ グレービーソースを作る.オーブンの天板にたまった焼き汁をこし,白ぶどう酒,スープを加え加熱する.
⑥ ホースラディッシュはすりおろし,レモン汁を加える.
⑦ 牛肉をスライスして盛る.ソース,ホースラディッシュ,クレソンは供するときに添える.

2 Carpaccio di mare(カルパッチョ ディ マーレ)
海の幸カルパッチョ

たこ	100 g	エクストラバージンオリーブ油	60 g
まぐろ	100 g	イタリアンパセリ	5 g
塩,こしょう		あさつき	20 g
レモン	60 g		
スモークサーモン	100 g		
トレビス	30 g		
レタス	30 g		

① たこ,まぐろは薄くそぎ切りにし,塩,こしょうし,レモン汁を絞りながらふりかける.
② 野菜を食べやすい大きさにちぎり,皿に盛る.上に①とスモークサーモンを並べる.
③ オリーブ油をまわしかけ,上にあさつきの小口切りとイタリアンパセリのみじん切りをふりかける.

3 Tortino di gambero(トルティーノ ディ ガンベロ)
えびとじゃがいものトルティーノ

くるまえび	600 g	マヨネーズ	30 g
塩,こしょう		生クリーム	15 g
じゃがいも	200 g		
バター	30 g		

① じゃがいもは皮をむき,ごく細いせん切りにし塩水につける.
② くるまえびは殻つきのまま背わたを抜き,腹側に縦に包丁を入れ2つに開き,塩,こしょうする.
③ フライパンにバターを溶かし,えびの殻の

ほうを下にして入れる.
④ ③の上にじゃがいもを薄く円形に広げ,フライ返しで押さえながら焼く.
⑤ じゃがいものまわりが透きとおってきたら裏返し,さらに焼き色がつくまで焼く.
⑥ 生クリーム入りマヨネーズを添える.

4 Coxinha de frango（コシニヤ　デ　フランゴ）
手羽先の揚げ物

手羽先（骨つき）15本		クレソン	30 g
	350 g	レモン	60 g
塩,こしょう		カクテルソース	
小麦粉	45 g	ケチャップ	30 g
卵	50 g	ウスターソース	30 g
生パン粉	70 g		
揚げ油			

① 手羽先に切り込みを入れ,皮を返して細い骨を切り落とし,残った骨に肉を盛りつけ,形をととのえる.
② 塩,こしょうをして,小麦粉,溶き卵,パン粉をつけて揚げる.
③ 皿に盛り合わせ,レモン,クレソン,カクテルソースを添える.

5 Galantine de vollaille à la gelée（ガランティヌ　ドゥ　ヴォライル　ア　ラ　ジュレ）
鶏肉のガランティーヌ

若鶏（もも肉）	500 g	ブイヨン	2000 ml
塩	2.5 g	塩	45 g
こしょう		太糸	1 m
合びき肉	150 g	サランラップ	30 cm
ブランデー	15 ml	さらし布	30 cm
塩	1 g		
こしょう			
角ハム½枚,厚さ1 cm			
	50 g		
ライプオリーブ 3個			
鶏ささみ 1本			

Sauce gelée（ソース　ジュレ）

ゼラチン	8 g	塩,こしょう	
スープ	90 ml	カラメル（着色）	8 g
トマト	200 g		
レモン	60 g		
クレソン	30 g		

① 若鶏は形をととのえ,塩,こしょうする.
② ひき肉に塩,こしょう,ブランデーを加える.
③ 角ハム,ささみは1 cm角の棒状に切り,ライプオリーブは千切りにする.
④ ①の上に②のひき肉をのせてひろげ,ほかの材料を配色よく並べて巻き,ラップと布で包み,糸で縛ってブイヨンで煮込む.
⑤ ④の中まで火がとおったら輪切りにしてさます.
⑥ ゼラチンをスープに加えて溶かし,ソースを作り,塩,こしょうし,カラメルで色づけして冷やしてとろみが出たら⑤にかけ,再び冷やして皿の周囲を野菜で飾る（重詰の場合は,供するときにソースを添える）.

6 Terrine à la barbue (テリーヌ ア ラ バルビュー)
ひらめのテリーヌ

ⓐひらめのすり身		エピナールソース	
	150 g	マヨネーズ	70 g
卵白1個分	30 g	生クリーム	50 mℓ
生クリーム	150 mℓ	ほうれんそうの	
塩	0.5 g	裏ごし	20 g
ⓑひらめのすり身		塩	1 g
	100 g	こしょう	
卵黄	45 g	飾り用	
全卵	50 g	レモン1個	60 g
生クリーム	150 mℓ	パセリ	30 g
塩	0.5 g	ライプオリーブ5粒	
ⓒ紅鮭	100 g		
卵白	30 g		
生クリーム	100 mℓ		
トマトピューレー			
	10 mℓ		
塩	0.5 g		

① ⓐ, ⓑ, ⓒの各材料を3つのボールに分けて入れ, 木じゃくしで混ぜ合わせ, 味をととのえる.
② 型の内側を水でぬらし, ①の材料をⓐ→ⓑ→ⓒの順に重ねて, 混ざり合わないよう平らに流し入れる. やわらかい場合は1種類ごとに重ねて蒸す. さめてから1cmほどの厚さに切る.
③ ほうれんそうをゆでて裏ごしし, 調味料と合わせてエピナールソースを作る.
④ 皿にソースを敷いてテリーヌを盛り, レモン, パセリ, ライプオリーブで飾る.

7 Crépinettes de porc (クレピネット ドゥ ポール)
ミートローフ

合びき肉	500 g	網あぶら	200 g
たまねぎ	150 g	サラダ油	20 g
バター	20 g	シェリー酒または	
生パン粉	60 g	赤ぶどう酒	20 g
卵	50 g		
塩	7 g		
こしょう			
ナツメグ			
パセリ	15 g		

Sauce Robert (ソース ロベール)

たまねぎ	50 g	ブイヨン	400 mℓ
バター	15 g	塩	3 g
小麦粉	15 g	こしょう	
白ぶどう酒	30 mℓ	ピクルス	25 g
酢	15 mℓ	溶きがらし	5 g

① 合びき肉に, たまねぎのみじん切りをバターで炒めて加える.
② 生パン粉と卵をほぐして, つなぎに入れ, よく混ぜ合わせて調味する.
③ 角長に材料を大きくまとめ, 網あぶらで包み, フライパンで表面を焼く.
④ サラダ油を塗り, オーブンに入れ, 途中で洋酒をふりかけて焼く.
⑤ 粗熱がとれたら切り分け皿に盛り, パセリを飾る.
⑥ たまねぎのみじん切りをバターで炒め, 小麦粉をふり入れてブラウンになるまで炒め, 塩, こしょうし, ぶどう酒, 酢を加える.
⑦ ⑥をブイヨンでのばし, ピクルスのみじん切りと溶きがらしを入れてソースを作り, 別器で添える.

重詰の例

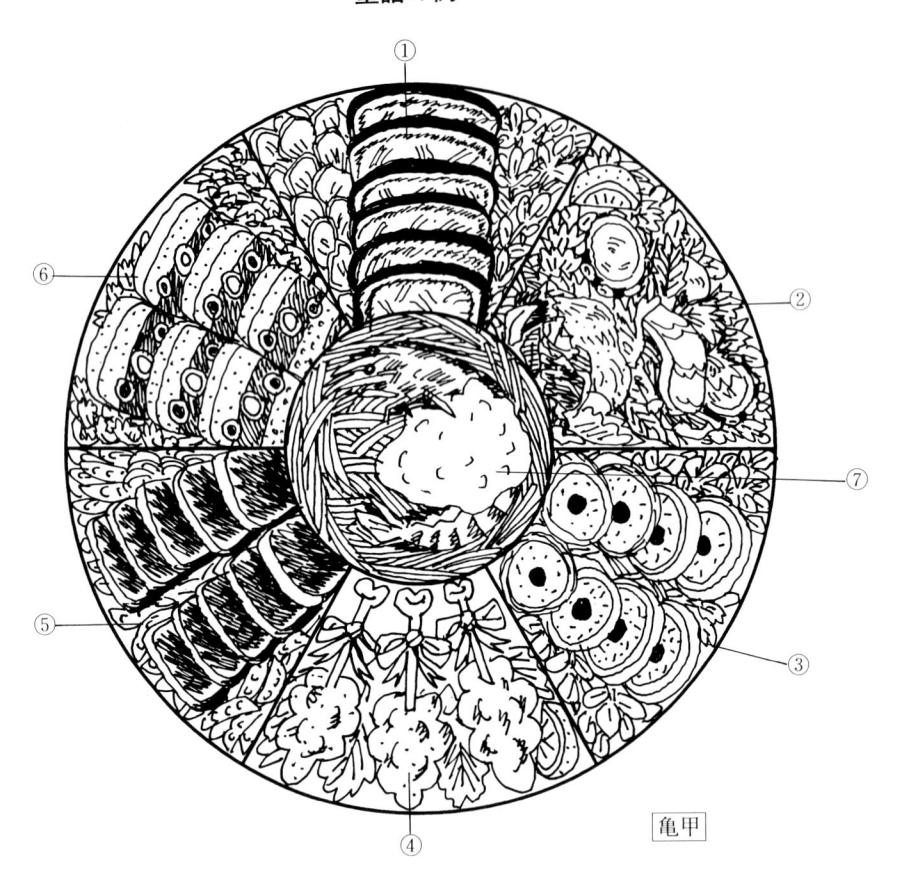

亀甲

① Rosbif（ロースト ビーフ）
② Carpaccio di mare（海の幸カルパッチョ）
③ Galantine de vollaille à la gelée（鶏肉のガランティーヌ）
④ Coxinha de frango（手羽先の揚げ物）
⑤ Crépinettes de porc（ミート ローフ）
⑥ Terrine à la barbue（ひらめのテリーヌ）
⑦ Tortino di gambero（えびとじゃがいものトルティーノ）

■ 中華風 ■

II

〈 前 菜 〉

1 凉拌海蜇(リャンバンハイチョウ)〔拌菜〕
くらげの和え物

塩くらげ	100 g
砂　糖	10 g
酢	20 g
しょうゆ	9 g
ごま油	6 g
きゅうり	80 g
プチトマト	50 g
パセリ	

① 塩くらげは水洗いの後，塩抜きをする．
② ①のくらげに80℃くらいの湯をかけ，手早く水にとってさます．
③ くらげの水をきり，調味料をよくなじませる．
④ きゅうりは5〜6 cmくらいの千切りにし，プチトマトとともに盛り，パセリを飾る．

2 紅油拌魷魚(ホンヨウバンモウユイ)〔拌菜〕
花切りいかの四川ソースかけ

もんごういか(むき身)	300 g
生わかめ	100 g
きゅうり	100 g
塩	2 g
ごま油	6 g
テンジャンユ	36 g
しょうゆ	18 g
おろしにんにく	3 g
酢	5 g
ごま油	3 g
ラー油	10 g

① いかは皮をむいて縦半分に切ってから，端から切り目と同じ方向に深く切り目を入れて4〜5 cmに切り離しておく．
② 切り目を横にしていかをおき，包丁を斜めにして左から細かく切り目を入れながら一口大に切っていく．
③ ②をよく洗ってから熱湯でさっとゆで水に取る．さまして水気をよくきり，塩1 gとごま油3 gをかけて混ぜる．
④ きゅうりは縦半分に切り，端を切り離さないように斜めに切り目を入れて，3 cmくらいに切り離す．
⑤ わかめは洗って塩を出し2 cmくらいに切り，塩1 gとごま油3 gをかけて混ぜておく．
⑥ 調味料を混ぜてたれを作り，材料を盛ってからかける．

3 辣白菜(ラーパーツァイ)〔醃菜〕
はくさいの甘酢漬け

はくさい	400 g	しょうが	10 g
塩	8 g	ごま油	19 g
とうがらし	1本	酢	100 ml
干ししいたけ(1枚)		砂　糖	80 g
	2 g	塩	3 g

① はくさいは縦に2 cm幅に切って塩をふり，重石をして半日ほどおく．
② 水が出てしんなりしたら取り出し，水気を絞る．
③ とうがらしは種をとり，しいたけは戻して

4 酸辣野菜 (シュンラーヤーツァイ) 〔醃菜〕
野菜の甘酢漬け

キャベツ	50 g	ⓐ塩	75 g
だいこん	500 g	熱　湯	1000 mℓ
にんじん	100 g	ⓑ氷砂糖	100 g
きゅうり	500 g	酢	1400 mℓ
高菜漬け	½枚	ういきょう	5 g
しょうが	15 g		
しそ の葉	10枚		
にんにく	1片		
とうがらし	2本		

① キャベツ，だいこん，にんじん，きゅうりは短冊切りにする．
② 高菜漬けは葉を切り，茎を5 cmの千切りにし，しょうが，しその葉も千切りにする．
③ にんにくはみじん切り，とうがらしは輪切りにし，材料全部を混ぜ，ⓐ液につけて重石をして1日おく．
④ ③の水気を絞ってⓑ液に漬け，ういきょうを入れ重石をして1日おく．

〔要　点〕
1．醃菜について

12

〈 大菜 (1) 〉

1 如意捲 (ルイチェン) 〔蒸菜〕
卵巻き蒸し

卵	150 g	ほうれんそう	60 g
ⓐ砂　糖	5 g	ハ　ム	30 g
塩	2 g	の　り	3 g
かたくり粉	5 g	かたくり粉 (のり)	10 g
サラダ油	10 g	水	5 g
たいのすり身	400 g	ⓒしょうゆ	72 g
ⓑ塩	4 g	洋がらし	2 g
酒	30 g		
ごま油	3 g		
砂　糖	10 g		
しょうが(汁)	10 g		
かたくり粉	10 g		

① 卵にⓐの調味料を入れて，薄焼き卵を3枚作る．
② たいのすり身にⓑの調味料を加えて混ぜ合わせる．
③ ほうれんそうはゆで，ハムは短冊切りにする．
④ 薄焼き卵に②のすり身を敷き，½枚ののりをのせ，ほうれんそう，ハムを芯にして如意形に巻き，水溶きかたくり粉でとじ，15分くらい蒸す．
⑤ ④を厚さ2 cmに切り，ⓒのからしじょうゆを添える．

IV 重詰料理　241

2 清炸糯米鶏腿(チンザアタオミイチートイ) 〔炸菜〕
鶏もも肉の白玉揚げ

鶏もも肉(2枚)	500 g	甜味醤(テンミージャン)	
ⓐ酒	15 mℓ		
塩	2 g	ⓑ赤みそ	60 g
こしょう		いちごジャム	60 g
かたくり粉	10 g	砂糖	15 g
白玉粉	200 g	酒	100 mℓ
水	100 mℓ	ごま油	6 g
白ごま	40 g		
揚げ油			
サラダ菜	1株		
トマト	150 g		

① もも肉は肉厚の部分をそいで平らにし，ⓐで下味をつけ，皮を下にして平皿にのせ，強火で20分間蒸す．
② 白玉粉は水を加えて硬めに練る．
③ ①の蒸し上がった肉側の表面にかたくり粉をまぶし，②の白玉粉を薄くのばしてかぶせ，白ごまをふりかけ，ふたたび10分ほど蒸す．
④ ③の汁分をよくふきとり，170〜180℃の揚げ油で3〜4分揚げ，幅2cm，長さ5cmの長方形に切り分け，器に盛って野菜をあしらう．
⑤ ⓑの調味料を合わせ，煮つめて甜味醤を作り，別皿に入れて添える．

3 乾煎猪肉(カンチェンチュウロウ) 〔煎菜〕
豚肉のいり煮

豚肉(ロース)	300 g	ⓑしょうゆ	27 g
ⓐ酒	15 g	砂糖	15 g
しょうゆ	15 g		
しょうが(汁)	10 g		
ねぎ	30 g		
サラダ油	26 g		
八角	2個		

① 豚肉を2cmの角切りにし，ⓐの調味液に浸す．
② 鍋にサラダ油を熱し，①を炒め，ねぎのぶつ切り，八角を入れ，ⓑの調味液を入れていり煮する．盛りつけのとき，ねぎ，八角を取り出す．

13

〈 大菜(2) 〉

1 鉄扒鮮蠔(テッパーシェンボー) 〔炒菜〕
かきの衣焼きケチャップかけ

かき	500 g	ⓑ砂糖	10 g
ⓐ塩	4 g	しょうゆ	18 g
酒	10 g	ウスターソース	18 g
卵白	28 g	トマトケチャップ	
かたくり粉	15 g		72 g
しょうが	10 g	こしょう	
ねぎ	10 g	かたくり粉	7 g
ラード	25 g		

① かきをⓐの中へつけておき，卵白，かたくり粉をまぶし熱湯をとおす．
② しょうがは薄切り，ねぎは10cmに切る．
③ ラードを熱し，しょうが，ねぎを炒めて取り出し，②のかきを入れて強火で焼き，ⓑの合わせ調味料を加える．

2 干燒明蝦(ガンシャオミンシャー) 〔炒菜〕

えびチリソース

えび	350 g	湯	200 mℓ
塩	2.5 g	塩	2.5 g
紹興酒	15 g	紹興酒	15 g
こしょう		酒	15 g
卵白	1個分	砂糖	3 g
かたくり粉	10 g	こしょう	
ねぎ	30 g	かたくり粉	10 g
しょうが	20 g	酢	5 g
にんにく	10 g	卵	50 g
豆板醤	36 g	ブロッコリー	250 g
トマトケチャップ	45 g		
サラダ油	13 g		

① えびは殻と背わたをとって塩2.5 g, 紹興酒15 g, こしょうで下味をつけて卵白1個分とかたくり粉をからめて油どおしする.
② ブロッコリーは小房に分けて, 湯どおしする.
③ 中華鍋に油を入れて, 豆板醤, ケチャップ, しょうが, にんにくのみじん切りを焦がさないように炒め, 辛さと香りを十分にひき出し, きれいなこげ色になるまで炒める.
④ ③に分量の湯, 塩, 紹興酒, 酒, 砂糖, こしょうをし, ①のえびとみじん切りのねぎを加え, 鍋を動かしながら水溶きかたくり粉を加えてとろみをつける. 鍋肌からサラダ油大さじ1を加え, よく混ぜてから, 酢, 溶き卵を流し入れてさっと混ぜる.
⑤ 器に盛り, ブロッコリーを添える.

3 魚香鮮貝(ユイシャンシェンペイ) 〔炒菜〕

ほたてがいの辛味炒め四川風

ほたてがい	300 g	ⓑ砂糖	10 g
ⓐ紹興酒	15 g	紹興酒	15 g
塩	1.5 g	酢	15 g
こしょう		しょうゆ	36 g
セロリー	100 g	ごま	
卵白	1/3個	スープ	23 g
かたくり粉	20 g	かたくり粉	10 g
きゅうり	60 g	青ねぎ	30 g
油	26 g		
豆板醤	18 g		
赤とうがらし	2 g		
にんにく	20 g		
しょうが	10 g		

① ほたてがいは洗って2枚に切り, 調味料ⓐで下味をつける.
② セロリー, きゅうりは皮をむき, 薄切り, とうがらしはみじん切りにする.
③ 調味料ⓑを合わせ, 青ねぎのみじん切りを加える.
④ ほたてがい, セロリーは卵白とかたくり粉をつけて油どおしする.
⑤ 鍋に油を熱し, 豆板醤, にんにく, しょうが, 赤とうがらしを弱火でしっかり炒めて④と③の調味料を加え強火で炒める.
⑥ きゅうりを敷いた皿に盛る.

14

〈 大菜 (3) 〉

1 炸蝦托(ザァシャトゥオ) 〔炸菜〕

えびのすり身パン揚げ

えび	500 g	塩	5 g
卵白	28 g	酒	5 g

① えびは皮をむき, 身をたたいてすり身状にし, ねぎのみじん切り, しょうがのしぼり

IV 重詰料理 243

食パン(5mm厚)	4枚	かたくり粉	4 g
ハ　ム	30 g	揚げ油	
グリンピース	15 g	花椒塩	
ね　ぎ	15 g	パセリ	10 g
しょうが	10 g		

汁，酒，塩，卵白，かたくり粉を加え混ぜる．
② 食パンの片面に①のえびのすり身をつけ，両端にハムのみじん切り，真ん中にグリンピースをのせる．
③ すり身を下にして，油で揚げ，適当な大きさに切る．
④ 皿に盛り，花椒塩とパセリを添える．

②　糖醋魚塊(タンツーユイクァイ)　〔溜菜〕

白身魚の甘酢あんかけ

白身魚	400 g	パイナップル	100 g
ⓐ酒	15 g	きゅうり	80 g
塩	2 g	水	60 g
かたくり粉	30 g	塩	3 g
揚げ油		砂　糖	60 g
たまねぎ	100 g	トマトケチャップ	50 g
にんじん	80 g	ごま油	20 g
		かたくり粉	30 g

① 白身魚は3 cm角に切り，ⓐで下味をつけた後，かたくり粉をつけて，170℃くらいの油でからっと揚げる．
② たまねぎは2 cmくらいの角切りにする．
③ にんじんはいちょう切りにして10分ほど下ゆでをする．
④ パイナップルは6等分に切り，きゅうりは乱切りにする．
⑤ 中華鍋にごま油を熱し，②のたまねぎを炒める．にんじんを加え，かたくり粉以外の調味料を加えて加熱する．
⑥ 水溶きかたくり粉でとろみをつけ，①，③，④を加わえ，あんをからめる．

③　紅焼海参(ホンシャオハイシェン)　〔煨菜〕

きんこの煮物

きんこ(6個)	60 g	湯	200 mℓ
豚　肉	200 g	ⓐ酒	23 g
たけのこ	100 g	しょうゆ	36 g
干ししいたけ	10 g	砂　糖	20 g
ね　ぎ	80 g	塩	3 g
にんにく	2 g	ごま油	4 g
しょうが	5 g	こしょう	
ラード	13 g	えだまめ(皮つき)	
			100 g
		かたくり粉	6 g

① きんこを吸水膨潤させ，下処理して，2 cmの長さに切る．
② にんにく，しょうがはみじん切り，もどした干ししいたけ，野菜，豚肉は適当に切り，ラードで炒める．
③ ②に湯を加え，①とⓐの合わせ調味料を加え煮込む．
④ えだまめはゆでて皮を除き，③に加えて水溶きかたくり粉でとろみをつける．

15

〈点 心〉

1 珍珠丸子(チンジュワンズ) 〔蒸菜〕
くりの包み蒸し

ⓐ豚ひき肉または		ⓑ酒	10 g		① もち米は吸水し，水分をきっておく．
合びき肉	350 g	塩	3 g		② ⓐの材料とⓑの調味料を混ぜて10等分に
食パン	30 g	しょうゆ	6 g		し，くりを包み，かたくり粉をまぶす．
ねぎ	30 g	ⓒしょうゆ	27 g		③ ②に①のもち米をまぶし20分間蒸す．
しょうが	5 g	洋がらし	5 g		④ ⓒのからしじょうゆを添える．
卵黄	34 g				
かたくり粉	20 g				
くり(甘露煮)(10個)					
	150 g				
もち米	120 g				

2 蔴球(マアチュウ) 〔炸菜〕
中華風白玉団子

白玉粉	120 g	ⓑ練りあん	100 g		① 白玉粉と砂糖，水を練り合わせて，皮を作
砂 糖	20 g	ラード	5 g		る．
水	80 g	黒ごま	5 g		② 落花生はしぶ皮をとり，みじん切りにし，
ⓐ練りあん	100 g	揚げ油			ⓐのあんとラードに混ぜ5等分にする．
ラード	5 g	白ごま	30 g		③ 黒ごまはいり，切りごまにし，ⓑのあん，
落花生(皮なし)	30 g				ラードを混ぜ5等分する．
					④ ①の皮で②と③を包み，周囲に白ごまをつ
					けて，10分ぐらい放置し，160℃の油で7～
					8分揚げる．

3 栗子猪肉粽(リーズジューロウズィン) 〔蒸菜〕
栗と肉の粽

もち米	300 ml	ⓑ湯	250 ml		① もち米は水洗いし，40℃くらいのぬるま湯
サラダ油	20 g	酒	15 g		で3時間以上吸水させ，ざるに取り，水を切
ⓐ豚の煮汁＋水	150 ml	しょうゆ	18 g		っておく．
塩	1.5 g	砂 糖	10 g		② 豚バラ肉は2 cmに切り，たけのこはさいの
砂 糖	2 g	塩	0.5 g		目に切る．
豚バラ肉	150 g	五香粉	0.5 g		③ しいたけはもどして1/3に切り，栗は2つに
干ししいたけ	2 枚	竹皮または粽ささ 5 枚			切る．
ゆでたけのこ	150 g	たこ糸	3 m		④ 鍋にごま油を熱し，ねぎとしょうがのみじ
栗甘露煮(2.5個)	80 g				ん切りを炒めて香りを移し，豚肉，たけの
ごま油	20 g				こ，しいたけ，ⓑの調味料を加え，煮汁が半
ねぎ	25 g				分になるまで煮つめてから五香粉を加える．
しょうが	15 g				⑤ 中華鍋にサラダ油20 gを入れて熱し，①の

Ⅳ　重詰料理　245

もち米を入れて，透明になるまで炒め，ⓐの煮汁と調味料を加えて味つけする．
⑥　竹皮またはちまき用ささの葉に④と栗と，⑤を10等分したものを入れて包み，蒸気の上がった蒸し器で約30分蒸す．

重詰の例1

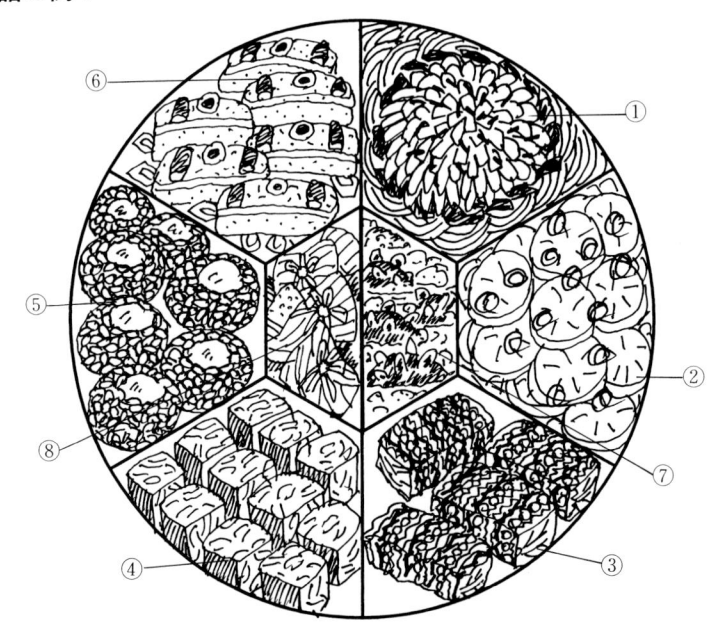

① 紅油拌魷魚（ホンヨウバンモウイ）
② 魚香鮮貝（ユイシヤンシエンペイ）
③ 酸辣野菜（シユンラーヤーツアイ）
④ 乾煎猪肉（カンチエンチユウロウ）
⑤ 珍球丸子（チンジユワンズ）
⑥ 炸蝦托（ザアシヤトウオ）
⑦ 紅焼海参（ホンシヤオハイシエン）
⑧ 栗子猪肉粽（リーズジユーロウズイン）

重詰の例2

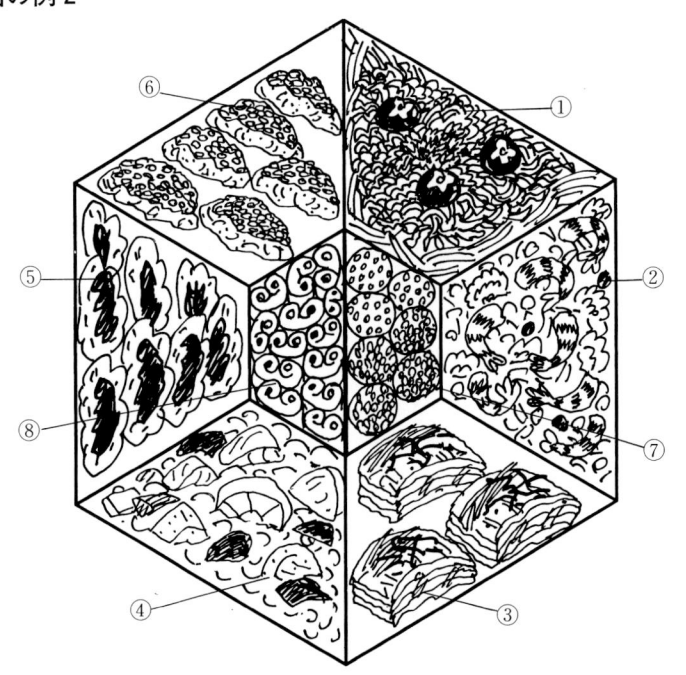

① 涼拌海蜇（リヤンバンハイチヨウ）
② 干焼明蝦（ガンシヤオミンシヤー）
③ 辣白菜（ラーパーツアイ）
④ 糖醋魚塊（タンツーユイクアイ）
⑤ 鉄扒鮮蠔（テツパーシエンボー）
⑥ 清炸糯米鶏腿（チンザアタオミイチートイ）
⑦ 如意捲（ルイチエン）
⑧ 蔴球（マアチユウ）

索　引
(献立別料理の分類)

I　日　本　料　理

汁　物

〔清汁〕
あさり汁　131
うずら卵ときぬさやの吸い物　96
梅の小吸い物　105
えび団子とうどの吸い物　116
かまぼことみつばの吸い物　96
鶏肉の吸い物　95
菊花豆腐の吸い物　112
しめじの吸い物　101
春蘭の吸い物　130
白身魚とえのきたけの吸い物　107
しんじょうとしゅんぎくの吸い物　132
すくい玉子の吸い物　103
船場汁　124
茶そうめんの吸い物　97
菜の花とくきわかめの吸い物　114
菜の花と庄内麩の吸い物　126
萩玉子の吸い物　104
はまぐりの潮汁　127
結びきすの吸い物　106
ゆばとすいとんの吸い物　125

〔濁汁〕
赤だし　98
かき玉汁　94
かす汁　119
鶏肉のすっぽん仕立て　128
けんちん汁　108
さわにわん　111
しぎなすのみそ仕立て　99
じゅんさいの合わせみそ汁　118
すり流し汁　119
たいのあらの赤だし　129
とうがんの吉野汁　100
とろろ汁　113
納豆汁　121
なめこ汁　122

のっぺい汁　121
豚肉とごぼうのみそ汁　115
みそ汁　93

なま物

〔刺し身〕
かつおのたたき造り　115
牛肉のたたき風　111
鶏肉の霜降り造り　119
刺し身盛り合わせ(1)　114
刺し身盛り合わせ(2)　130
たいのあらい　129
まぐろの山かけ　106

〔和え物〕
いかとたけのこの木の芽和え　95
いかのからし酢みそ和え　94
うざく　103
えのきたけのかまくら和え　100
しゅんぎくと生しいたけのくるみ和え　126
白和え　99
たくあんときゅうりの酢の物　94
たこの黄味酢和え　107
たこのしょうが酢　116
茶せんなす，いんげんのごま和え　119
とりがいの酢みそ　102
なめこのみぞれ和え　110
ほうれんそうのごま和え　115
ほうれんそうの落花生和え　111
もずく　109
やまいものわさび和え　98

〔漬け物〕
かぶの即席漬け　109
一塩きゅうり漬け　97

焼き物
あゆの姿焼き　117
いり豆腐　131

銀紙焼き　106
さんまの塩焼き　101
だし巻き玉子　114
田楽豆腐　122
生しいたけの肉詰め焼き　108
はんぺんの照り焼き　102
ぶりの照り焼き　112
松笠いかの黄金焼き　99
若鶏のさんしょう焼き　124

煮物（ゆで物）
おでん　109
かきの土手鍋　109
衣かつぎ　121
牛肉の柳川煮　102
牛肉の大和煮　123
小あじの煮物　95
高野豆腐の含め煮　113
こんにゃくとひじきの炒め煮　93
こんにゃくの土佐煮　104
さといもと卵の田楽　101
さばのみそ煮　104
治部煮　117
だいこんのふろふき，鶏のそぼろあんかけ　105
炊き合わせ　93
たたきごぼうのそぼろ煮　112
ふきの信田煮　116
豚肉とだいずの含め煮　108

揚げ物
いわしの巻き揚げ　125
えびの菊花揚げ　120
かき揚げ　125
小魚の揚げ物　116
さばの竜田揚げ　98
たいの翁揚げ　113
天ぷら　97
ひらめの三色揚げ　131

蒸し物
あわびの酒蒸し　122
いかの鉄砲蒸し　120
小田巻蒸し　112
かぶら蒸し　125

金銀豆腐　117
ごま豆腐　124
魚の信州蒸し　123
卵豆腐　98
茶わん蒸し　100
若鶏の酒蒸し　119

ご飯物
青豆ご飯　94
押しずし　126
親子丼　97
くりご飯　100
ご飯　93
さけ茶づけ　101
さばずし　110
三色丼　107
松花堂べんとう　127
すし　105
赤飯　129
たい飯　126
たけのこご飯　114
茶飯　113
ちらしずし　96
菜飯　122
にぎりずし　132
破り子べんとう　130
吹き寄せご飯　104
まつたけご飯　103
まつたけ雑炊　122

〔麺類〕
年越しそば　124
冷やしそうめん　118

寄せ物
淡雪羹　110
くず練り　102
くり蒸しようかん　123
白身魚の煮こごり　129
水ようかん　107
寄せ物　118

菓　子
宇治白玉　118
くず桜　132
桜もち　120
萩のもち　121

索　引

ひき茶まんじゅう　111
みたらし団子　102

もち菓子　123

II　西洋料理

オードブル（前菜）

Asparagus with mayonnaise（アスパラサラダマヨネーズソース）　162
Canapé（カナッペ）　152
Canapés de salami（サラミのカナッペ）　174
Céleri farcis（セロリーの詰め物）　151
Cold trout（ますの冷製）　174
Concombre farcis（きゅうりの詰め物）　152
Cornets de jambon（ハムのコルネ）　174
Crevette cocktail（えびのカクテル）　151
Foie de veau brochette（レバーの串刺し）　152
Fritots d'huîtres（かきの衣焼き）　174
Hors-d'œuvre（前菜）　151, 174
Marinade éperlan（わかさぎの酢づけ）　151
Œufs farcis（卵の詰め物）　152
Saumon à l'escabèche（鮭のマリネ…酢油づけ）　157
Saumon fumé（スモークサーモン）　174

スープ

Chicken mulligatawny（チキンインド風スープ）　154
Clam chowder（はまぐりのスープ）　158
Consommé à la brunoise（ブルノワ風コンソメスープ）　165
Consommé aux macaronis（マカロニスープ）　164
Consommé frappé（冷たいコンソメ）　163
Consommé julienne（コンソメスープ）　135
Consommé printanier（野菜のプランタニエールスープ）　143
Consommé Renaissance（ルネサンス風コンソメスープ）　156
Corn cream soup（コーンクリームスープ）　140
Gazpacho（スペインの冷スープ）　160
Minestrone alla Milanese（ミラノ風野菜スープ）　157
Minestrina di spinaci alla Modenese（ほうれんそうと卵のスープ）　171
Onion soup（たまねぎのスープ）　159
Potage à l'américaine（アメリカ風スープ）　140
Potage crème（クリームスープ）　136
Purée Parmentière Vichyssoise（パルマンティエ風スープ）　147
Potage purée de petits pois（グリーンスープ）　139
Pot au feu de bœuf（牛肉のポトフ）　161
Soupe à l'oignon gratinée（オニオングラタンスープ）　168
Zuppa pavese（イタリアンチーズと卵入りスープ）　160

煮込み

Borsch（ロシア風シチュー）　173
Chile con carne（うずら豆のとうがらし煮）　166
Choux au jus（キャベツの煮込み）　170
Pain de bœuf（パンドビーフ）　178
Pollo al vino rosso（若鶏の赤ワイン煮）　179
Stewed beef（ビーフシチュー）　154

揚げ物

Côtelette de porc（ポークカツ）　147
Croquette de volaille（鶏肉入りクリームコロッケ）　144
Cuisson des poissons frits（白身魚のフライ）　138
Fried sea food combination（小魚のフリッター）　153
Poivrons farcis（ピーマンの肉詰め）　140
Stuffed chicken cutlet（鶏肉の詰め揚げ）　169

焼き物

Barbue en papillote（ひらめの包み焼き）　165
Beef steak（ビーフステーキ）　171
Carangue à la meunière（あじのバター焼き）　137
Chicken pie（チキンパイ）　172
Daurade au four（たいのベーコン焼き）　155
Grilled chicken（グリルドチキン）　162

Hamburg steak（ハンバーグステーキ） 139
Ham steak with apple sauce（ハムステーキのりんごソースかけ） 141
Huîtres à la florentine（フローレンス風カキグラタン） 177
Macaroni au gratin（マカロニグラタン） 148
Mérêtrice grillée（はまぐりの焼き物） 177
Mutton with cheese（マトンのチーズ焼き…セドロー） 158
Œufs à la poêle（目玉焼き） 143
Omelette（オムレツ） 145
Pizza napolitana（イタリア風お好み焼き） 149
Porc à la Hawaïenne（豚肉のハワイ風） 164
Roast chicken（鶏の丸焼き） 149
Roast pork（豚肉蒸し焼き） 167
Roast turkey（七面鳥の丸焼き） 175
Sarde all'Anconetana（いわしのオーブン焼きアンゴーナ風） 156
Sole à la meunière（舌びらめのムニエル） 169

蒸し物

Cuisson des poissons à la sauce épinard（蒸し煮魚のソースかけ） 163
Steamed fish with white sauce（蒸し魚のホワイトソースかけ） 142
Steak minute à la provencale（ミニッツステーキ プロヴァンス風） 168

サラダ

Bouquet salad（ブーケ風サラダ） 167
Broccoli salad（ブロッコリーサラダ） 155
Cauliflower salad（カリフラワーサラダ） 171
Insalata di mare（海の幸サラダ） 179
Lettuce salad（レタスのサラダ） 146
Mexican salad（メキシコ風サラダ） 166
Potato salad（つぶしたじゃがいものロシア風サラダ） 159
Salade de carottes à l'orange et avocat（にんじんのサラダ オレンジとアボガド入り） 168
Salade (de) crabe（カニサラダ） 178
Salade d'épinard（ほうれんそうサラダ） 179
Salade fruits（フルーツサラダ） 138, 142, 161
Salade de laitues Mimosa（レタスのミモザ風サラダ） 153
Salade (de) légumes（野菜サラダ） 137, 148

Salade (de) macaroni（マカロニサラダ） 135
Salade (de) macédoine（マセドアンサラダ） 164
Salade (de) tomate（トマトサラダ） 144
Salade (de) volaille et cresson（鶏肉とクレソンのサラダ） 145

パンその他

Bread（パン） 150
Curry de bœuf（カレーアンドライス） 138
Gnocchi sauce tomate（ニョッキのトマトソース） 159
Kichedi（インド風カレー炊き込みご飯） 162
Paëlla（スペイン風炊き込みご飯） 160
Petit pain en rouleau（バターロール） 135
Piroshik（ロシア風揚げパン） 173
Ravioli（ラビオーリ） 170
Rice Omelet（オムライス） 154
Sandwich（サンドイッチ） 136, 142
Spaghetti with meat sauce（スパゲッティのミートソースかけ） 146
Tortillas（メキシコ風焼きパン） 166

デザート

Apple pie（アップルパイ） 172
Baked Alaska（焼きアイスクリーム） 177
Baked apple（焼きりんご） 146
Bavarois（ババロワ） 158
Blanc-manger（ブラマンジェ） 145
Choux à la crème（シュークリーム） 161
Christmas pudding（クリスマスプディング） 175
Coffee pudding（コーヒープリン） 169
Compote de pommes（りんごの蜜煮） 136
Cookie（焼き菓子） 165
Crème renversée au caramel（カスタードプディング） 148
Crèpes Suzette（クレープ） 156
Decorated cake（デコレーションケーキ） 150
Fruits（フルーツ） 157
Gelée porto（ワインゼリー） 163
Hot cake（ホットケーキ） 141
Jelly in basket（バスケットゼリー） 176
Melon frappé（メロンフラッペ） 143
Muffin（マフィン） 143
Patate au gratins（スイートポテト） 153

索　引

Pineapple（パインアップル）150
Plum cake（プラムケーキ）176
Soft doughnut（ドーナツ）155

飲み物
Citronnade（レモンスカッシュ）149

Egg Nog（エッグノッグ）175
Grape punch（ぶどうのパンチ）152
Lemon tea（レモンティ）151, 172
Royal coffee（ロイヤルコーヒー）177
Russian Tea（ロシア風紅茶）173

III　中国料理ほか

前　菜
什錦小拼　222
醬鶏肝　207
生菌蛋羹　213
白片肉　204
藩茄凍　187
海蜇冷盆　206
蝴蝶拼盤　222
紅茶滷蛋　183

汁　物
五絲清湯　200
黄花湯　183
蛤蜊湯　187
搾菜肉片湯　199
蟹肉奶湯　201
四宝鮮湯　185
西湖松菌　191
蝦仁清湯　194
双竜伴月　211
湯米粉　202
鶏塊花菇湯　203
川粉条　185
鶏蓉玉米　190
青梗火腿湯　204
清湯銀魚　198
冬瓜肉片湯　197
豆腐湯　190
冬瓜湯　213
トム　ヤム　クン　208
牛肉蘿蔔絲湯　192
白菜清湯　209
白菜丸子湯　221
滑肉魚羹　184
藩茄蛋花湯　210
会湯魚翅　216
菠菜肉絲湯　203

燴汁景絲　217
火腿白菜　216
ミョック　195
魚丸子湯　206

揚げ物
乾炸子鶏　186
高麗対蝦　196
高麗魚条　207
炸蝦球　213
炸生蠣　212
炸魚塊　211
炸魚捲　202
炸茄盒　188
蝦仁春捲　210
炸干層魚　217
炸肉蓮藕　198
トート　マン　プラー　208
糯米紙包蝦　218
油淋鶏　216

焼き物
烤長牛肉捲　199
搾菜炒肉絲　214
什錦米粉　215
成吉斯汗烤羊肉　219
煎南瓜　209
芝麻煎肝片　191
炒墨魚　211
炒腰花　210
青椒炒肉絲　183
八宝菜　186
京醬肉片　214
虎皮鶏蛋　192
芙蓉蟹　185
核桃鶏丁　197
麻婆豆腐　200

芦筍炒肉　183

煮　物
銀杏鶏丁　221
乾焼茄子　192
貴妃鶏翅　200
什景火鍋　220
叉焼肉　189
清燉白菜　214
東坡肉　208
紅煨牛肉　212
紅紋冬筍　206
燴竜須条　207
芋子煨菜　193

あんかけ
古老肉　189
糖醋鯉魚　205
醋溜生貝　203
藩汁肉片　196
溜丸子　184

蒸し物
太古肉餅　204
蒸醋鶏捲　202
蒸香菇蝦仁　219
清蒸鯛魚　215
燉南瓜　188
白菜滑肉捲　200

和え物，漬け物
醃菜　215
醃辣黄瓜　205
香芹拌菜　211
酸蘿蔔捲　219
ナムル3種　194
拌三絲　188

拌蝦芥蘭　217
棒々鶏　194
拌魚粉条　218
ヤムヌア　207
涼拌鮮　221
涼拌豆菜　201
涼拌毛豆　213
涼拌墨魚　190

点　心
　高麗香蕉　204

鍋貼餃子　190
雪花杏仁糕　199
炸麻花　192
焼売　209
生蠣鶏粥　196
杏仁豆腐　205
水果　220
スジョンクァ　195
蛋糕　218
鶏蛋飯　218
炒飯　186

橙子羹　212
天津麺　201
牛奶腐　187
包子　197
抜絲地瓜　214
八宝飯　215
ビビンバ　195
涼糕　216
涼拌麺　187
雲呑　193

〈編　集〉

名古屋文理大学短期大学部

名誉教授　　宮　澤　節　子

〈執筆者〉

名古屋文理大学短期大学部

名誉教授　　長　野　美佐緒
名誉教授　　大　野　知　子
名誉教授　　宮　澤　節　子
准 教 授　　小　田　良　子

名古屋文理栄養士専門学校

専任教員　　加　藤　治　美

〈検印廃止〉

新編調理実習書　—料理構成別の理論と実際—

1994年4月1日	第1版第1刷発行
1996年4月1日	第1版第2刷発行
2000年3月31日	第2版第1刷発行
2003年3月10日	第2版第2刷発行
2009年3月1日	第3版第1刷発行
2014年2月1日	第3版第2刷発行

編　集　宮　澤　節　子
発 行 者　木　村　勝　子
発 行 所　株式会社 学建書院
〒113-0033 東京都文京区本郷2-13-13（本郷七番館1F）
　　　　TEL　（03）3816-3888
　　　　FAX　（03）3814-6679
http://www.gakkenshoin.co.jp
印刷・製本　永和印刷株式会社

©Setsuko Miyazawa et al., 2009. Printed in Japan　［検印廃止］

JCOPY 〈㈳出版者著作権管理機構 委託出版物〉
本書の無断複写は著作権法上での例外を除き禁じられています．複写される場合は，そのつど事前に，㈳出版者著作権管理機構（電話03-3513-6969，FAX 03-3513-6979）の許諾を得てください．

ISBN978-4-7624-1843-3